Кровавый пир

Андрей Зарин

СОДЕРЖАНИЕ

КРОВАВЫЙ ПИР

КРОВАВЫЙ ПИР

ЧАСТЬ ПЕРВАЯ

I

Августа 25-го 1669 года с раннего утра в городе Астрахани царило небывалое оживление. Со всех сторон народ торопливо шел на берег Волги и там толпился у пристани.

На лицах всех было видно крайнее любопытство, соединенное с каким-то страхом.

— Ведун, бают, — говорила одна женщина другой, — молвит этакое слово, ан и сгинул!

Другая женщина кивнула только головою, видимо нисколько не удивленная рассказом, и сказала:

— Муж-от говорит: ни ружье, ни пушка не берут. Пуля вдарит и отскочит. Заговор, слышь, у него такой: и от пули, и от меча...

— Есть такой заговор, — подтвердила первая женщина, — баушка Ермилиха говорила, что есть...

— Пропустите, старушки Божие! — толкая их в стороны, сказал здоровый детина в колпаке на затылке. — Батюшку повидать охота!

— Ах твои бесстыжие глаза! Пес окаянный! — заругались женщины. — Нешто мало дороги тебе?..

— Подвинься, тетка! — закричал парнишка, толкая женщину в спину.

— Я те задам: подвинься! Щенок!

Но народ надвигался волною, и обе женщины волей-неволей должны были двинуться со всеми.

— И богачества, я те скажу, у-у! — говорил один стрелец другому.

— Видел?

— Видел! У меня братан рыбачит. Так я с им на челноке к ним.

— Ну?! — удивился слушатель.

Подле них тотчас собралось несколько слушателей.

1

— Верно слово, — побожился стрелец и продолжал: — Они тута у Болдинского устья и стали.

— Ну!

— Пристали это мы к им, к стругу, а они нам: идите, кричат, штоли. Мы и вошли!

— Ишь! — с завистью воскликнул кто-то из слушателей. — И много видел?

— А ты не перебивай! — наставительно сказал в толпу стрелец и продолжал: — Вошли мы это. Господи Владыко! По бортам-то ковры все, ковры. На корме подушки алые. Груда! Веревки это — из шелка все. Вот ей-Богу!.. — побожился стрелец.

В толпе слушателей послышались завистливые вздохи.

— Что и говорить: житье! — раздался чей-то голос.

— Ни тебе бояр, ни тебе воевод. Живи! — подхватил другой, а стрелец все продолжал свой рассказ:

— Кафтаны на них все из бархату либо их парчи, а на шапках камни самоцветные. Горят...

— Родимые, пропустите, Бога для! — послышался жалобный бабий голос. — Дыхнуть не могу! Затиснули! Оставь, озорной! — завизжал тот же голос.

— Го-го-го! — загрохотали кругом.

И среди общего гама резким фальцетом раздавалось пение слепца:

> А и край было моря синего,
> Что на устье Дону-то тихого,
> На крутом, красном бережку,
> На желтых рассыпных песках,
> А стоит крепкий Азов-город
> Со стеною белокаменной,
> Земляными раскатами, со рвами глубокими
> И со башнями караульными...

В это же время, в середине города на площади, подле церкви, в приказной избе сошлись воеводы астраханские, князья Иван Семенович Прозоровский и Семен Иванович Львов, оба в дорогих кафтанах, в высоких гарлатных шапках с тростями в руках. Тут же, в избе, подле аналоя, что стоял перед образом Спаса, сгорбившись, сидели на лавке поп в подряснике, два дьяка приказных, подьячий, пожилой казак, Никита Скрипицын, и бритый перс, купец Мухамед-Кулибек.

— Будут ли? — после долгого молчания спросил тревожно князь Прозоровский.

— И нетерпелив ты, князь! — с укором ответил воевода. — Как же не быть ему, ежели он за мной следом прошел! Коли вот и ему, — он указал на Скрипицына, — сказал и ко мне двух аманатов прислал. Тебе вот, Мухамед, — обратился он к персу, — за сына придется выкуп дать. Пять тысяч! Говорил им. Не слушают!

Перс сложил на груди руки и поклонился:

— Буду давать! Один сын, одна голова! Казны не жалко! Не давай казны, убьют.

— Шутить не будут...

— А награбили? — не без зависти произнес Прозоровский.

Львов только рукой махнул.

Дьяки переглянулись между собою и, ухмыляясь, потерли руки...

— Едут! — вдруг закричал, вбегая в избу, стрелец. Воеводы встрепенулись и приосанились:

— Далече?

— К пристани причаливают. Четыре струга, а народу!

В это время в избу вбежал другой стрелец.

— Идут! — объявил он, кланяясь воеводам. — Позади пушки тащат, полонян ведут!..

— Видишь! — торжествующе сказал Львов Прозоровскому.

II

Это шел Стенька Разин с повинной, в ту пору только удалой атаман разбойников.

Объявился он, как разбойник в 1666 году. Разин — донской казак из Черкасс, где в ту пору атаманом был Корнило Яковлев, сторонник тишины, порядка и строгой покорности московскому царю.

Задумав разбойное дело, Стенька Разин собрал толпу голытьбы и решил с нею плыть на Азовское море и пошарнать турецкие берега, но Корнило Яковлев преградил ему путь. Тогда Разин завладел четырьмя стругами и пустился на них вверх по Дону. Он решил подняться до места соединения с Волгою, перебраться на Волгу и по ней спуститься уже в Каспийское море. Корнило Яковлев погнался за ним, но не догнал, и казаки уплыли. Дорогою они грабили богатые казацкие хутора.

Слух о разбойниках дошел до Царицына, говорили, что с

Дона идут они грабить Царицын, разбивши, заберут суда и снасти и поплывут вниз, на Астрахань. Воеводы всполошились, и во все концы полетели грамоты. Воевода царицынский писал в Саратов и Астрахань; из Саратова писали в Симбирск и Царицын, из Астрахани в тот же Царицын, а из Москвы всем был прислан наказ, чтобы "воеводам держать себя с великим бережением и друг другу в помощи не отказывать, а быть всем в дружбе".

Тем временем Стенька Разин доплыл до места сближения, выбрал высокое, сухое место между речками Тишина и Иловля и остановился на нем станом, невдалеке от города Паншина. Царицынский воевода тотчас послал к нему, по обычаю того времени, людей с увещанием, но они не дошли до стана Разина. "Со всех сторон вода; добраться никакой возможности, а казаки челноки дать опасаются". Уньковский послал вторично двух монахов, но и те вернулись ни с чем. А тем временем Стенька Разин, передохнув, снялся и переправился на Волгу, вероятно, по речке Камышинке. Здесь он засел повыше Камышина.

Плыл в ту пору из Нижнего в Астрахань весенний караван. Состоял он из нескольких стругов частных лиц, из казенных и патриарших судов, из большого судна купца Шорина, который вез казенный хлеб, и еще судна со ссыльными. Шел караван под охраною отряда стрельцов, с боярским сыном Федоровым во главе.

Вдруг на отмели выскочили на них казаки Стеньки Разина, раздался крик: "Сарынь на кичку!" — и перепуганные люди без боя сдали разбойникам весь караван.

Стенька Разин перевешал всех старших, освободил ссыльных и оставшимся сказал: "Всем вам воля. Хотите идите, хотите у меня оставайтесь; казаками вольными будете!"

Ссыльные стрельцы и ярыжки (судовые рабочие) присоединились к нему. Он забрал ружья, запасы каравана и поплыл вниз мимо Царицына. Перепуганные царицынцы не сделали по нем ни одного даже выстрела.

Плыл теперь Разин уже на тридцати стругах, и было у него людей до полуторы тысячи. По дороге встретился ему воевода Беклемишев с уговариванием. Стенька вдоволь потешился над ним: купал его, вешал на мачту, потом, пробив руку чеканом, раздел донага и прогнал.

Никого более не трогая, проплыл он мимо Черного Яра, по узкому протоку Бузани, мимо Красного Яра, и, выйдя в Каспийское море, левым берегом дошел до Яика. Город оберегал стрелецкий голова Иван Яцын, но в нем уже ждали Разина охочие до разбоя люди.

4

Разбойники вошли в город, отрубили голову Яцыну, порубили до ста пятидесяти иных людей и завладели городом. Здесь они стали вербовать себе сторонников. Со всех концов сбегались к ним недовольные, и Разин всех обращал в вольных казаков. Отсюда они прошли берегом, разбили и ограбили кочевья нищих едиссанских татар, разбили у Терка турецкое судно и вернулись в Яик зимовать.

Имя Разина стало уже страшно своими кровавыми подвигами. Из Москвы в Астрахань посыпались тревожные наказы; астраханский воевода Хилков направил войско под начальством Якова Безобразова. Не дойдя до Яика, он послал от себя двух стрельцов, Янова да Нелюбова, с мирными переговорами, собираясь ударить на Разина. Тот прознал о его замысле, стрельцов повесил, а на Безобразова выступил сам и разбил его. Ужас охватил все Поволжье.

За слабость Хилкова с воеводства ссадили и на его место послали князя Ивана Семеновича Прозоровского. Он из Саратова послал к Стеньке двух стрельцов с увещанием, но Стенька одного из них утопил, а другого прогнал назад к новому воеводе.

После этого, 23 марта 1668 года, он ушел из Яика и пропал почти на год.

Весь этот год Разин провел в страшных разбойницких подвигах. Сначала он стал разорять татар, живущих по берегу Дагестана. Потом они взяли Тарки, Дербент и Баку, везде неистовствуя, насильничая и предавая все огню.

Под видом купцов они входили в город, и жители радушно встречали их, тотчас вступая в торговые сношения. Казаки занимали город, следя за своим батькой. Вдруг Стенька Разин сдвигал шапку на затылок, и картина внезапно изменялась. Казаки разом бросались на безоружных жителей, били их, резали, врывались в дома и, нагруженные добычею, оставляли город, предав его пламени.

Так, разоряя и неся с собою ужас, они дошли до Гилянского залива, ограбили Фарабат и наконец на одном из островов остановились на зимовку.

Пользуясь этим временным затишьем, персияне стали деятельно сооружать флот для истребления страшных разбойников. Но еще не успели закончить работы, как пришла весна. Разин снялся с зимовки, перешел на восточный берег моря и стал громить трухменские улусы. Потом, доплыв до Свиного острова, дал на нем роздых. В июле 1669 года семьдесят судов, так называемых "сандали", с четырьмя тысячами персиян и наемных черкесов, по приказу падишаха двинулись к Свиному острову. Начальствовал над этою силой астраханский Менеды-хан, в твердой надежде на победу взявший с собой сына Шабын-Дебея и красавицу дочь.

Казаки не побоялись принять сражения. Поначалу загремели пушки и началась перестрелка, а потом сцепились борт о борт, казаки взбежали на персидские суда, раздался страшный крик:

— Нечай! Нечай! — и несчастные персы были разбиты наголову. Только три струга успели убежать вместе с горемычным ханом. Казаки топили и брали в плен остальные сандали, полонили сына и дочь, хана и забрали сотни две пленных. Но победа эта им обошлась не дешево. Человек пятьсот погибло у казаков — и Стенька Разин задумался. Награбленного добра чересчур довольно, так не лучше ли со всею добычею вернуться на тихий Дон. И Стенька Разин двинул свое воровское войско назад на Волгу.

Спустя десять дней, 7 августа, ночью они вошли в устье Волги и напали на учуг Басаргу, принадлежащий астраханскому митрополиту. Набрали там себе всего съестного, взяли кое-что из рыболовных снастей и двинулись дальше, но едва двинулись, как узнали, что в Астрахань идут бусы, — и тотчас повернули назад, в море. Шли две бусы. На одной персидский купец Мухамед-Кулибек вез разные товары; на другой везли от персидского шаха к русскому царю в подарок дорогих аргамаков.

Все досталось удалым казакам...

А пока они гуляли по морю, астраханские воеводы готовились встретить их ласкою. Для этого они выправили от царя грамоту, по которой давалось казакам полное прощение, если они принесут повинную.

Князь Прозоровский рассудил так: Стенька Разин со своею ватагою становился страшен, вольные казаки, черный люд и даже стрельцы клонились на его сторону. Что же касается его разбоев у персидского шаха да у татар, так их ему можно даже за службу зачесть, потому что от персов и татар постоянно доставалось и русским.

Приготовились его так встретить астраханские воеводы, и вдруг прибежали рабочие с митрополичьего учуга со страшною вестью, а следом за ними персидский купец, хозяин ограбленной бусы.

Князь Прозоровский тотчас послал на Разина своего товарища, князя Львова, на тридцати шести стругах с четырьмя тысячами стрельцов. Князь быстро поплыл вниз по Волге.

Разин, увидев, что идет на него немалая сила, повернул назад в море. Князь гнался за ним в море двадцать верст, но не мог догнать и послал от себя посланца казака Скрипицына с государевой грамотой.

Стенька Разин принял посла, прочитал грамоту и задумался, а Скрипицын стал уговаривать его и казаков.

— Ничего вам не будет, — говорил он, — отдайте пушки, что забрали по Волге и в Яике-городке, отдайте морские струги, а вам легкие дадут; отпустите служилых людей да князю Семену Ивановичу передайте купецкого сына, что полонили, и спокойно на Дон идите!..

Стенька Разин давно уже сообразил все выгоды такого предложения и повернул назад. К князю же Львову послал двух казаков, которые согласились на все условия, кроме выдачи купеческого сына, за которого требовали пять тысяч выкупа. Князь в свою очередь согласился и, взяв казаков заложниками, поплыл в Астрахань, а за ним Стенька Разин со своими стругами.

Подле Астрахани передал он Львову купеческого сына, Сехамбета, за которого князь обещал выдать деньги в приказной избе.

Князь остановился у Астрахани, а Стенька Разин проплыл мимо нее и стал невдалеке, у Болдинского устья, со всеми своими стругами и удалыми казаками.

Такова история Стеньки Разина до того времени, с которого начинается эта повесть.

III

— Едут! — пронеслось по берегу, и толпа народа, теснясь и давя друг друга, бросилась к пристани. Сверху Волги на веслах друг за другом спускались к пристани четыре легких струга. Один из них действительно мог поразить каждого своим великолепием.

Молодой стрелец не соврал. Вместо канатов и веревок на нем вились синие, красные, желтые шнуры из шелка; судя по яркости блеска, на мачтах вместо парусов висели парчовые ткани, все борты были выложены алым бархатом, а на корме, под пышным балдахином, на богатых подушках лежали казаки.

Народ ахнул, завидя этот струг, и ни на что не смотрел больше, следя только за ним.

— Надо полагать, на нем и батюшка, Степан Тимофеевич, — говорили в толпе.

— Не иначе!

А тем временем к пристани подошел первый струг. С него сошла ватага удальцов и стала быстро перетаскивать на берег длинные пушки; потом подошел второй струг, вышла новая ватага и вывела за собою пленников в изорванных одеждах, босых, со связанными назад руками и соединенными общей длинной веревкою. Из третьего струга вышли казаки, вытащив с собою большие связки, тючки и разную рухлядь. И, наконец, из четвертого, богато украшенного, сошли на берег только казаки. Почти все они были одеты одинаково пышно и богато. На всех были золотом шитые и украшенные камнями сафьяновые сапоги желтого, зеленого или алого цветов, огромные шаровары алой шелковой материи, жупаны и кунтуши из дорогой парчи, высокие бараньи шапки, на которых сверкали ожерелья из драгоценных каменьев и, наконец, изукрашенное оружие за богатыми поясами. Все на подбор молодец к молодцу, крепкие, коренастые, с загорелыми лицами, длинными усами, бритыми лбами и смелым, решительным взором.

Они все, весело перекидываясь словами, тронулись по узким улицам огромной ватагою, и народ провожал их с завистливым и пугливым вниманием.

— Фу-ты, притча, — сказал один посадский другому, — гляжу, гляжу, а который из них батька — и не распознаешь.

— Про него меня спросите, братцы, — отозвался маленький, плюгавый мещанин,— я в Царицыне был, когда он проходил мимо.

— Его во как видел!

— А где ж он?

— У него из глаз искры сыплют, и весь он в золоте, — пояснил таинственно мещанин. — Кто на него ежели взглянет, не из своих то исть, сичас в пепел обратится.

— Бреши, бреши! — перебил его рослый казак. — Степан Тимофеевич-то — вот он! — ткнул он в толпу казаков пальцем. — Я его еще с Черкасс знаю. Вместе бражничали. Его и Фролку!

Сиплый голос казака донесся до слуха ватаги. Один из них обернулся, и толпа сразу подалась назад, инстинктивно угадав в нем Разина. И правда, это был он.

Костюмом он ничем не отличался от своих соратников, но довольно было взглянуть на него, чтобы признать в нем атамана.

Невысокого роста, широкоплечий и коренастый, он прежде всего производил впечатление силы, а стоило увидеть его взгляд, чтобы понять и ту неукратимую силу, которая могла подчинить себе волю буйной ватаги.

Мещанинишка немного преувеличил, сказав, что из глаз его сыпались искры: в них горел неукротимый пламень. Красивое лицо с правильными чертами, слегка тронутое оспиными рябинами, с короткими усами и высоким лбом было бы обыкновенно, если бы не глаза, в которых чувствовалось присутствие какой-то сверхъестественной силы.

Разин отвернулся, что-то молвив своим удальцам, и толпа очнулась и загудела. Не бойся она воевод и стрелецкого войска, она бы разразилась восторженным криком.

Словно чувствуя это, Разин небрежно поправил на голове баранью шапку и снова ласково оглянулся на толпу.

— Вот он, сокол-то наш! — восторженно крикнул полупьяный казак. — Здрав будь, батько!

— И ты, сынку! — громко ответил Разин и, приняв гордую осанку победителя, а не несущего повинную, вошел в приказную избу в сопровождении четырех своих есаулов.

Князья Прозоровский и Львов важно сидели на своих местах за длинным столом, опершись на свои палки.

Разин вошел, снял шапку и поясно поклонился воеводам.

— Челом бьем на здравии! — сказал он.

— Милости просим! — ответил Прозоровский. — С чем пришел, сказывай!

Разин вынул из-за пояса булаву — символ своей власти, взял из рук есаула бунчук, положил их на стол и, снова поклонившись, проговорил:

— Мы бьем челом великому государю, чтоб великий государь пожаловал нас, велел вины наши нам простить и отпустить нас на Дон! А что мы с повинной идем, тому в знак принесли мы пушки: пять медных и шестнадцать железных, да пленных своих, что в боях забрали. На том челом бьем!

Прозоровский встал и сказал Разину:

— Государь, по своему милосердию, вины ваши с вас снял и позволил вас на Дон отпустить. Только допрежь вы должны свои морские струги отдать. Мы вам легкие в обмен дадим.

— Ваша воеводская воля! — смиренно ответил Разин.

— И еще заклясться должны, что больше на Руси воровским делом заниматься не будете, а станете царю прямить!

— Мы и так супротив царя не шли!

9

— Ну, Господь с вами. Государь вас милует, а что сделаете впредь, то и теперешнее помянется!

На этом и кончилась церемония. Воеводы встали со своих мест и вместе с Разиным пошли осмотреть пушки и пленных.

— Да неужто тут и все пушки? — удивился князь Прозоровский, увидя всего двадцать одну пушку.

— По моему взгляду, до сорока пушек было, — сказал Львов.

Разин нахмурился и взглянул на воевод исподлобья.

— Всех пушек отдать не можно, — ответил он угрюмо, — как пойдем по степи от Царицына до Паншина, пушки и нам нужны станут. Всякий народ там гуляет. В Паншин прибудем и пушки отошлем!

Воеводы переглянулись, но они стояли в тесном кругу казаков и промолчали.

— А что же служилых людей не отпустили?

— А нешто мы их держим. Пущай идут. А неволить не можем!

Кругом послышался сдержанный смех.

— Вы вот все меня спрашиваете, а небось выкупа за Сехамбета я еще не получил, а молодцы с меня спросят! — резко заговорил Разин. — А ты, князь, мне еще слово давал!

Князь Львов вспыхнул:

— Мухамед тута и тебе казну принес. Можешь не опасаться!

— Ну, будет!— примирительно произнес князь Прозоровский. — Ты вот что! — обратился он к Разину. — Отбери молодцов, что к тебе ближе, да идите ко мне на пир честной. Всем надо пир справить!

Разин поясно поклонился князю:

— Спасибо за честь! А вы, князья-воеводы, не откажитесь на скудном подарочке нашем. Челом бьем вам!

Лица воевод просветлели. Казаки стали подносить им дорогие ткани персидские, оружие в окладах, халаты, шали и седла.

— И вы, милые, подходите! — крикнул весело Разин стоящим поодаль дьякам и подьячим и наделяя кого куском материи, кого саблей, кого халатом.

— А и награбили, удалые молодчики! — добродушно уже усмехаясь, говорил Прозоровский.

— Всего было! — ответил Разин.

День окончился пированием у князя Прозоровского. Воеводы напились с Разиным, хлопали его по плечу и говорили:

10

— Пошалил, Степан Тимофеевич, и будет! Теперь царю правь, а мы за тебя во как царю отпишем!

— Спасибо на добром слове. Мы все хотим честью, — отвечал Разин, — надоело разбойство это. Казна есть! А мы царю-батюшке всегды прямили. Теперь ему островами поклонимся, что на море взяли.

— Так, Степан Тимофеевич, так!

— Здоровье царя-батюшки!

— Теперь ты ко мне на пир! Мой черед, — лепетал князь Львов.

— К нам, на струги, милости просим! — отвечал Разин.

А тем временем по всей Астрахани рассыпались удалые казаки, наполнив царевы кабаки и тайные рапады. Не считая, они сыпали из карманов деньги, братались с мещанами, посадскими и стрельцами, и скоро пьяное веселье разлилось по всем улицам и площади.

— Гуляй, казацкая душа! — орал пьяный казак, обхватив за шеи двух посадских. — У нас, братики, так: пей, пока ноги держат! Заливай! Грицько, ты куда, вражий сын?

— А туточко, бают, девчины есть! — ответил на бегу другой казак.

— А и мы ж з ним!

На базаре у канавы, распивая огромную баклагу, стрелец говорил с казаком:

— И пойду я к вам. Ей-Богу, пойду! Здесь что. Жрешь толокно, денег не дают, а службу неси. Ну их!

— Пожди трохи, — отвечал казак, — мы еще с батькой назад придем, тогда иди!

— И пойду! Вот тебе крест!

— Тогда и иди! — твердил казак.

Уже небо вызвездило и месяц поднялся, когда казаки вернулись на свои струги. Пьяного Стеньку внесли на его "Сокола" и под дружные удары весел отчалили от пристани.

— До завтра, молодцы! — кричали им с берега.

— Да завтра! — отвечали казаки.

Струги тихо поплыли по озаренной луною реке, и скоро среди ночной тишины до города донеслась дружно подхваченная песня:

У нас-то было, братцы, на тихом Дону,
Породился удал добрый молодец,
По имени Степан Тимофеевич;
Во казачий круг Степанушка не хаживал,
Он с нами, казаками, думу не думывал;

11

Ходил гулял Степанушка во царев кабак;
Он думал крепку думушку с голытьбою:
"Судари мои, братцы, голь казацкая!
Поедем мы, братцы, на сине море гулять,
Разобьем, братцы, басурмански корабли,
Возьмем мы казны сколько надобно..."

Песня росла, ширилась, а потом стала доноситься глуше и глуше и замерла... Полупьяный народ стоял на берегу словно зачарованный. Песня взволновала всех; в ней слышались воля, молодечество, бесшабашная удаль.

Сидят все словно в остроге, прикрепленные к дому, к лавке, к молодой жене, а те соколы — никого не знают. Весь свет для них!..

— Эх, и житье привольное! — громко выкрикнул пьяный ярыжка, и в толпе ответили ему сочувственным вздохом.

IV

Астрахань словно захмелела, так закружили ее казаки. С раннего утра приезжали они в город, привозили с собою награбленное добро и продавали его на базаре, с пьяных глаз отдавая за ту цену, которую давали им хитрые купцы.

Дорогие персидские ткани, ковры и шали; золотые, серебряные цепи, ковши и кубки; камнями усыпанные чепраки и седла, ружья, пистолеты, кинжалы и сабли — все продавали казаки охочим людям, и на базаре с утра уже толпился народ.

Нередко в толпе показывался и сам Стенька Разин; вокруг него тотчас собирались нищие и кричали:

— Батюшка, помоги! Батюшка, милостивец, не оставь!

И Разин бросал в их толпу горстями серебро и золото.

— Здравствуй, батюшка! — кричали ему в следующий день встречные ярыжки, пьяницы, голь кабацкая и падали ему в ноги...

До полдня шла торговля, а там распродавшие добро свое казаки шли по кабакам и начиналась гульба до вечерней темноты.

Высыпала на улицы голь кабацкая, холостые мещане и посадские, стрельцы и ярыжки, и стон стоял по городу от пьяного веселья. Мирные жители прятались по домам, запирали дубовые калитки, задвигали окна ставнями и испуганно крестились при каждом крике.

— Пей за здоровье батюшки нашего, Степана Тимофеевича! Пей, собачий сын! — орал казак, поймав на улице испуганного дьяка.

— Не могу, милостивец! С ног упаду! — молил дьяк.

— Пей! Не то с чаркой в глотку забью! — кричал казак, и испуганный дьяк тянул неволей водку.

— А то: не могу! — уже добродушно смеялся казак и шел, пошатываясь, дальше.

На площади составлялся круг. Откуда-то брались запрещенные скоморохи, гудела волынка, сопели, и казаки плясали, выбивая ногами частую дробь.

Воеводы словно показывали пример черни.

То у них по очереди пировал Стенька Разин с казаками, то они шли к нему на струг и каждый раз возвращались с дорогими подарками, которыми оделял их щедрый Разин.

Может, потому и были так снисходительны к нему корыстные воеводы. Почти ни в чем не решались они перечить Разину, и даже не посмели отобрать у него царских аргамаков, а не то что награбленный у Мухамеда товар или лишнюю пушку.

Наступал вечер, теплый, летний, южный. Стенька Разин со своими любимыми есаулами, Ивашкой Хохловым да Ваською Усом, садились на струг под пышный балдахин, на богатые ковры и подушки, а прочие казаки на весла, и медленно плыли к своему стану, часто чтобы вновь бражничать.

Стенька Разин был истый казак своего времени, для которого пьянство составляло как бы культ. Созвав есаулов своих, он нередко до зари продолжал брашну.

Но в промежутках этого сплошного пьянства и Стенька Разин, и воеводы думали о деле.

— Чего это они, вражьи дети, держат нас столько, — говорили иногда есаулы, — мотри, худо бы не было!

— С нами-то? — удивлялся Разин. — Али они белены объелись. Небось воеводы у меня во где! — и он показывал свой сжатый кулак. — Куда хочу, туда верчу!

— Ты, атамане, им всех стругов-то не отдавай, — сказал однажды ему Васька Ус, — неровно нам занадобятся.

— Тоже нашел дурака! — отвечал ему Разин. — Я для себя девять стругов оставил, так и князю сказал: этих тебе и не видеть. Да нешто "Сокола" я отдам кому?

— То-то! — успокоился Ус.

А воеводы в свою очередь торопили мастеров с изготовлением легких речных стругов, на которых хотели отправить приятных, но и опасных гостей.

— Загостятся тут, еще беды не оберешься, — озабоченно говорил князь Прозоровский.

— И то, — соглашался князь Львов, — намедни на майдане кабак разбили. Пропьют все, грабить станут.

— На стрельцов плохая надежда!

— И не говори! — князь Львов махнул рукою и, понизив голос, сказал: — Крикни Стенька, и сейчас они все к нему.

— То-то! Скорей бы уж от них!..

Митрополит Иосиф дважды звал к себе воевод и говорил им с укором:

— Доколе еще у нас сия мерзость продлится? Пьянство, блуд, скоморошьи песни! Лики человечьи утратили!

— Пожди, отче, малость. И то спешим! — отвечали они и шли на берег торопить мастеров, которые и без того старались. С раннего утра до позднего вечера стучали топоры, визжали пилы и друг за другом струги спускались на реку и тихо качались на волнах у буя.

Наконец князь Львов пришел к Прозоровскому и весело сказал:

— Ну, княже, все изготовлено! Хоть завтра в путь!

— Вот и ладно! Завтра не завтра, а снаряжать можно начать, — ответил Прозоровский и продолжал: — Недужится мне что-то сегодня. Съезди ты к ним в стан, княже, да скажи, чтобы грузиться начали. А там и с Богом!

— Я что же? Хоть сейчас!

— И с Богом, князь!

Львов спустился к пристани и на легком струге направился к казацкому стану. Не раз и один, и вдвоем с Прозоровским, и с казаками совершал он эту поездку и всегда, возвращаясь, и пьян был, и подарки вез. И теперь он ехал, посмеиваясь себе в бороду в предвкушении всех удовольствий.

— К атаманскому стругу правь! — приказал он гребцам, когда они подъехали к стану.

На небольшом островке пылали костры и подле них толпились казаки, готовя себе пищу, а на воде вокруг, словно стая птиц, всеми цветами пестрели струги — и большие, парусные, и малые, весельные. Чуточку поодоль от них высился знаменитый "Сокол", на корме которого беспрерывно бражничал Стенька Разин.

И теперь, когда вошел князь Львов, у атамана шел пир горой. На шелковых подушках, откинувшись на такие же подушки, сидела девушка, красоты необыкновенной, дочь злосчастного персидского хана Менеды, которую забрал себе в полюбовницы Стенька Разин.

14

Сам он сидел подле нее в одной рубахе и портах, на голове его красовалась шапка с алым верхом, а на плечах висела небрежно накинутая драгоценная шуба. Была она великолепная, соболья, крытая бесценным персидским златоглавом.

Вокруг Разина за столом сидели его есаулы и пили мед и вино, шумно беседуя.

— Добро, добро! — закричал Разин, издали завидя Львова и не поднимаясь даже с места. — Садись, гость будешь! Сюда садись! — он принял саблю, которая лежала подле него, и указал князю место.

— Чару ему, братики! — приказал он и заговорил: — Чем поштовать, горилкой? Али прямо с меду начнешь? Тут у нас добрый есть!

— Давай хоть меду, Степан Тимофеевич!

Князь взял чару, поклонился всем и выпил.

— Добрый мед!

— Чего лучше. Воевода на Яике для себя варил, а мы пьем да его поминаем: это добрый воеводский мед! — со смехом сказал Васька Ус.

Князь поморщился.

— А я к вам, добрые люди, с весточкою!

— Али струги готовы? — быстро спросил его Разин.

— Готовы! — ответил князь. — Пришел просить вас. Возьмите их да, с Богом, и грузитесь. Нам свои ослобоните. Да чтобы немешкотно!

— Небойсь, — весело загалдели кругом, — не задержим! Стосковались по Дону!

— На доброй вести, князь, выпьем! — сказал Разин и, хлопнув чару, крепко обнял свою красавицу. — Эх, лебедушка, повидаешь ты мой курень! Посидишь в вишневом садочке!

— А жинка? — сказал Ус.

— А жинка в другом! Го-го-го!..

Князь Львов не сводил глаз с атаманской шубы, и чем дольше смотрел на нее, тем завистливее разгорался его взор и под конец от зависти даже под ложечкой засосало.

— Вот я тебе вести какие добрые привез, — заговорил он, — а ты меня ничем и не отдаришь даже!

Разин лукаво усмехнулся:

— Эх, руки боярские! Чем же отдарить тебя, князь? Али мало с нас магарыча взял?

— Обычай такой, — ответил князь, — последнему дьяку дают, не то что воеводе. Дай ты мне, Степан Тимофеевич, эту шубу!

Разин даже отшатнулся. Кругом сразу настала тишина, потом послышались тихие возгласы:

— Ишь, губа — не дура!

— Ох, волк его знаешь!

Разин насмешливо посмотрел на воеводу:

— Уж и жаден же ты, князь! Шубу ему?! Да такую шубу носить царю впору, а ты со своими лапами за ней тянешься!

Жадность затмила разум Львова.

— Дай, Степан Тимофеевич, тебе что, у тебя грабленое!

— А у тебя дареное будет? — с той же насмешкой спросил Разин. — Пей лучше!

Князь вспыхнул.

— Атаман, — сказал он ему угрожающе, — не след нами, воеводами, пренебрегать. Мы ведь на Москве все сделать можем: и доброе, и злое.

Разин почувствовал в его словах угрозу. Гнев сначала охватил его, но потом он словно смирился.

Быстро встав, он сбросил с себя шубу и кинул ее на руки Львову.

— Возьми, брат, шубу, — сказал он, сверкнув глазами, — только бы не было в ней шуму!

Львов дрожащими руками прижал к себе драгоценный подарок.

— Вот угодил, Степан Ти... — начал он радостно.

— Иди! — перебил его Стенька, стоя перед ним в одной рубахе. — Смотри, молодцы серчают!

Действительно, глаза всех устремились на князя со злобою, кулаки были сжаты. Князь торопливо кивнул всем и, путаясь в полах дорогой шубы, побежал со струга.

— Для чего ты, атаман, такие поблажки делаешь? — заговорили кругом.

— Пускай его! Все равно назад отберу, — с загадочной усмешкой ответил Разин и переменил разговор: — Вот что, братики, завтра чуть свет пересаживаться начнем, а послезавтра — и с Богом! А теперь пьем, братики! Закажи, Вася, струг отчалить, прокатимся! Хошь, моя лапушка? — обратился он к девушке. Та молча в ответ кивнула головою.

— Ну, ну!

Скоро струг всколыхнулся и медленно отошел от берега. Вода глухо зароклотала под кормою, и белая пена закрутилась по обе стороны.

— Пьем, что ли, напоследях, братики! Начнем с горилки! Разливай, Иваша! Эх, гуляй душа казацкая! Затянем песню, что ли! Ну, Вася!

Мы ни воры, ни разбойнички... —
затянул Васька Ус высоким тенором.
Стеньки Разина мы работнички, —
подтянули сидевшие за столом, а там и гребцы подтянули,
и песня полилась свободная, широкая, как сама Волга.
Мы веслом махнем — корабль возьмем!
— Верно, детушки! — закричал опьяненный вином и
песнею Разин и громко подтянул:
Кистенем махнем — караван собьем.
— Ох, верно!
А рукой махнем...
Стенька упал в подушки и обнял княжну. Шапка его
слетела с головы, и густые волосы закрыли его лицо. Он
отмахнул их нетерпеливым движением.
...девицу возьмем!.. —

окончилась и замерла песня, а с нею вместе и Стенька, прильнувший губами к щеке своей красавицы. Среди пьяных вдруг послышались голоса:

— Неправедно, атаман!

— Чего нас дразнишь?

Разин отшатнулся от девушки и мутным взором обвел кружок:

— О чем шумите? Что неправедно?

— А то, — заговорил Ус, — что с девкой хороводишься.

— Нам не велишь, а сам бабничаешь!

— Небось Култябку велел за бабу утопить! — сказал Хлопов.

— Обабишься и нас покинешь. Ну ее!

Стенька Разин вскочил на ноги.

— А и ну ее вправду! — вскрикнул он и вдруг нагнулся, ухватил красавицу за косу и за ноги, взмахнул и бросил в Волгу.

Она пронзительно вскрикнула и с плеском упала в воду. Пораженные казаки подняли весла. Девушка кричала и боролась в воде, тяжелое платье несколько минут ее поддерживало, потом вдруг опустилось и потянуло за собою.

А Разин громко говорил, махая рукою:

— Гой ты, Волга-матушка, река великая! Много ты дала мне злата, серебра, много всякого добра! Оделила меня честью, славою, словно мать с отцом! А я еще ничем не благодарил тебя. На ж тебе красотку на подарочек!..

Он обернулся к своим есаулам:

— Ну, вот вам! Обабился атаман ваш, сучьи дети?

— Славно, батько! Нет лучше казака на всем свете! — закричали все пьяными голосами.

— Псы вы! — вдруг заорал Стенька во весь голос и, упав на подушки, закрыл голову руками.

— Пить! — прохрипел он через минуту.

На другой день с утра закипела работа у казаков. Одни торопливо разгружали свои струги, вытаскивая из них все добро на остров, другие осторожно отводили в сторону девять удержанных за собою стругов.

Тем временем воеводы сговаривались.

— Так отпустить их никак нельзя, — говорил Прозоровский, — я им напоследок слово скажу, а ты, князь?

— Уволь, князь, от проводов! И тебя одного довольно! — перебил его Львов.

— Чего так? Чай, и ты воевода, да еще войсковой начальник!

— Недужится мне, князь! — ответил Львов, который все еще боялся за свою дареную шубу.

— Ну, так ты человека сыщи их до Царицына проводить, а потом наказ напиши, чтоб до Паншина их стрельцы проводили.

— Это можно! Я Леонтия Плохово пошлю. Малый дошлый!

— Ну его так его! Расскажи, что ему делать надоть.

— Да что же? Проводить, да потом вернуться нам сказать. А мы уж сами отпишемся.

— Ну и то, скажи ему!..

V

Ранним утром четвертого сентября астраханцы опять толпились по берегу Волги у пристани, на этот раз смотря на проводы удалых казаков. В толпе преобладали теперь ярыжки, бездомные и посадские.

Длинной лентою выравнялись вдоль берега казацкие струги, и впереди всех, у самой пристани, атаманский "Сокол".

Стенька Разин, со всеми есаулами в дорогих нарядах, стоял без шапки на пристани, а воевода, князь Прозоровский, окруженный боярскими детьми, дьяками и приказными, важно, наставительно говорил ему:

— Помни же, атаман, царь милует до первой прорухи. Тогда уж и не жди пощады! Все попомнится! Иди со своими молодцами тихо да мирно, у городов не стой, бесчинств не чини, а ежели к тебе государевы людишки приставать станут, к

18

себе не бери их. Нашего наказного не забижай, а слушай! Вот он тебя до Царицына проводит, жилец наш Леонтий Плохово. Сильно не пои его, чтоб разуму не лишился...

В синем армяке, в суконной шапке, высокий и статный, с черной окладистой бородою, вышел из толпы Плохово и стал обок Разина.

Тот исподлобья взглянул на него и усмехнулся.

— В мамушки к нам, выходит! — сказал он. — Что ж, милости просим!

— Так помни, атаман, — еще раз наставительно произнес князь-воевода, — а теперь — с Богом!

Он протянул руку, думая, что Разин поцелует ее, но Разин только тряхнул головою и сказал:

— Благодарим за хлеб, за соль! Коли в чем я али мои молодцы провинились, не осуди, князь! — и, надев шапку, он махнул своим есаулам.

Все ватагою взошли на струг.

Князь гневно посмотрел им вслед и еще грознее оглянулся, когда услышал вокруг легкий смех.

А Стенька Разин стал на самую корму и, сняв шапку, зычным голосом сказал всей голытьбе, оставшейся на берегу:

— Бувайте здоровы, братики! Спасибо, что моими молодцами не брезговали, може, еще свидимся, дружбу помянем!

— Здоров будь, батюшка Степан Тимофеевич! — заревела толпа.

— Ворочайся, кормилец!

— Смирно вы, ослушники! — грозно закричал князь-воевода, но его голоса не было даже слышно.

— Отча-ли-вай! — разнеслось по реке.

Атаманский струг дрогнул, отделился от пристани и медленно пошел вверх, за ним длинной чередой потянулись казачьи струги.

Народ бросился бежать по берегу, провожая казаков.

— Прощайте, добры молодцы! Наезжайте еще! — кричали с берега.

— Нас не забывайте, други! — кричали со стругов.

— Бог вам в помочь, молодчики!

— Пути доброго!

Разин стоял на корме и низко кланялся, бормоча про себя: "Эти не выдадут! Хоть сейчас зови!"

Мощная фигура его красовалась перед народом, медленно удаляясь. Вот уже алеет только его жупан. Последние искорки сверкнули на дорогом оружии, и струг скрылся в туманной дали.

А казачьи струги все плыли и плыли. Народ провожал их уже глазами. Словно журавлиная станица слетела с места и тянулась по безбрежному небу...

Князь Прозоровский долго смотрел им вслед, прислушиваясь к крикам народа, потом вздохнул и, задумчиво качая головою, медленно пошел домой...

Словно покойника схоронили, — такая тишина наступила в Астрахани после отъезда молодцов.

VI

Непросыпное пьянство стояло на струге Разина. Засыпал удалой атаман за столом, просыпаясь, требовал водки и снова пил со своими есаулами, пока дрема не смыкала его очей.

— Пей, мамушка! — говорил он Плохово.

— Невмоготу, атаман!

— Пей, вражий сын, не то силой волью!

— Опомнись, атаман, я от воевод послан. Меня обидишь, их обидишь!

— К чертову батьке воевод твоих! — с гневом вскрикивал Разин. — Не поминай ты мне про них лучше! — и испуганный Плохово тотчас умолкал и через силу тянул водку.

— Атаман, — сказал ему Васька Ус однажды, вбегая на палубу, — помилуй! Сейчас провезли в Астрахань тех стрельцов, что в Яике к нам отложились. Негоже это!

— Негоже! — подтвердил Стенька. — Эй, Иваша, нагони их, собак, накажи сотникам ко мне идтить.

— Что ты делаешь, атаман? — испуганно закричал Плохово. — Ведь их воеводы забрать велели!

— Молчи, пока жив! — угрюмо сказал Стенька.

Спустя часа три на палубу вошли дрожащие сотники.

— Вы что, псы, делаете? — набросился на них Стенька. — Молодцы мне верой служили, а вы их, как колодников, воеводам на суд везете? Вот я вас! Веревку!

— Смилуйся, государь! — завыли сотники, бросаясь на колени. — Их охотою! Мы не неволим их! Не хотят, пусть ворочаются. Нам что до них! Мы тебе, батюшка, еще три ведра водки везли, а не то что супротивничать!

Лицо Стеньки сразу озарилось улыбкой.

— А добрая водка?

— Монастырская, государь!

— Ну, ну, волочите ее ко мне! — уже милостиво сказал Разин и прибавил: — А стрельцам скажите, которые неволей едут, пусть ко мне ворочаются!

Не помня себя от радости, вернулись на свои струги сотники и послали тотчас водку Разину. Он созвал своих есаулов:

— А ну, браты, посмакуем государеву водку!

Толпа стрельцов перебежала к нему. Плохово возмутился.

— Побойся Бога, атаман! — сказал он ему. — Скоро ты забыл государеву милость. Прогони назад беглых служилых людей!

Степан грозно взглянул на него, но потом только засмеялся.

— Эх, мамушка, николи у казаков так не водится, чтобы беглых выдавать. Хочет уйти — уйди, а гнать — ни Боже мой!

Плохово только чесал в затылке. Не указывать Разину, а только бы свою шкуру уберечь! И он вздохнул с облегчением, когда завидел Царицын.

— Ну, прощенья просим, атаман! — сказал он ему, когда причалили к городской пристани. — Теперь тебя стрельцы далее проводят.

— Стрельцы?! — Разин даже взялся за саблю. — Да в уме ли ты, малый? Мы твоих стрельцов живо окрестим, а тебя за одни речи вон куда вялиться подвесим! — и он указал ему на верхушку мачты.

Плохово попятился.

— Там твое дело, атаман. Прощенья спросим!

— Иди, иди, матушка! Поклонись воеводам. Скажи, наведать их думаю! Пусть князь-то Львов шубу побережет!

Плохово быстро сбежал на берег и едва не был сброшен в воду толпою, которая торопливо шла к атаманскому стругу.

— Что за люди? — спросил их Разин, стоя на сходнях.

— Чумаки с Дону! — ответили из толпы и загудели:

— Смилуйся, Степан Тимофеевич!

— От воеводы теснение! Заступись!

— Стой, — закричал Разин, — говорите толком! Что надо?

Из толпы выступил здоровый казак с длинными усами и низко поклонился Разину:

— Чумаки мы, батюшка Степан Тимофеевич! Ездим сюда за солью,- а воевода туто теснит нас. Заступись, родимый! Помилуй, дерет с нас, бисов сын, с дуги по алтыну!

— А у меня коня отнял! — закричал голос из толпы.

— А у меня хомут и сани!

— У меня пищаль!

— Ах он сучий сын, — заревел Стенька Разин, — стойте, братики, уж я его!

Он выхватил саблю и бросился бегом, без шапки, в город. Есаулы устремились за ним, казаки тоже.

Царицынский воевода Уньковский сидел в приказной избе и говорил с Плохово, когда вдруг распахнулась дверь, в избу влетел Разин и ухватил воеводу за бороду.

— Такой-то ты царский слуга! — закричал он. — Вас царь на защиту садит, а вы что разбойники! Постой, воевода, песий сын!

— Батюшка! Милостивец! — завыл воевода. Плохово от страха лег под лавку, а Разин, дергая воеводу за бороду, кричал:

— Чумаков грабить? Врешь! Сейчас, вражий сын, полезай в казну, плати за обиды! Давай сто рублей! Ну!

— Бороду-то отпусти, милостивец! — взволновался воевода.

— Оборвать бы ее тебе!

Разин разжал руку. Воевода, дрожа от страха, подошел к укладке и, шепча молитвы, вынул оттуда мешок с деньгами.

— Вот тебе, атаман! — промолвил он, дрожа от страха.

— То-то! — с усмешкой сказал Разин, беря мешок, и, сжав кулак, грозно прибавил: — Смотри ж ты, воевода! Если услышу я, что ты будешь обирать и теснить чумаков наших, что за солью приедут, да отнимать у них пищали и коней, да с дуги деньги брать — я тебя живого не оставлю! Слышишь?

— Слышу, милостивец! — еле живой от страха пробормотал воевода.

Разин вышел и отдал мешок казакам.

— Поделите каждый по обиде своей! — сказал он чумакам.

— Спасибо тебе, батько!

— Не на чем!..

Плохово вылез из-под лавки и встряхнул полуживого воеводу:

— Боярин, где бы схорониться, пока эти черти не уедут?

Боярин растерянно оглянулся:

— Вот и негде. Везде сыщут! Свои выдадут.

— Запремся тогда!

— Вот это дело!

Они позвали к себе на оборону десяток стрельцов и крепко заперли дубовые ворота и двери приказной избы.

Разин, еще кипя гневом, возвращался на струг, когда к нему подбежали его молодцы.

— Смилуйся, батько! — загалдели они. — Что ж это за

напасть! Слышь, воевода велел по кружалам вдвадорога вино продавать. Можно нам без вина разве?!

— А-а! — заревел не своим голосом Стенька. — Бей кружалы, молодчики! Идем в приказ! Ну уж я его!

Запертые ворота довели его до бешенства.

— Бей! Ломай! — кричал он, хмелея от крика. Огромным бревном выбили ворота, потом двери избы, но воевода и Плохово успели скрыться.

— Убью! Зарежу! — рычал Стенька и, обнажив саблю, метался по городу.

— Откройте тюрьму, братики, — решил он наконец в злобе, — пусть за нас колоднички расплатятся.

А тем временем казаки разбили кружалы, выкатили бочки — и началось пьянство. Ярыжки тотчас пристали к ним; колодники с ревом побежали по городу, и жители в ужасе заперлись в своих домах.

Уньковский и Плохово засыпали себя навозом и лежали там ни живы ни мертвы от страха.

"Вот тебе и царю повинился!" — в паническом страхе думал Плохово и читал молитвы...

Почти ночью вернулся пьяный Разин на свой струг, и за ним тянулась ватага.

— Атаман, а атаман, — сказал ему Ванька Хохлов, — ты не сердись!

— А што?

— Наши пошалили малость!

— А што?

— Да вишь, две кошмы верхом шли. Наши-то пошарпали их. Слышь, сотника взяли, с царской грамотой. Его повесили, грамоту в воду бросили.

— Айда! — весело ответил Стенька. — Люблю! Сорвалось у них, да что ж, коли воеводы сами задирничают...

— А еще...

— Ну!

— Немчин тут объявился. Слышь, бает, от воевод астраханских.

Разин сразу протрезвел. Уж не погоня ли?

— Волоки его сюда!

Он тяжело опустился на вязку канатов, и почти тотчас к нему подвели длинного, сухого немца. Испуганное лицо его было все усеяно веснушками, острый нос краснел на самом кончике, жиденькая рыжая бородка тряслась от страха, и вся фигура его, в длинном кафтане, в чулках и башмаках на тонких, как жерди, ногах, была уморительно-потешна.

Разин окинул его быстрым взглядом.

— Кто будешь?

— Я? Видерос! Карл Видерос! Я для вас струги делал!

— Сорочье яйцо ты. Вот ты кто! Зачем послан?

— Воеводы прислали! Я не сам. Иди, говорят, и скажи этому супост...

— Что-о? — грозно окрикнул Разин.

— Этому доброму человеку, — поправился немец, — чтобы он сейчас по нашему приказу всех приставших людей в Астрахань воротил. Не то худо будет. Царь уж не помилует!..

— Ах ты пес! — закричал Разин, выхватывая саблю. — Сучий ты сын! Как ты смеешь мне такие речи говорить. Я тебя!

— Ай! — завизжал немец и упал на палубу.

— Подымите его! — приказал Разин, весь дрожа от гнева. — Держите да встряхивайте!

Два дюжих казака подняли за шиворот немца и время от времени встряхивали его, как мешок, а Разин, сверкая распаленными от гнева глазами, кричал, махая перед его носом саблею:

— Ладно! Ладно! Воеводы мне смеют приказы слать, немилостью грозить! Скажи, что Разин не боится ни воеводы, ни кого повыше его! Заруби себе!.. Пожди: я с ними еще свижусь! Тогда будет расчет! Дураки, остолопы, трусы! Теперь у них сила, они и нос дерут. Небось, возьмет и наша верх. Я на совесть с вашими свиньями расплачусь. Покажу, как меня без почета принимать. В ноги поклонятся!.. Да!.. Дайте ему взашей!.. — вдруг прервал он свою речь, тяжело переводя дух. Немец кубарем полетел на берег и не помня себя помчался по улице.

— От-ча-ли-вай! — прокатилась команда.

Струги поплыли дальше, а Стенька Разин, злобно сверкая глазами, все еще сжимал кулаки.

В воеводской избе, в Астрахани, с унылыми лицами сидели Прозоровский и Львов и только тяжко вздыхали.

— Принес повинную! На тебе! — с горькой усмешкой произносил время от времени Прозоровский, а Львов только разводил руками.

Поначалу, прибежал к ним стрелецкий голова и поведал о встрече с Разиным.

— Сотников чуть не повесил. Воевод поносил. Полсотни к себе молодцов сманил!

Воеводы тотчас послали Видероса, но когда вернулся он да Плохово да купцы с разбитых стругов да услышали они их рассказы, у воевод и руки опустились, и головы затряслись.

— Ох, не знаю, как и на Москву отписать! — вздыхал Прозоровский.

— Выпускать не надо было!

— Выпускать! — передразнил Прозоровский. — Шубу брать не надо было! С нее все и пошло.

Львов даже вздрогнул:

— Уж и не поминай ты ее!

— Не поминай! Он помянет!

— Надо в Москву отписывать. Пусть войско пришлют! Стрельцы тутошние не защита!

— Эх, горе, горе! — вздыхал Прозоровский, и сердце его болело злым предчувствием.

ЧАСТЬ ВТОРАЯ

I

Апреля десятого 1670 года левым берегом реки Волги, верстах в ста от Саратова, ехали два всадника. Один был лет двадцати трех, другому можно было дать лет тридцать восемь.

Первый был одет в суконную чугу вишневого цвета до колен, с рукавами до кистей рук, на которую была наброшена легкая сетчатая кольчуга; широкий пояс из полосатой материи черного, синего и алого цветов обхватывал его стан; за поясом были заткнуты кинжал и пистолет, а на левой стороне, на серебряной цепи была пристегнута короткая сабля. Подол чуги был окаймлен широкой желтой полосою, и из-под него виднелись штаны желтого цвета, заправленные в зеленые сапоги. Впрочем, они были зелеными, а теперь от грязи да пыли приобрели темный бурый цвет. На голове его сидел легкий налобник со стрелкой над переносьем. За широким седлом, состоявшим из высокой красной луки, алого чепрака и желтой подушки, была увязана бурка из верблюжьей шерсти, впереди же между лукой и всадником было прикреплено ружье поперек седла; с правой стороны, прикрепленный к луке, болтался мешок с пороховницей, с левой висела медная сулейка. Так как было рано и роса еще белой пеленою лежала на траве, то на всаднике накинут был опашень зеленого сукна, рукава которого спускались ниже стремян. Когда становилось теплее, он сбрасывал опашень и приторачивал его к бурке.

Конь его тоже был разукрашен. Сбруя вся была покрыта серебряными бляшками, ремни под мордой были окованы серебром, и подле ушей коня висело по два бубенчика, звон которых разносился далеко по свежему утреннему воздуху.

Другой всадник, ехавший позади первого, был одет много проще. На нем был зеленый кафтан, поверх которого надеты были кожаные латы, на голове его простой войлочный колпак, за спиною саадак со стрелами и лук, за поясом огромный нож, а сбоку длинный меч. Позади его простого седла без подушки был привязан большой кожаный мешок, а с боков седла висело тоже по мешку. Конь его был крепок, но не породист, и сбруя на нем была из простого сыромятного ремня.

Первый был молодой князь Алексей Петрович Прилуков, ехавший из Астрахани в Казань, исполнив государево поручение; второй — его слуга. Звали его Степан Кротков, но прозвали почему-то Дышлом, и он так и жил уже под этим именем.

Возвращаясь домой, князь хотел навестить своего друга, Сергея Лукоперова, с которым служил вместе в Казани и который уехал на побывку к отцу в именье, что под Саратовом.

Первым заговорил слуга:

— Этак мы, князь, и вовек не найдем его. Мало ли мест под Саратовом! Бродим, бродим... теперь уже где бы были!..

— Молчи, Дышло, дурья твоя голова. Ведь сказано — подле Широкой. А Широкая-то, вон она! Видишь?

Действительно, верстах в шести от них, словно серебряная лента, вилась речка.

— А Широкая-то, може, пятьдесят верст тянется! — ворчал слуга.

— Ну, ну! И пятьдесят верст сделаем. Нам не к спеху. Дело свое справили! Гляди-ка, вон и душа живая! Покличь-ка!

К реке по степи с веселым ржанием бежал табун лошадей, позади которого виднелись табунщики.

— Эгой! Го-го-го! — закричал Дышло, махая своим войлочным колпаком. Голос его покрыл собою даже конское ржание, и табунщики оглянулись. Один из них, в синей рубахе, красных портах из домотканой материи, лаптях и войлочной шапке, с длинной крючковатою палкой, отделился от прочих и подбежал к всадникам. Увидев господина, он тотчас сдернул свою шапку и открыл загорелое, красное, как кирпич, лицо.

— Скажи, друже, — спросил его Дышло, — не ведаешь ли, где тут Лукоперов живет. Бают, тута где-то!

Табунщик осклабился и обнажил белые, крепкие, как у волка, зубы.

— А тута и есть! — отвечал он. — Он наш господин!

— Вот так здорово! — радостно воскликнул Дышло. — А далеко до его усадьбы?

— Не, близехонько! Верст десять, — отвечал табунщик, — теперя вы до речки доезжайте и потом влево, да все бережком, бережком! Тут горушка будет, а на ней и усадьба!

— Спасибо, друже! — сказал Дышло, трогая коня.

— А скажи, ты не знаешь, — спросил его князь, — Сергей Лукоперов в усадьбе?

— В усадьбе, государь! — ответил табунщик. — Я вчерась оттуда. И Иван Федорович, и Сергей Иванович, и Наталья Ивановна — все в усадьбе!

Всадники подогнали коней и на рысях поехали берегом реки Широкой.

Они ехали уже с добрый час, а ни горушки, ни усадьбы все не было видно.

— Вот так здорово! — ворчал Дышло. — Ишь ты, почитай, пятнадцать отмахали, а хоть бы что!

Князь засмеялся:

— И нетерпелив ты, прости Господи. Ведомо, что их версты баба клюкой мерила, да, не домеривши, бросила!

Солнце уже начало припекать. Князь сбросил опашень, и спустил коня по отлогому берегу попить воды.

Напоив коней, они снова поскакали и скоро увидели и горушку, и усадьбу, что громоздилась по скату холма, словно городище. Высокий частокол неровными зубцами окружал ее со всех сторон, то опускаясь, то поднимаясь, то выступая углом вперед, то уходя вглубь. За ним виднелись крыши, то соломенные, то тесовые, и среди них высокая крыша с разукрашенным коньком и таким высоким крыльцом, что было видно издали.

Князь проехал еще с версту и вдруг осадил коня, словно испуганный. Но не таков он был, чтобы легко пугаться. Дышло остановился тоже и с недоумением взглянул на князя, но тот молча и строго указал перед собою рукой.

Дышло взглянул и ничего особенного не увидел.

Саженях в ста две девушки рвали цветы и плели из них венок, причем их голоса и раскатистый смех далеко звенели по воздуху.

Но князю одна из них показалась неземным видением. Не девушку он видел, а мечту, и сердце его забилось, словно птица в силке. Век бы он стоял неподвижно и смотрел на эту девушку, всю в цветах, облитую ярким весенним солнцем.

Но девушка обернулась в его сторону, вскрикнула пронзительно, увидев всадников, и легче серны бросилась бежать к усадьбе. Другая побросала цветы и, не переставая визжать, побежала за первой.

Князь усмехнулся и шагом поехал за ними следом.

Скоро они подъехали к закрытым воротам. Над воротами высилась башенка, в стене которой был вделан большой образ Богоматери с лампадкою на железной подставе.

— Иди во двор, — сказал князь, — скажи, чтобы открыли, а я тут пожду!

Дышло послушно сошел с лошади, привязал ее к кольцу у столба при воротах и осторожно вошел в калитку.

Во дворе тотчас раздался оглушительный собачий лай.

— Вот так здорово! — послышался возглас Дышла и следом за ним собачий визг.

Князь терпеливо ждал, не сходя с коня. Наконец послышались голоса и ворота со скрипом раскрылись. Князь въехал на широкий двор к самому крыльцу и собирался уже слезать, когда на верху крыльца показался сам Сергей, красивый мужчина с русою бородою и живыми серыми глазами. Одет он был в кумачовую рубаху и льняные штаны, на плечах его был накинут легкий армяк.

— Князь! Алеша! — закричал он удивленно и радостно и, сбросив армяк, быстро сбежал вниз. — Я-то думал, что за гость ко мне!

Князь быстро сошел с коня, и друзья крепко обнялись.

— Не чаял не гадал, — сказал весело князь, — да вышло по пути. Дай, думаю, загляну!

— По пути, — проворчал Дышло, держа в поводу коней, — верст сто плутали!

— Ну и порадовал ты меня зато! Идем, идем в горницу, — радостно говорил Сергей, таща гостя по лестнице, — я тебя с батюшкой познакомлю, с сестренкой! Погостишь малость!

При словах Сергея князь невольно вспыхнул и весело подумал: "Судьба, видно!"

На площадке крыльца Сергей вдруг обернулся.

— Эй, вы! — закричал он челяди, что раньше без дела слонялась по двору, а теперь с любопытством смотрела на гостя и тихонько шушукалась. — Возьмите этого человека на кухню! Да смотрите, чтоб ни в чем ему утеснения не было! Идем, идем, княже! — обняв стан своего гостя, сказал Сергей, и они вошли в крыльцо и широкие сени.

II

В 1618 году, когда под Москву шел Сагайдащный, а Владислав, король польский, тайно задумал в ночь под Покрова взять нечаянным нападением престольный град, как известно, царь и бояре с москвичами, предупрежденные о тайном замысле поляков, успели отбить страшный приступ и побить лихо врага. В память этого события и ценя заслуги всех участвовавших в кровавой битве, царь Михаил Феодорович наградил каждого по его званию и чину.

У Чертольских ворот, между прочим, в отряде воеводы Головина более всех силою, удалью и неутомимостью отличился боярский сын Федор Лукоперов. Государь наградил его за то не в пример прочим. Он произвел его в дворяне и дал, кроме того, ему место по низовью Волги под Саратовом. По указу назначено ему было земли "шестьсот четей в поле" и, кроме того, копен триста сена и леса с другими обща поверстно.

Лукоперов, не долго думая, продал свое небогатое имущество, забрал жену, благо их было двое, и пошел в Саратов. Там ждали с жалованной грамотой еще несколько человек, ушедших из Корелы после Столбовского мира. Саратовский воевода по разверстке назначил Лукоперова вместях с Пауком, Жировым, Акинфиевым и Чуксановым селиться по реке Широкой.

У Лукоперова был самый большой нарез, и потому он встал над другими головою.

Отметили они себе усадьбы, разделили землю и лес и начали строить себе дома.

Повалили к ним охотники селиться. Один за другим приходили к ним бездомные, бобыли и бобылки, захребетники и всякий сбродный люд, разоренный в страшные годы Смутного времени.

Одни отдавались в крестьяне, другие в холопы, иные в бобыли, иные записывались в кабалу, и мало-помалу между усадьбами появились деревеньки, а усадебные дворы наполнились челядью.

Прожив на новоселье лет пятнадцать, Федор Лукоперов успел разбогатеть, выстроил церковь и преставился, оставив после себя вдову и сына Ивана. По смерти матери своей Иван Федорович женился и весь отдался хозяйству, приумножая свое богатство и скупая у ленивых соседей землю.

Так на его уже памяти совсем разорился дворянин Чуксанов, оставив сыну усадьбишку да не больше полста холопов.

Мирное время помогало его преуспеяниям. Больших войн не было, и дальних помещиков не тревожили службою.

Иван Федорович рано овдовел, второй раз жениться не захотел и вырастил себе на утеху дочку Наталью, ко времени нашего рассказа красавицу семнадцати лет, и сына Сергея, двадцатидвухлетнего воина. Выросли они оба балованные, холеные и совершенно различных характеров. Сергей был весь в своего деда. Пылкий, задорный и даже жестокий, он легко поддавался гневу, и холопы со страхом оглядывались, когда он проходил мимо. С ранних лет он отдался душою ратному делу. С охотою ходил на мордву и татарву, был в походе, когда Украина отделилась от царского скипетра и, наконец, поступил стрелецким сотником к казанскому воеводе, где и сдружился с князем Прилуковым.

Наталья же вся пошла в свою мать. Кроткая, любящая, она была мечтательного характера. Челядь ее обожала, сенные девушки не чаяли в ней души, и, несмотря на полную волю, которую давал ей отец, она ни в чем не преступала его воли. Только одна была у нее от отца тайна, тайна девичьего сердца.

Полюбила она соседа, дворянского сына Чуксанова, да полюбила себе не на радость. Не то беда, что он беден, а то, что нрава он был буйного, неукротимого и всегда враждовал со своими соседями. Ко всему отцы их враждовали, и вражда была настолько сильна, что старик Лукоперов, по смерти Чуксанова, перенес ненависть свою на его сына; да еще горше того, Сергей встретил однажды у околицы молодого Чуксанова и они подрались тогда насмерть.

Ничто, таким образом, не сулило счастия Наталье, и, может быть, поэтому любовь ее к Василию разгоралась сильнее и жарче. Казался он ей всеми обиженным, бедным сиротою, и сердце ее распалялось жалостью, когда она думала об его одинокой, несчастливой жизни.

Такова была семья, в которую приехал князь Прилуков.

Сергей ввел его в горницу, крича весело:

— Батюшка, батюшка, какой гость ко мне пожаловал!

На его голос из смежной горницы вышел невысокого роста старик, с длинной поседевшею бородою и совсем лысой головой, с добрыми моргающими глазками на маленьком лице, посредине которого гвоздем торчал тонкий нос.

Князь помолился на иконы и низко поклонился старику.

— Это, батюшка, мой ратный товарищ, князь Алексей Петрович Прилуков. Говорил я тебе про него, — весело сказал Сергей.

— Как же, как же, прослышан, — так же весело ответил старик. — Здравствуй, князь! Позволь, поцелуемся! — и он троекратно поцеловал высокого князя, для чего поднялся совсем на носки, а тот согнулся почти вдвое.

— Чем же поштовать тебя с дороги? Сережа, надо ему, по старому обычаю, чарочку настоечки поднести. Чудесная у нас есть! Скажи Наташе: пусть вынесет!

Сергей вышел, ласково кивнув князю головою, а старик, оставшись с князем, заговорил:

— Садись, княже! В ногах правды нет, ха-ха-ха! Как же это попал ты из Казани в глушину такую? Али сынка мово проведать захотел?

Князь опустился на лавку, после того как сел старик, и ответил:

— Ненароком, государь! Был с посылом к воеводам в Симбирск, Саратов, Царицын, Астрахань. Назад едучи и забрел!

— Та-ак! — протянул старик, и глазки его загорелись любопытством. — А с каким же это посылом, княже? Али война с поляками?

— Царские наказы вез. Поначалу их царский окольничий вез, князь Теряев, да в Казани и заболел. Князь-то Петр Семенович тогда меня спосылал!

— Царские? — протянул старик, совсем склонив голову набок. — Скажи на милость! А с чем же они?

Князь собрался уже подробно ответить, как дверь отворилась, и вошел Сергей, говоря на ходу кому-то:

— Да иди, иди, глупая! Не бойся! Это мой приятель!

Князь вздрогнул и быстро поднялся со скамьи.

— Доченька моя! — сказал нежно старик князю, и при этих словах Наталья вошла в горницу с подносом в руках, на котором стоял золоченый кубок, и с ручником через руку.

Это была та самая девушка, которую видел князь на лугу, и второй раз сердце его забилось, и ему показалось, что перед ним опять виденье.

Она была действительно прекрасна. Круглое личико ее с большими, словно удивленными, серыми глазами, с ярким румянцем во всю щеку, с темными бровями и тонким, словно точеным носом, казалось словно рисованным. Высокая, стройная, с темной каштановой косою до колен, она стояла потупясь перед князем и говорила:

— Откушай, князь, с дороги.

Князь протянул дрожащую руку к кубку и разом осушил его, но закончить обряда у него не хватило духа, и вместо поцелуя он только поясно поклонился ей. Она ответила ему тем же и быстро скрылась, словно истаяла в воздухе.

Старик заметил произведенное дочкою на князя впечатление и горделиво улыбнулся.

— Ну, а теперь и на покой иди! — ласково сказал князю Сергей. — Я от твоего человека услыхал, что ночью ехали. Заморился! Иди, иди! К обеду подбужу тебя!

— Иди, княже, — сказал и старик, подымаясь с лавки, — а я пойду к кухарю, а то тебя с дороги и не накормишь как следует!

— В горницах-то жарко будет, я тебя в повалушу.

Сергей свел князя в маленькую пристройку к задним сеням, состоящую из горенки с двумя слюдовыми оконцами.

Стены ее были тесовые, чисто струганные. В углу висели два образа. Прямо от двери вылезала печка с лежанкой, а за нею тянулась по стене широкая скамья с изголовьем.

Теперь на нее были положены пуховики и поверх них ковер с вышитыми пестрыми птицами.

— Вот тут и засни, — сказал Сергей, — а я пока что в поле съезжу.

— Спасибо, друг! — ответил князь. — Придешь будить, пошли ко мне моего слугу. Накажи, чтобы с тороками пришел.

— Ладно! Спи!

Сергей ушел, а князь распоясался, сложил на стол оружие, снял кольчугу и чугу, разул ноги и с наслаждением вытянулся на скамье. Сон охватил его сразу, и скоро повалуша огласилась богатырским храпом.

Спал князь, а во сне стояла перед ним Наталья. Стояла она перед ним бледная, печальная и, протягивая руки, говорила: "Спаси меня!" — "От кого, голубка?" — спрашивал он. "От лихого злодея!" И в тот же миг кто-то ухватил ее сзади. Князь бросился на него, и они схватились. Князь не видел его лица, но слышал его дыханье, глаза его горели и жгли его, словно огнем, рука давила ему горло, а Наталья, заломив руки, кричала: "Милый, оставь его! Он убьет тебя!" Князь рвался и не мог вырваться из рук злодея.

Он проснулся от толчков в плечо и не сразу пришел в себя.

— Очнись! — ласково говорил ему Сергей. — Что это тебе пригрезилось? Кричишь ажно на весь двор!

— Гадкий сон снился! — ответил князь, вставая. — А где мой слуга?

— Идет! Ты пока што оденешься, а я в минуту оборочусь!

Сергей ушел, и его сменил Дышло. Он принес с собою и большой кожаный, и малый холщовый мешки.

— Вот так здорово! — заговорил он, весело улыбаясь. — К добрым господам попали! Это не у воевод!

— А што?

— Што? У воевод-то у меня с их угощения только животы подводило, а тут — на! И рыбы тебе, и пирогов, и хлебова! А пить! Пей — не хочу! Вот как.

Говоря это, он развязал мешки и помог князю одеться. Князь надел зеленую шелковую рубашку с золотыми запонками на вороту и поверх легкий армяк; желтые атласные штаны и зеленые сафьяновые сапоги довершили его наряд, и он стягивал шелковый опоясок, когда за ним пришел Сергей.

— Идем, идем! Батюшка и то заждался!

Они вошли в ту же горницу, где теперь стоял накрытый и

уставленный сулеями и кубками стол. Старик торопливо помолился на образа и захлопал в ладоши. Слуги стали вносить кушанья. Сначала принесли супы: ботвинью со свежею белорыбицею, уху и суп с ушками — и всего должен был отведать князь.

— Ты на походе, — говорил старик, — где не доспишь, где не доешь. Кушай на милость!

Потом стали нести пироги с начинкой: из каши, из налимьих печенок, из говядины, из луку. Потом принесли курицу с рисом, гуся с кашей, утку с яблоками, а там рыбу всякую и, наконец, поросенка, бараний бок и говядину.

Князь ел до изнеможения, а старик с сыном все уговаривали его еще покушать.

Наконец убрали кушанья, внесли варенья, оладьи и появились мед, вино и разные наливки.

Тогда старик обратился к князю:

— Что ж за наказы те, которые ты к воеводам возил? Война, што ли?

— Нет, про разбойника, казака Стеньку Разина. Слышь, опять поднимается. Так чтобы вели себя сбережением, друг другу помощь правили.

— С нами крестная сила! — воскликнул старик, крестясь. — Да неужто опять?

— Ох, не дай Бог! Помню тогда, лета три назад, его тут опасались мы. Сколько страхов было, и не приведи Бог!

— Чего три года! — сказал князь. — Тогда он без силы был. А вот всего год, как он в Астрахани был, воеводам повинную принес, а те возьми да его со всеми, почитай, стругами да молодцами на Дон отпустили. Чего со стругами! Пушки ему оставили, казны не отняли. Он ушел да сейчас две кошмы и разбил. Я им государеву грамоту возил: корит он их в небрежении. А они: завсегда, говорит, так делают, коли повинится кто! Завсегда! — разгорячился князь. — Да ты знай с кем. На то ты воевода. Упустили его, теперь лови! А с Дону отписывают, что великую силу сбирает на Волгу идти! Народ мутит!

— Вот, вот! — закивал старик головою. — А намедни мимо нас нищие проходили, так все про его песни пели, а потом, глядь, холоп мне и говорит: недолго вам над нами коряжиться. Придет ужо наш батюшка.

— Ну,- я и показал ему "батюшку"! — засмеялся Сергей. — Спину-то в кашу обратил! Попомнит!

— Тяжело будет! — вздохнул старик. — Народ-то по Волге все сбродный, вольница! Беды!..

34

— Ну, теперь воеводы насторожатся, — успокоил его князь, — отпор дадут.

— Кабы дали, — с усмешкой сказал Сергей, — взять хоть бы нашего. Боров боровом! Куда ему воевать?

— Ох, беды, беды! — повторил старик и, поклонившись, ушел к себе спать.

Скоро в доме все спали. А вечером сели за ужин, и опять пошли те же беседы про холопов и Стеньку Разина.

Потом снова полегли все спать уже на ночь.

Тихая ночь спустилась над усадьбою Лукоперова.

Сторожа уснули, собаки без толку лаяли, бегая по двору, а сзади усадебного дома через высокий частокол прямо в сад ловко и неслышно перелезал Василий Чуксанов, дворянский сын.

Знал он и куда лезет, и зачем, потому что, спрыгнув на землю, не обращая внимания на темноту ночи, прямо пошел по тропинке к малиннику и там, трижды прокричав совою, замер в ожидании.

Почти тотчас подле него появилась стройная фигура девушки, и он крепко сжал ее в своих объятиях.

— Сердце мое, рыбочка, здравствуй! — зашептал он. — Ну что, думала про меня?

— Думала, — тихо ответила Наталья, — сегодня в поле цветы рвала и все гадала: любишь, нет...

— А что вышло?

— Вышло, что любишь...

— Верно! Как душу люблю! — Василий снова обнял ее и поцеловал.

— Стой! — сказал он. — Слезы? О чем?

— Все о том же, Вася, — ответила, прижимаясь к нему, Наташа, — не на радость любимся. Ничего из этого не будет.

Лицо Василия угрюмо нахмурилось, но Наташа не видела его в темноте.

— Если правда любишь, уйдем! Я говорил тебе, — сказал он, — на Яик пойдем, на Дон. Там я хутор достану...

Наташа задрожала в его объятьях.

— Не могу, милый! Как подумаю, что батюшка за это проклясть может, так и сомлею от страха. Какое счастье, если умру когда, то и земля не примет!

— Бабьи сказки, — с горечью сказал Василий, — не любишь. Так и скажи. Любо тебе вот ночью выходить, голову дурить...

— Вася! — в голосе Натальи послышались слезы. — Зачем ты это? Такая ли я?

35

— Ну, ну, прости, мое солнышко, — поспешно сказал Василий, — сердце у меня такое обидчивое. Сейчас и закипит. Верю тебе, верю... А все же больно, Наташа! Что я им сделал, чем я хуже других! Али что беден?..

— Тсс! Мил ты мне, Вася, и в бедности. Пожди! Знаешь...

— Ну?

— Вот уедет брат. Я батюшку улещать начну. Может, и примиритесь. Тогда легко будет.

— Примиритесь! Я-то не прочь, он мне худа не делал, а он-то...

— Его я упрошу. Пожди, Василий!

— Да тебя, моя радость, всю жизнь ждать буду! Без тебя уже нет для меня счастия...

Он опять обнял ее и начал целовать. Она зажмурилась и принимала его ласки.

— Как подумаю, что они тебя выдать могут за немилого, кровь во мне так, словно вода в колесе, и забьется. Думаю, всех убью, ее вызволю! — заговорил он опять.

Наталья горделиво усмехнулась:

— Ни за кого, кроме тебя, не выйду. В монастырь уйду лучше!

— То-то!.. К вам, слышь, гости приехали? — спросил он.

— К брату, — ответила. Наталья, — приятель. Князь, а как звать и не вспомню.

— Молодой? — уж ревниво спросил Василий.

— Молодой! Как Сережа.

— Может, свататься?

— Не! — Наталья уже засмеялась. — Пусти руки-то! Больно!

Василий тяжело перевел дух.

— Эх, Наташа, Наташа! Кабы ведала ты, как больно мне. Иной прямо идет к вам, в очи тебе смотрит, шутку шутит, а я ровно тать! Собака залает, я уж дрожу, сторож крикнет — я в куст.

— Пожди, Васенька, — ласково сказала Наташа, гладя его по лицу рукою, — пожди! Все потом по-хорошему у нас будет!

— Дай-то Бог! — и они опять целовались.

На востоке показалась золотистая лента, потянуло холодом, и со всех сторон запели петухи, когда Василий полез назад через высокий тын, а Наталья прошмыгнула в свою светелку.

— Ой, уж и напугала ты меня, государыня! — сказала ее девушка, Паша. — Гляди, уже утро!

Наташа тихо улыбнулась.

— Говоришь, время-то и идет! — сказала она.

36

— А слышь, государыня, что я про гостя-то узнала, — заговорила Паша, садясь на полу подле кровати, на которую легла Наташа.

— Что?

— С им холоп едет. Забавник такой. Дышлом зовут. Так он рассказывал. Князь от... — начала она и разочарованно замолчала, смотря на Наташу.

— Ишь, и заснула! — проборматала она удивленно и, притянув к себе войлок, улеглась на полу и зевнула.

— Поди, целовалась, целовалась, — бормотала она, — как я с Митькой!

При этой мысли лицо ее расплылось в блаженную улыбку.

III

Князь Прилуков три дня прогостил у Лукоперовых и стал собираться в обратный путь. Хоть и приняли его радушно и ласково хозяева, но он под их кровлею только истерзал свое сердце. До сих пор он не знал любви, а тут сразу разгорелось его сердце пожаром, и не о чем он не мыслил, кроме сестры своего приятеля, а она, словно дразня его, ни разу даже не показалась ему.

Сон оставил князя, и украдкою, словно вор, следил он за нею, когда после обеда спускалась она со своими девушками в сад и пела там песни или резвилась, бегая. Кругом все спали, и она, словно птица, выпущенная из клетки, беспечно резвилась, но лишь раздавался на дворе голос первого проснувшегося холопа, она тотчас стрелой мчалась в свою светлицу.

Старик говорил ему раза два:

— Хотел тебя с доченькой получше познакомить, да, вишь, она у меня до чужого человека какая пугливая!

Князь только краснел при таких речах, ничего не отвечая.

"Бежать надобно, — думал он, — а то и вовсе головы лишишься!" Но, собираясь бежать, он уже оставлял здесь свое сердце.

— Так едешь, князь? — спрашивал его старик в день отъезда.

— Беспременно!

— Да ведь ты ввечеру? — спрашивал его Сергей. — По холодку-то куда, сподручнее!

— Ввечеру! Как солнце сядет, мы и поедем!

— Ну, ну! Я тебя хоть до табунов провожу!

— Спасибо!

Старик не знал, как и угостить князя на расставание, и когда тот переоделся опять в свою походную одежду и вышел проститься, старик заставил дочь свою выйти поднести прощальную чашу гостю.

Князь не мог сдержать своего молодого чувства и словно обжег Наталью взглядом. Она вспыхнула и потупилась:

— На дорожку, князь! Дай Бог тебе пути доброго!

— Спасибо, государыня!

Он выпил и низко поклонился.

— Князь, князь, — заговорил старик, — ты уж не обижай меня! Возьми чашу-то!

Князь стал отказываться, но старик настоял на своем.

— А теперь давай поцелуемся! По душе ты мне, князь, пришелся!

Князь горячо поцеловал старика.

— А вора не бояться?

— Не бойся, государь! Воеводы беречься будут! — улыбаясь, ответил князь.

Они вышли на крыльцо. Внизу уже стояли оседланные кони и князя дожидался Сергей. Он одет был теперь в суконный армяк, стянутый черкасским ременным поясом, в легкую шапку с собольим околышем, в черные штаны и сапоги из желтой кожи. За поясом у него был заткнут короткий меч, а на руке висела нагайка.

Старик еще раз поцеловал князя, благословил сына, и молодые люди, вскочив на коней, выехали из ворот в сопровождении Дышла, у которого мешки при седлах словно распухли от массы съестного, что по приказанию хозяина напихал ему господский дворецкий.

— Вот так здорово! — бормотал Дышло, улыбаясь во весь рот.

— Хорошо у вас! — заговорил князь, выезжая в поле. — Так бы и не уехал!

— Скучно только! — ответил Сергей. — Только и утеха что охота. Выедешь это в степи с соколом али собаками... ширь, простор!..

— Когда на Казань воротишься?

— На Казань-то? Да вот год отбуду — и назад. Батюшка жениться велит, невесту сватает, — и Сергей широко улыбнулся.

Князь вспыхнул и сказал:

— Что ж, доброе дело! Бери только по душе.

— А где ее сыскать? Я, княже, от девок-то сторонюсь. Ну их! Ежели и женюсь, так только для батюшки.

— Бог поможет, и слюбитесь.

— Так-то и я смекаю, хотя я лют, княже! Рассержусь — беда.

Князь ничего не ответил. В это время в его голове мелькнула мысль и стала созревать и крепнуть Он не выдержал наконец, сравнялся конь о конь с Сергеем и сказал ему:

— Слушай, Сергей Иванович, я слово молвлю!

Что-то торжественное прозвучало в его голосе, и Сергей быстро обернулся к нему:

— Молви, князь!

— Скажи по сердцу, по чистой правде, люб я тебе?

— Люб, княже! И мне, и батюшке моему!

— Так будь ты мне сватом, Сережа! — дрогнувшим голосом сказал князь. Сергей понял его и даже покраснел от удовольствия.

— За кого же сватать тебя? — спросил он, уже улыбаясь.

— За сестру твою, Сережа. Увидел я ее, и нет мне покоя! Знаю, не успокоюсь и теперь, доколе ты моему счастью не поможешь.

— Что же! Девка добрая, хоть и сестра. За нее вон недавно сам воевода сватался, да мы повернули его. А твоим сватовством честь нам делаешь!

— Так по рукам? — вспыхнув от радости, сказал князь.

— По рукам!

— Стой! Поцелуемся!

Они задержали коней и, обнявшись, крепко поцеловались.

— Уж как матушка-то моя обрадуется! Все-то она к себе невестку ждет. Вот и будет! — мечтательно произнес князь.

Они проехали верст тридцать.

— Стой! — сказал Сергей. — Тут тебе переправа, и все берегом по Волге поедешь, а я назад! Сделаем привал!

Они слезли с коней и, стреножив, пустили их.

Дышло развязал мешок, вытащил оттуда сулею с настойкой, провизию, а потом набрал у реки сухого тростника и запалил костер...

Теплая весенняя ночь раскинулась над степью.

Опрокинутое небо горело звездами. Кругом было тихо, тихо, только кричали в высокой траве звонкие дергачи.

— Благодать! — сказал Сергей, оглядываясь и вдыхая широкой грудью ароматный воздух.

— Так бы жил, жил и жил! — мечтательно произнес князь, думая о своей любви и обещании Сергея, а судьба готовила уже им горькие чаши.

Так неведомо для нас составляется книга жизни нашей, и нередко, когда мы думаем о наступившем счастье, над головою нашей разражается смертельный удар.

Друзья расстались и поехали каждый в свою сторону, думая свои думы.

У князя все мысли были полны Наташею, и он невольно заговорил с Дышлом, думая поделиться с ним переполнявшими его сердце чувствами.

— Ну что, не сердишься теперь, что сделал крюку? — спросил он его.

— Рад даже! — ответил Дышло. — Вот люди, княже! Рубашка!

— Так доволен?

— Как еще! И ты ешь, и ты пей, и девки кругом зубы скалят. Рай! Не то что у воевод этих. Нет чтобы угостить, а еще сами сорвать норовят!

— Кто ж тебе там понравился?

— Все!

— Дочку-то видал?

— Вот так здорово! Коли она сама в ину пору на кухню ходит, как же не видеть-то. Вот уж краля так краля! И умница, прости Бог.

Князь с улыбкою слушал его, и грубый голос Дышла казался ему теперь музыкой.

— Вот бы, княже, тебе жениться на ней. То-то матушка-княгиня была бы рада!

Князь весело рассмеялся.

— Пожди! Поженимся! — весело сказал он.

— Вот так здорово! — захохотал Дышло. — Ехали дружка навестить, ан подружку сыскали.

Князь улыбался и ни одной минуты не думал, что сам он Наташе, может быть, и не мил.

А Сергей тем временем, возвращаясь домой, думал о предложении князя и довольно улыбался.

"Чего еще лучше? Здесь, в глуши, разве может так сосвататься Наташа? С князем породниться, честь немалая! Только Наташа как? — и Сергей нахмурился. — Вдруг заупрямится. Ну, да уломать батюшка возьмется! А что до того, что бают, любит она этого... оборвыша, ну так его!.." — и Сергей взмахнул нагайкой.

Конь рванулся и примчал его к усадьбе.

Сергей сошел и, взяв за узду коня, думал уже стучать в ворота, как вдруг в ночной тишине ему послышалось, будто кто скребется по тыну. Он быстро привязал коня и тихо пошел вдоль ограды.

Кто-то лез из сада. Сергей остановился и замер.

Вдруг человеческая фигура показалась на верху тына, скользнула и прыгнула на землю.

— Стой! — крикнул Сергей, бросаясь на человека и схватывая его.

— Пусти! — рванулся тот. Сергей вгляделся, и в миг у него помутился ум от ярости.

— Ты? — захрипел он. — Опять сестру порочить? Убью, стервец! — и он с силой ударил Чуксанова нагайкой.

Чуксанов задрожал от злости.

— Держись, коли так! — вскрикнул он и бросился на Сергея.

Они оба покатились по земле. Между ними завязалась борьба. Чуксанов оказался сильнее Сергея и навалился на него.

— За все! — хрипел он, тиская Сергея. Тот стал искать меч, но он выпал у него во время борьбы из-за пояса.

— Вор! Я затравлю тебя псами! — сказал злобно Сергей, выбиваясь из-под Василья, но тот снова навалился ему на грудь.

— Холопам велю палками заколотить, голь! — бранился Сергей. — Сермяжный дворянин!

— Я ж тебя!..

Брошенная плеть попалась под руку Чуксанова, и он не помня себя начал наносить удары Сергею. Сперва он бил его, не выпуская из рук, потом приподнялся и, видя, что Сергей лежит недвижим, стал опять наносить удары, пока не оборвал плети.

Бросив ее, он злобно засмеялся и быстро исчез в темноте ночи.

Он вернулся к себе домой, в небольшую усадьбу, обнесенную частоколом, и повалился, не раздеваясь, на лавку. Кровь еще бурлила в его жилах, и он, злобно усмехаясь, бормотал:

— Ничего, дворянская кровь! Будешь помнить Чуксанова! Я еще тебе всю усадьбу спалю! Пожди!

Но потом, подумав про Наташу, он схватился за голову руками и застонал.

— Голубушка ты моя! Рыбка златоперая! Да почему же нам на голову беды столько? Другие веселы и счастливы, и всего у них вдоволь, а у твоего Василия только горе да обиды! Лапушка ты моя, что я наделал? — и при этих мыслях ужас охватил его сердце.

Он торопливо встал и вышел из своей избы на двор. На этом

дворе были все его владения. Несколько изб, в одной из которых он жил сам, были наполнены холопами, которых всего было человек сорок; несколько сараев, амбар да две повалуши; позади изб небольшой сад — вот и все владение. Уже соседи подговаривались к нему:

— Продай! Что тебе в этом добре? А ты посреди как бельмо. Уйдешь под Курск, там хутор купишь, в казаки запишешься!

И давно бы сделал так Чуксанов, если бы не Наташа. Кровь бурлила в его сердце, богатырские плечи требовали работы, сам он горел воинским жаром, но Наташа полонила его, и он жил от ночи до ночи только короткими свиданьями с нею.

А теперь после этого уж не пробраться к ней! Да и чем это кончится?..

Он то приходил в отчаянье, то вдруг гнев охватывал его, и он, сжимая кулаки, грозил всему роду Лукоперовых.

IV

Утренняя роса освежила Сергея. Он открыл глаза, хотел приподняться и со стоном опрокинулся на траву. Боль вернула ему сознание. При мысли, что он избит Чуксановым, невероятная энергия овладела им, и он, забыв о боли, поднялся с земли и тихо, опираясь о бревна частокола, побрел к воротам, где, роя копытом землю, стоял его конь. Члены с трудом повиновались Сергею, на голове он чувствовал кровь, но мысль об обиде заглушала физические ощущения, и ему казалось, что он сгорит в своем, теперь бессильном еще гневе.

— Но погоди! — лицо его искривилось злою усмешкою, при виде которой его холопы дрожали с головы до пяток.

Он стукнул в калитку. Брезжило уже утро и по двору сновала челядь.

Ему тотчас открыл калитку холоп Первунок и при виде крови, синяков и царапин всплеснул руками.

— Милостивец ты... — начал он и смущенно замолк, встретя взгляд Сергея.

— Возьми коня да сейчас пришли ко мне в повалушу Еремейку-знахаря. Живо!

И, не выдавая своих страданий, он кое-как добрался до повалуши и уже там со стоном упал на широкую скамью.

Почти тотчас вошел в горенку знахарь Еремейка. Высокий, сухой старик с лохматой седой бородою, с жидкими косицами на голове и нахмуренными черными бровями, он появился на усадьбе лет тридцать тому назад и со смертью жены деда Лукоперова остался при усадьбе за знахаря. Ни один богатый помещик того времени не жил без своего, так сказать, домашнего врача и без своего домового священника, нередко из расстриг.

Еремейка этот умел варить целебные снадобья, знал корешки и травы, умел заговаривать зубную боль, потрясучку, а девки говорили про него, что он знает и привороты.

Сам он мало говорил о себе и любил уединение.

Лукоперов отвел ему на жилье старую упраздненную баню, и Еремейка жил в ней, увесив стены пучками трав и кореньев, заставив стол разными посудинами.

— Чего тебе? — спросил он угрюмо Сергея.

— Ой, помоги, Еремейка! Огляди! Да скорее, старый! Невмоготу терпеть!

Еремейка раздел его и медленно осмотрел его избитое тело, каждую косточку пробуя рукою, отчего Сергей корчился от боли.

— Знатно тебя, государь, отвозили! — сказал он.

Сергей сверкнул глазами.

— Лошадь, дурак, опрокинула. Ногами помяла!

— Ну, ну, — усмехнулся старик, — мне-то все едино, что конь копытом, что плетью али батогом. Косточки все целы. Не бойсь, завтра встанешь! Я вот пойду мази изготовлю! А голова пустое. Так, царапина. О камень, видно! Пожди малость!

— Еремейка, — остановил его Сергей, — не завтра, а в эту ночь я должен на коня сесть, слышишь! Пособи, и я награжу тебя.

Старик проницательно посмотрел на него:

— Али мстить хочешь? От мести мало утехи!

— Не твое дело! — крикнул Сергей. — Иди и помни!

— То просит, то лается! — проворчал старик, уходя, а Сергей опрокинулся навзничь и забылся.

Старик вернулся через полчаса в сопровождении Первунка. Они вдвоем обмыли Сергея, потом старик вымазал его мазью и дал выпить своего снадобья.

— Коли потрясучки не будет, ввечеру выйдешь! — сказал он. — Теперь оденься теплее и спи! Я еще зайду к тебе!..

— Позови ко мне батюшку, — приказал Сергей Первунку, — скажи: немешкотно!

Старик и слуга удалились, а на место их через пять минут в повалушу торопливо вошел отец Сергея. Лицо его было встревожено.

— Что с тобою, сынок? Где так убился?

— Тише, батюшка! Закрой дверь поплотнее да выслушай!..

Тот быстро исполнил желание сына и вернулся к нему, тараща испуганно маленькие глазки.

— Меня это Васька избил, — сказал сквозь зубы Сергей, — я его у нашего тына поймал. Он лез. Надо думать, с Наташкой виделся. Он меня ухватил и избил!..

Отец всплеснул руками:

— С Натальей! Да быть того не может! Ох, седины мой, седины! Да неужто она опозорила меня? Голубка невинная — и вдруг блуда? Да не может быть того!

— А есть! — сказал Сергей. — Ты ей скажи!..

— Скажи! — вскрикнул Лукоперов, топая ногами и сжимая кулаки. — Да я убью ее! Руками вот этими задушу! В колодезь брошу! А его... его!..

— А с ним я рассчитаюсь, — угрюмо сказал Сергей, — сегодня же... в ночь!..

— Ну, ну! А как же? Ты болен же?..

— Пустяки! К ночи выправлюсь для такого случая. Ты собери мне тридцать молодцов. Пусть Первунок пойдет, да Муха, да Петунька, да Кривой. Еще можно Охочего и Сову взять, а остальных так подбери. Пусть возьмут сабли, пистолеты дай им да кинжалы. Серы дай, пакли...

Отец быстро закивал головою:

— Ладно, ладно, сынок! Выпали ты этого разбойника! Ужо ему! Все сделаю. Иди, отдохни, сосни, а я! Я к Наташке...

— Батюшка, ты не очень шуми, — сказал Сергей, — князь просил меня у тебя сватом быть.

— Ну?! — Лукоперов даже всплеснул руками. — Ах она! Ах она! Такое счастие на ее долю, а она с Ваською. Уж я же ей! — и он, семеня ногами, быстро выбежал из повалуши.

Как ураган он ворвался в светелку дочери и, прежде чем она могла опомниться, ухватил ее обеими руками за густую косу.

Пашка с визгом выбежала из светлицы. Наташа упала на пол.

— Вот тебе, вот тебе, вот тебе! — повторял Лукоперов, тряся дочь за волосы. — Не порочь моих седин, не путайся с Васькой, не приваживай его через тын скакать. У-у! Непутная! Вот тебе, вот!

Он прыгал вокруг Наташи, лысая голова его покраснела, и на ней вздулись жилы, из его глаз капали слезы.

Наконец он ее бросил и горько заплакал.

— Что ты со мной делаешь? Что? Али неведомо тебе, что он

44

вор и разбойник, что и отец его был вор и разбойник, и дед. Они свейскому королю Псков выдали! А ты? Васька-то Сергея избил... к тебе сам князь сватов шлет! А ты? — бормотал жалобно старик, вытирая кулаком слезы и причитая: — Я ли не люблю тебя, я ли не балую! От ветра и то берегу, чтобы не надул. А ты?..

Наташа лежала на полу ничком с растрепанной косой и в ужасе думала, что пришел конец ее любви. Поняла она сразу, что ее Вася попался Сергею и тот не пощадил ее брата; поняла она, что не пройдет это даром Васе, и еще, что за нее князь сватается. Не страшны ей были отцовские побои, — без побоев и науки нет, и на то его отцовская воля. А страшно до ужаса, что теперь сразу все кончится и ее жизнь станет одною мукою.

Она вдруг поднялась с полу и на коленях подползла к отцу.

— Батюшка! Дай слово молвить... — прошептала она.

— Какое еще слово! Опозорила, и все! Ну, что говорить хочешь? Ну?

— Батюшка! — воскликнула Наташа. — Не губи ты меня! Люблю я его больше жизни! Прости ты его!

— Что?!

Старик вскочил и снова протянул к ее голове руки, но она продолжала, вопя:

— Или сгони ты меня со двора. Уйду я к нему, и уедем мы с ним в земли черкасские. Забудь меня, непокорную!..

— Да ты белены объелась, ума решилась! Ах ты Господи! Вот расти дочерей без матери! — с ужасом закричал старик. — Бежать удумала. Так нет, нет! Убью лучше! Сиди! — сказал он вдруг и, быстро повернувшись, выбежал из светлицы.

Потом выглянул в дверь:

— Голодом заморю, ослушница! Сиди! Он захлопнул дверь и загремел засовом. Наташа упала ничком на пол и залилась слезами. Старик позвал к себе Пашку и строго сказал:

— Заморю, ежели что узнаю! Корми ее и опять на ключ, а ключ мне отдавай. Убежит — за ребро повешу! Помни! А теперь тебе только тридцать дадут!

— Государь, неповинна! — завопила Пашка, бросаясь ему в ногу.

— Встань, дура, встань! Розгачи самой на пользу будут. Ей вы, возьмите!

Двое холопов подхватили Пашку и поволокли из горницы.

— Вопи сильнее, — сказал ей один, — мы тебя бить не станем. Их бы, шутов, самих розгачами!

— Постарался бы, — ухмыльнулся другой, — для его чести!..

Сергей раза два облился потом, потом заснул крепким,

живительным сном, и когда проснулся, то почувствовал себя таким бодрым и сильным, что даже рассмеялся. Но едва он вспомнил про причину своей болезни, про свою страшную месть, как смех тотчас замер на его устах, лицо побледнело, глаза вспыхнули злым огнем, и он быстро поднялся со скамьи и хлопнул в ладоши.

Вместо слуги к нему вошел отец с толстою свечою в деревянном шандале.

— Э, проснулся, сынок! Славно!

— Поздно?

— Двадцать второй час пошел. Ты ляг! — сказал он заботливо. — Я заказал тебе горячего вина с имбирем. Оно тебя лихо согреет. А ночь-то добрая! Светлая!..

Добродушного Лукоперова нельзя было узнать. Глазки, его горели злым огнем, тонкие губы кривились злою усмешкою.

— Сделал, батюшка? — тихо спросил его сын, послушно ложась опять на лавку.

— Все, сынок, все, как заказывал! Ха-ха-ха! Будет ему, басурману, потеха на закусочку!

В это время вошел Первунок, внося жбан горячего вина и стопу.

— Испей, сыночек, на дорожку! — ласково сказал ему отец.

— Сбирай людей! — приказал Сергей Первунку.

Тот поклонился и выскользнул из горницы. Сергей встал и быстро оделся. Он надел кафтан, опоясал его кушаком, прицепил к боку саблю и засунул за пояс пистолет.

— Кольчугу бы набросил! Не ровен час...

— Пустое!

Сергей залпом выпил две стопы горячего вина, и силы его словно удвоились.

— Ну, иду. Благослови, батюшка!

— С Богом, с Богом. Накажи охальника! — торопливо перекрестил его отец. — Ждать тебя буду. Приходи прямо ко мне в горенку.

Сергей вышел во двор. Луна ярко светила, и он увидел кучку подобранных один к другому молодцов из холопов.

— Ну, — сказал он, подходя к ним, — все у вас в порядке?

— Все, государь! — ответил Первунок,

— Так слушайте! На усадьбу Чуксанова пойдем. Ты, Первунок, возьмешь с собой десяток и с задов в сад перелезешь с молодцами. Ты, Кривой, пяток возьми и за амбарами перелезешь; ты, Сова, с другой стороны, а я с ворот. Как заплачу филином, все сразу и сейчас ворота открывайте! Все избы зажечь! Холопов бейте, которые обороняться будут, а его самого живым взять! Помните! Кто возьмет, тому три рубля и кафтан, кто убьет его — веревка на шею! Ну, с Богом!

Ворота отворились, и все гуськом вышли за околицу и пошли вдоль тына.

Чуксанов жил всего в трех верстах.

Усадьба его садом сливалась с лесом, а ворота выходили на речной берег. С боков шли степные луга, и вокруг ближе трех—пяти верст не было у него никаких соседей.

В эту ночь не спалось ему. Все еще не мог совладать он со своими думами и ломал голову, как увидеть Наташу, как узнать, что с нею. Грустный, он вышел на свое крыльцо. Месяц ласково смотрел на него.

Василий поднял глаза на небо.

Может, и она в эту минуту смотрит из оконца на луну и о нем думает.

Вдруг он вздрогнул. Жалобно-жалобно заплакал филин.

Не к добру это!

И только что он это подумал, как с криками замелькали по двору люди, распахнулись ворота, и в них хлынула толпа, сверкая саблями.

Василий тотчас сообразил, в чем дело, и бросился в горницу! В один миг сорвал он со стены саблю и прыгнул в окошко.

Его тотчас окружили люди Первунка.

Сзади послышались вопли, собачий лай, звон мечей, и вдруг страшная картина разбоя озарилась заревом пожара.

Василий рубился как исступленный.

— Не руби его! — закричал Первунок. — Это сам! Живым бери! У кого аркан?

Василий отпрыгнул в сторону и метнулся по траве сада, махая саблею. Все расступились. Он бросился к тыну.

— Лови его, держи! — раздались голоса. В ту же минуту под ноги ему подкатился какой-то человек. Василий упал, и тотчас на него навалились лукоперовские холопы.

Посреди двора, вокруг которого, с треском рассыпаясь искрами, догорали избы, на краю колодца сидел Сергей, опираясь на саблю, а перед ним стоял связанный Чуксанов. Они смотрели в упор друг на друга, и взоры их метали молнии. Наконец Сергей перевел дух и заговорил:

— Ну, вот, друже, и расчет сведем! Ты меня, а я тебя!

— Расчет будет, когда я вашу усадьбу спалю! — глухо ответил Василий.

Сергей усмехнулся:

— Ладно, коли спалишь, а пока за вчерашнее посчитаемся!

47

— Развяжи руки и дай саблю!

— Тебе? Саблю? — с невыразимым презрением воскликнул Сергей. — Пастуший кнут тебе, дворянин сермяжный!

Он перевел дух и, стараясь казаться спокойным, сказал с усмешкою:

— Хотел я тебя поначалу нагайкой бить, да раздумал. Ты меня нагайкой бил, и выходит, тебе то не по чину будет! Решил розгами!

Василий вздрогнул.

— Не смеешь ты этого! — закричал он. — Я такой же дворянин, как и ты. Я к воеводе пойду!

— Иди, милостивец! А пока что: эй, Первунок, Кривой, Муха! Ну-ка его! — закричал Сергей.

В одно мгновение холопы набросились на Чуксанова, развязали его, сдернули кафтан, рубаху и штаны и положили на землю. Первунок сел ему на плечи, Муха на ноги.

— Розог! — приказал Сергей.

Длинные прутья свистнули в воздухе, и из спины Чуксанова брызнула кровь. Он закусил себе руку, чтобы не кричать от боли.

— Садчее! Садчее, так его! Будешь помнить, волчья, сыть, Лукоперова! Голь! Сермяжный дворянин! — ругался Сергей под свист розог.

Кривой устал махать рукою, его сменил Сова. Спина Чуксанова уже давно представляла собою кровавое месиво, и розги не били, а шлепали по ней, словно по луже.

— Бросьте его псам! — приказал наконец Сергей. Первун и Муха сошли с Василия, но он лежал неподвижно ничком, вонзив зубы в руку.

— Собаке собачья смерть! — злобно сказал Сергей. — Ну, домой!

Холопы потянулись, ведя за собою связанных Чуксановых людей. На дворе уже догорали последние головешки. Восток побелел и скоро озарился кровавым заревом. Кругом было безмолвно, тихо, только плескалась река да тихо шумел еще не проснувшийся лес.

Чуксанов лежал недвижным трупом.

Из-за сгоревшего сруба вылезла опаленная собака. Она подбежала к хозяину, обнюхала его и с жалостным визгом начала лизать его окровавленную спину. Чуксанов не шевелился...

V

Василий наконец очнулся и с изумлением огляделся вокруг себя. Лежал он словно бы на полке. На стенах, на потолочных балках, везде, куда ни глянь, висели пучки трав и кореньев. Слабый свет пробивался через два тусклых оконца, затянутых пузырем, и Чуксанов не мог понять, где он находится. Только не у себя. У него висели в углу образа и теплилась лампада, стоял стол и дубовые скамьи, на стене висел ковер персидский и на нем славное оружие. Он хотел сойти, но страшная боль в голове и спине заставила его застонать и бросить попытку шевельнуться хоть членом. В то же время он вспомнил все происшедшее: пожар, битву и страшное, позорное наказание. При этом воспоминании он застонал еще сильнее.

— Очнулся! — раздался подле него голос.

Он повернул голову и увидел тощего старика, в котором сразу признал Еремейку, лукоперовского знахаря. Кровь застыла в его жилах, волосы зашевелились на голове. Какую муку и позор ему еще придумали?..

— Разве мало им мести? — глухо спросил он. — Чего они еще захотели от меня?

Старик понял его мысли и покачал головою.

— Не бойсь, не бойсь, ты не у ворога! Еремейка не выдаст, кого хоронит.

— Так ты... — с надеждою в голосе начал Василий.

— Да, кабы не я, псы бы тебя съели, — перебил его старик. — Иду это я из лесу, что дымом тянет? Подхожу, а на месте твоей усадьбы-то пеньки горелые. Вижу там, подале, собаки что-то словно грызутся. Подошел ближе: лежишь ты ровно туша свежеванная, а вкруг псы, и один-то пес тебя защищает, а его грызут. Тут я разогнал их, тебя-то, молодец, до ночи стерег, а ночью сюда приволок, благо, у меня тут лазейка есть!.. Ты здеся пластом три дня лежал. Все без памяти.

— Спасибо, дедушка, — со слезами на глазах проговорил Василий, — Бог тебя... — Он не кончил и протяжно застонал.

— Больно? — участливо спросил Еремейка.

— Саднит, жжет... испить бы!

— Это можно! Я тебе кваску, кисленького! — старик ушел и через минуту вернулся с деревянным ковшом холодного квасу. Василий жадно осушил ковш.

— Теперь полежи малость, — сказал ему Еремейка, — а опосля я приду; опять тебя мазью натру. Спина-то уж заживать стала. Скоро совсем молодцом встанешь!

— Скорей бы! — проговорил Василий, и измученное лицо его вспыхнуло. Старик понял его и усмехнулся:

— Успеешь еще!..

В тишине и покое, при заботливом уходе Еремейки, Василий слез с полка уже на третий день после того, как очнулся. Старик поместил его в своей кладовой, и Чуксанов, несмотря на то что жил в усадьбе своего ворога, был безопаснее, чем в каком ином месте.

Старик смеялся тихим, беззвучным смехом.

— Меня они все чураются, — говорил он, — днем-то еще туда-сюда, а к вечеру и — ни Боже мой! За колдуна почитают, а мне то и на руку. Не бойся, сюда не заглянут.

По вечерам он звал Василия в свою горницу и они вместе ужинали, а там говорили, иную пору до первых петухов. Ряд бесед на одну и ту же тему открыл сам Еремейка.

— Как это увидел я тебя, — сказал он, — сейчас смекнул, что это его рук дело, — он показал на стену, за которой находилась усадьба, — а днем-то накануне я его лечил. Тоже избили его. Это, выходит, ты его, а он тебя. За что ж подрались-то?

— Горе тут мое, дедушка, сворожено! — с горечью сказал Василий. — Поначалу я им ничего не сделал, а теперь им смертельный враг. Полюбил я — от тебя не буду таиться — Наталью ихнюю, и она меня...

И Василий день за днем рассказал Еремейке и про любовь свою, и про тяжкие невзгоды своей жизни, и про странную ненависть к нему Лукоперовых, и, наконец, про последнюю встречу.

— Ох ты, горький! — вздохнул старик. — Истинно сказано: с сильным не борись! Где тебе, сиротинке, одолеть их?

Василий сверкнул глазами и гневно сжал кулаки:

— К воеводе пойду, суда потребую. Пусть головой их мне выдадут!

— Глупый ты, глупый, — закачал головою старик, — да с чего ты взял это, что воевода за тебя вступится. Воевода за того станет, у кого мошна толще. Али и этого не знаешь?

— На Москву пойду, к самому царю!

— Ну, до царя-то тоже через восход добираться надо!

— Тогда все их гнездо выжгу поганое!

— А Наталью как?..

— Ее возьму! Одну ее, голубку белую! Попала она в воронье гнездо проклятое! Дедушка, а ты не видал ее?

— Не! Ее отец-то, слышь, на замок запер. Я на дворню ходил, слушал. Бил ее! Бают, князь за нее сватается.

50

— Не бывать этому! Убью ее лучше! — с дикой страстью вскричал Василий.

— Не бывать! Все, друже, на свете бывает. Знаешь ты мою историю?..

— Нет, дедушка!

— Ну, так послушай!

Старик налил браги, отпил несколько больших глотков и начал рассказывать:

— Давно то было, еще при царе Михаиле Феодоровиче, в те поры, когда он только на Москву приехал. Вот когда! Кругом разорение. Людишки-то только-только строиться зачали. И был под Коломною боярин, Иван Игнатьевич Шерстобой по имени. Такой ли выжига, такой ли зацепа, при царе Шуйском раньше дьяком был, а потом Тушинскому прямил. Вот! А мой-то батюшка, Степан Кузьмичев, разорен был. Думал, дай выстроюсь, сынку что оставлю — я-то у него один был. Пошел он к этому Шерстобоеву да в кабалу к нему запишись. До самой, мол, смерти! Тот ему пятьсот рублей обещал. Мне-то о ту пору всего десять годочков было. Расту это я, расту, в стрелки он меня забрал, и сустреться мне его дочка. Анной звали!

Старик тяжело перевел дух. Черные брови его зашевелились словно тараканы. Он опять отпил и продолжал:

— Увидела она меня и зарделась, а я ровно пень стою и не дыхну. С той поры и пошло. Поначалу только так встретимся — и в стороны, потом она мне плат бросила, а там раз в ночи пришла это сенная девушка и зазвала в вишенья...

— Как со мною! — тихо сказал Василий.

Старик кивнул:

— Как минутки мелькали ноченьки! Эх, время... Только вдруг это батька мой помер. Поначалу я за любовью своей и горевал-то мало, а потом — на-с! Лукоперов, Федор Степанович, дед евойный, и посватайся за Анну. Господи, и завыл я тогда, а что сделаешь? Глядь, поженились, а там он и увез ее! Тоска меня забрала. Пошел я к боярину и говорю: "Отпусти меня и пятьсот рублей отдай, что батьке обещал". А он на меня: "Как ты смеешь, раб, мне такие речи говорить?" Я ему: "Батька мой точно в кабалу записался, а я вольный человек". — "Ты-то вольный? — закричал он. — В батоги его, вот твоя воля!" Ухватили меня холопы и избили, а он потом говорит: "Уставов, дурак, не знаешь, коли ты без кабальной записи полгода прожил, ты раб мой!" Тут я и света невзвидел. Погибай же душа моя, да его в ухо! Он вскрикнул и покатился, и дух вон, а я в беги!.. В Запорожье был — там-то всему и выучился, — а потом сюда пробрался да тут с Анной и свиделся. Крут был Федор

Степанович, боем ее бил, а я как бы знахарем. Так и умерла, голубушка, на руках моих. С той поры я и тут...

Старик закрыл лицо рукою и долго сидел молча, тяжко вздыхая.

Потом поднял голову и, уже тихо улыбаясь, сказал:

— На все воля Божия. А я к тому речь повел, что с сильным не борись. На-кось, в ряды засчитал!.. Я бояр с той поры ненавижу, — тихо окончил он.

И с той поры начались у них беседы. Рассказывал старик про далекую старину, про казачество, а Василий слушал, и одна мысль гнездилась в его голове: суда искать, Наташу отбить!..

— Бают, атаман Степан Тимофеевич сюда идет! — сказал раз старик. — Вот у кого суда ищи, а не у воевод. Он, слышь, за всякого обиженного стоит. Идет и праведный суд везде чинит: всякого воеводу — в воду, боярина да дворянина на виселицу, а холопа да обиженного на вольную волюшку. Молодцы тут проходили, рассказывали. Коли правда, так и я с ним пойду, стариной тряхну! — и старик грозно сверкал глазами и словно молодел.

— Поначалу суда искать буду, — повторял Василий, — али правды на свете нет?

— Нет ее, друже, на свете! Ой, нету! Ее воеводы давно съели, а дьячки с приказными и обглодочки подобрали.

— Попытка — не пытка, дедушка!

Наконец Василий совсем оправился, и первый выход его был на свое пепелище. В лунную ночь тайной лазейкой старика выбрался он на дорогу и пришел к месту, где прежде стояла его усадьба.

Было светло как днем. Он пришел и грустно огляделся. Кругом торчали только обуглившиеся бревна. Ночная тишина еще усиливала унылое запустение.

— Скажу спасибо! Поквитаемся! — злобно бормотал Василий, печально ходя по углям и золе, а потом с тоскою говорил: — Люба ты моя! Голубонька! Любишь ли ты меня, своего Васю, или плачешь по мне, как по покойнику! Ой, сердце мое, сердце!..

Он вдруг ощутил под ногой что-то твердое. Нагнулся и увидел свою саблю. С радостным криком схватил он ее и со свистом рассек недвижный воздух, холодная сталь блеснула под лучами месяца.

— Ой, сабля моя, сабля! Не расстанусь я теперь с тобою. Ты одна мне друг и товарищ!

Он нагнулся и стал шарить ею в пепле, думая сыскать еще что-нибудь, и надежды его оправдались. Под лучами месяца что-то блеснуло. Раз, два! Он нагнулся и поднял два тяжелых почерневших слитка. Он торопливо потер их о полу кафтана, и они заблестели тусклым, желтым блеском.

Слезы выступили на глазах его. Вот все, что осталось от отцовского наследия, от родительского благословения! Два истаявшие оклада...

Рано под утро он вернулся к Еремейке и показал свою находку.

— Истинно, Бог послал! — сказал старик, взяв слитки. — Ты вот что! Ежели и вправду к воеводе на суд пойдешь, так понеси это в подарок ему, а за этот — я куплю тебе коня да кинжал, да еще для дороги что останется.

— Спасибо тебе! — с чувством ответил Василий и стал собираться в дорогу.

Вечером старик действительно подал ему большой кинжал и горсть серебряных монет.

— А коня я схоронил недалечко! — сказал он.

Василий крепко обнял его:

— Ты мне был за отца родного. Сгину я, так помяни в молитве своей!

— Ну, ну, зачем сгинуть, — сказал ему Еремейка, — пусть уж лучше они, проклятые! Идем, что ли! А про Степана Тимофеевича дознайся!

Они тихо вышли за околицу. Еремейка провел его к оврагу и вывел оттуда коня.

Василий в последний раз обнял старика

— Для Бога молю тебя, — сказал он, — скажи Наталье, что жив я и возьму ее за себя. Пусть ждет и сватов гонит!..

— Скажу, милый, скажу, горький! Ну, благослови тебя Господи!

Василий тронул коня.

— А про Степана Тимофеевича дознайся! — донесся до него из темноты старческий голос Еремейки.

VI

Василий ехал почти всю дорогу на рысях, мало где останавливался, да и то для коня больше, и к полудню на следующий день увидел Саратов. Еще издали под солнечными лучами заблистала перед ним глава собора своею крышею из белой жести. Василий слез с коня, набожно покрестился на видневшуюся вдали церковь и потом, вскочив в седло, снова погнал коня.

В душе его не было ни радости, ни просвета. Одна только ненависть к своим обидчикам наполняла ее, и даже его святая любовь к Наташе была отравлена горечью. "Люба моя, люба, — думал он, — как же мы сойдемся с тобою? Мира промеж мной и твоими быть не может, обманом уйти сама не хочешь. Эх, пропала моя головушка!"

Слезы туманили его глаза, а потом быстро высыхали при гневе, которым он вспыхивал, вспоминая об обидах.

Быть не может, чтобы в суде правды не было.

Правда, воевода жаден, да ведь есть и на него страх государев?

И с такими надеждами он подъехал к городу и въехал в надолбы.

В те времена каждый большой город представлял собою крепость большей или меньшей силы. Окружен он был всегда стеною, с башнями и бойницами, за которыми выкопан был широкий ров, с натыканными в дно кольями, что называлось честиком. Через ров к воротам были положены подъемные мосты.

Стоило приблизиться врагу, и мосты поднимались кверху, ворота закрывались, из бойниц и из башенок стрельцы наводили ружья, а со стен грозили пушки.

Перед городом, обыкновенно со стороны главных ворот еще, в виде подъезда, был раскинут посад, в котором в мирное время жили посадские люди, занимавшиеся торговлею и промыслами. Посад был тоже обведен рвом, а иногда и двумя, с честиком, огорожен частоколом, да еще ко всему, чтобы въехать в спускные ворота, надо было проехать надолбы.

Тесными рядами, близко друг к другу, вбивались в землю бревна, составляя собою извилистые, пересекающиеся коридоры. Ко всему их еще сверху покрывали досками. Чтобы добраться до посада, надо было пройти эти узкие коридоры, и в военное время берущим город приходилось буквально каждый шаг добывать ценою крови и жизни.

Василий проехал надолбы, въехал в спускные ворота и очутился в богатом посаде. Дома перемешивались с лавками, низенькая курная изба стояла рядом с двухэтажным домом; кругом была мертвая тишина, потому что в это послеобеденное время каждый русский считал долгом своим спать; то и дело встречались по дороге столбы, на которых висели иконы, и Василий каждый раз сходил с коня и набожно молился на них.

"Мати Пресвятая Богородица, — молился он жарко, — помоги покарать мне обидчиков, найти защиту и силу! Помоги в чистой любви моей, потому что без Натальи нет мне жизни и радости".

При въезде в городские ворота он тоже помолился на образ Спаса и наконец очутился в городе. В городе царила такая же невозмутимая тишина. Спали даже собаки, свернувшись калачиками где попало.

Василий въехал в первую улицу, всю застроенную домами, в одних из которых жили служилые люди, а другие были так называемые осадные и принадлежали окрестным помещикам, которые выстроили их на случай спасения от врагов. В обыкновенное время в них жили дворники, а то и просто стояли они пустыми в ожидании хозяев.

У Василия был небольшой двор, построенный еще его отцом. На дворе этом жил Аким с женою, кабальные Чуксанова. Василий свернул к нему и постучал в калитку. Ему долго не отворяли. Наконец лениво забрехала собака, застучали щеколдой и заспанный мужик в пестрядинных портах и неопоясанной рубахе, босоногий и простоволосый открыл калитку.

— Кой леший о такую пору... — начал он, но, увидя своего господина, засуетился, торопливо распахнул ворота и с низкими поклонами встретил коня и всадника.

— Милостивец ты мой! — заговорил Аким. — Каким случаем? Вот удивление-то?

— Проводи коня, да оботри его, да овса засыпь! — сурово перебил его Василий и шагнул в избу. Справа от сеней храпела жена Акима и виднелась огромная печь, слева стояла холодная пустая горница.

Василий вошел в нее и задумчиво опустился на лавку. Скоро в сенях послышалось шлепанье босых ног и тревожный шепот Акима:

— Матрешка, а Матрешка! Государь сам приехал. Вставай, што ли! Ну! Приготовь поснедать што...

Потом он вошел в горницу и, низко поклонившись Василию, осторожно поцеловал его в плечо.

— Проголодался, чай, государь-батюшка, с дороги? Поснедай, не побрезгуй, милостивец!

— Хлеба дай да квасу, коли есть, а то я спать хочу. Устал!

— Сейчас! — И Аким метнулся, как испуганный заяц.

Вскоре перед Василием стояла миска с квасом и краюха хлеба.

Василий наскоро поел, расстелил на лавке кафтан с

55

епанчою, положил в изголовье войлочную свою шапку и вытянулся, с наслаждением давая отдых своим измученным членам. Все равно в эту пору воеводы уже не увидать, а ежели и увидишь, то без всякого толку, и Василий решил отдохнуть с дороги.

Аким с Матреной сидели смущенные и испуганные.

Что, ежели хозяин их прогнать решил и домой на тягло послать? То-то худо! Здесь им масленица. Живут они, никаких господ не знаючи, что в своей избе. Она ходит на базар блины продавать, он сбрую ременную делает — и горя им мало!

— Позавидовал, смотри, кто счастью нашему, — вздохнув, сказал Аким.

— Не кто другой, как Немчин! Он, стервец! — со злобою сказала Матрена — Приезжал это тогды за солью. Говорит, вот мне с Аленкою...

— Я тогда в бега уйду. Бают, идет Степан Тимофеевич. Я к нему!

— Тсс! Ты, проклятый! — зашипела на него Матрена. — Али хочешь, чтобы за такие речи тебя в приказ забрали. Что пристав сказывал?..

— А мне плевать!

— Дурень ты, дурень! Так бы тебя ухватом по башке твоей дурьей и съездила!

— Тсс! Шевелится!

Аким испуганно вскочил с лавки и заглянул через сени.

Освеженный крепким сном, Василий уже встал и обряжался в дорогу.

— Куда, милостивец, сбираться изволишь? — заискивающе спросил Аким, становясь на пороге горницы и кланяясь.

— А так походить!.. Да, вишь, ножны хочу купить к сабле. Обронил!

— На базаре, государь-батюшка, на базаре купишь!

— Я и сам так смекаю. Ввечеру буду! Сена на лавку принеси! — сказал Василий и вышел со двора.

По улицам сновал народ. Василий прошел на площадь. На ней стоял собор, против собора тянулось деревянное строение — приказная изба, позади которой помещался врытый в землю погреб с государевым зельем. Рядом с нею, обнесенный частоколом, с тесовыми воротами — обширный воеводский двор с красивым домом. А сбоку стоял гостиный двор, торговые ряды и шла торговля.

Василий за пять алтын купил себе подходящие к сабле ножны, крытые зеленым сафьяном.

Потом пошел искать грамотея для написания челобитной,

так как сам был неграмотный. Для этого он прошел в кружало. В большой горнице шел дым коромыслом. Пьяные мещане и посадские ярыжки стояли толпою и гоготали, вскрикивая:

— Так его! Жги! Ой, уморушка!

Василий протолкался вперед и увидел скоморохов. На них были надеты безобразные хари с мочальными бородами. Они ломались и давали представление.

Все смотрели на них и тешились, хотя присутствие их и было недозволено. В силу указа Алексея Михайловича, скоморохов люто преследовали, маски их, гудки, сопели и прочее отнимали и жгли, а их плетьми били.

Но, с одной стороны, пьяный кабачный люд не мог обойтись без скомороха, с другой — скомороху тоже есть хотелось, и вот, по взаимному соглашению, они давали свои представления якобы тайно.

Вот один из скоморохов важно сел на пустой бочонок и сказал:

— Я воевода — всем невзгода! Сужу неправедно, деньгу берегу скаредно. Кого хошь плетью забью. Идите на суд ко мне!

Тут к нему подошел другой скоморох, неся в одной руке лукошко с битыми черепками, а в другой свернутый лист лопуха на манер челобитной, рядом с ним шел еще якобы челобитчик.

— Милостивец! — завыли они. — Не побрезгуй нашим добром. Рассуди неправедно!

— Кажите, что в лукошках, а тогда и суд будет! — сказал скоморох-воевода. В это время ему на плечи вскочил еще скоморох и начал тузить его, приговаривая:

— Ох, боярин! Ох, воевода! Любо тебе кочевряжиться, любо людей забижать, с нищего поминки брать! Повози-ка теперь нас, голытьбу, на своих плечах!

— Бей, колоти! В воду его! — закричали остальные скоморохи и бросились тузить мнимого воеводу.

— Го-го-го! — загоготала толпа. — Так его, толстопузого! В воду!

Василий понял смысл представления и только покачал головою. В это время скоморохи начали новое; они прутьями стали гонять из стороны в сторону толстяка с непомерной величины уродливым брюхом и кричали:

— Поглядите, добрые люди, как холопы из своих господ жир вытряхивают!

Толпа хохотала до слез, а потом скоморохи все заплясали и, хлопая в ладоши, стали выкрикивать: Ребятушки, праздник! Праздник! У батюшки праздник! Праздник! На матушке-Волге праздник! Сходися, голытьба, на праздник! Готовьтесь, бояре, на праздник!

Вдруг со стороны раздались крики: — Пристав идет!

Скоморохи вмиг подобрали свои хари, инструменты и скрылись.

В горницу действительно вошел пристав в зеленом кафтане со шнурами, с толстой палкою в сопровождении трех стрельцов.

— Что за действа? — закричал он на целовальника, который спокойно стоял у бочки. — Опять скоморохи были? Где воры? Лови их!

— Какие воры? Очнись! Приходили люди в царев кабак, честные люди, а ты — воры! — ответил спокойно целовальник.

— Воры-то по приказам сидят! — крикнул кто-то из толпы. Пристав обернулся. Толстое лицо его налилось кровью. Он застучал палкою и заорал:

— Кто крикнул? Схватить его!

— Кого схватить-то? — сказал равнодушно один из стрельцов.

— А тебе за скоморохов ужо будет! — погрозил пристав целовальнику. Тот передернул плечами.

— Мне за что? Скомороха не будет, народ из кабака уйдет, царской казне недобор будет!

— Знаешь, что в указе сказано?

— Это вам про то ведать. Мое дело водкой торговать...

— Верно, Ермилыч! — раздались одобрительные голоса. Пристав грозно оглянулся и постучал палкою.

— Ужо вам, ослушники! — сказал он и вышел из кружала. Вслед ему раздался хохот.

Когда прошли шум и волнение, Василий оглянулся вокруг и, увидев дьячка, прямо подошел к нему.

— Грамотен? — спросил он. Дьячок поднял маленькие, красные, безбровые глазки, шмыгнул толстым сизым носом и ответил:

— Грамотен, государь-батюшка! За грамоту вся спина палками избита!

— Челобитную можешь воеводе написать?

Мокрые, синие губы дьячка расплылись в улыбку. Он вскочил с лавки, чувствуя заработок:

— Очень могу, милостивец!

— Он дошлый! — хлопая по плечу дьячка, сказал пьяный ярыжка. — Он так напишет... одна слеза. Вот! Так, Козел?.. Ха-ха!

— Так напиши мне! — сказал Василий.

— Мигом, батюшка, мигом! — засуетился дьячок. — Тут и напишем. Мигом! Ты закажи жбанчик вина, а то у меня иначе мысли путаются. Туман в голове, аки тьма египетская, а с вином просветление.

Говоря это, он очищал краешек стола, потом вынул из-за пазухи своего подрясника лист бумаги, отвязал от ременного кушака баночку чернил и огрызок гусиного пера и, заправив свою косичку, сел на лавку и крякнул.

Василий уже распорядился вином. Дьячок налил себе чарку, понюхал ее, зажмурился и быстро опрокинул в рот.

— Прояснилось! — сказал он, умильно улыбаясь. — Сказывай, в чем дело?

Василий рассказал. Дьяк завертел головою, выпил еще чарку, взял в рот баранку и начал быстро скрипеть пером.

Василий посмотрел на него и невольно улыбнулся, несмотря на свои тяжкие думы, так он был забавен за писанием. Ноги он вытянул и расставил, отчего из дырявых сапожищ его вылезли грязные пальцы; локти разложил по столу и на левую руку положил свою голову, причем рыжая бороденка его почти волочилась по бумаге, а косица круто торчала кверху.

Дьячок Савелий, прозванный Козлом за свою бороденку, уже десять лет промышлял в Саратове ремеслом присяжного грамотея. Для увеличения практики он ссорил мещан и посадских, писал челобитные и жалобщику и ответчику и часто за это в добавочную плату получал затрещины и потасовки; но это нисколько не обескураживало его и не роняло его практики.

Он даже ухитрялся ладить и с приказными, которые сами были охочи до писания челобитных. Для этого он так заплетал дело, что приказные могли тянуть его хоть годами.

Василий терпеливо ждал, пока Козел напишет жалобу. Наконец Козел написал, допил остатки водки и гнусавым голосом прочитал написанное Василью. Василий ничего не понял, но подумал, что так и надобно, заплатил Козлу десять алтын, свернул челобитную и пошел домой.

VII

Всю ночь не спал Василий, думая свои горькие думы, то горя ненавистью к Лукоперовым, то тоскуя по Наташе, и поднялся с постели ни свет ни заря.

Войдя на площадь, он зашел в собор и отстоял утреню, горячо молясь, а потом направился прямо к воеводе, держа за пазухой челобитную, а в кармане слиток золота. Он прошел растворенные настежь ворота, поднялся по лестнице и вошел в темные сени.

— Чего надобно? — спросил его холоп, загораживая дорогу. Василий, зная обычай, спешно сунул ему в подставленную руку несколько монет.

— Воеводу повидать надобно. Скажи, дворянский сын Василий Чуксанов просится!

— Сейчас скажу! Пожди, господин, — уже совершенно другим тоном сказал холоп и ушел в покои. Через минуту он вернулся.

— Просит до горницы! — сказал он, открывая дверь.

Василий вошел в горницу, помолился иконам и поясно поклонился воеводе, который стоял посредине с важным видом и ласковой улыбкою. Был он толст, широк в плечах и велик ростом.

Лицо у него было красное, жирное, с толстым, как груша, носом, покрытым сетью синих жилок. Жирные губы прикрывали черные гнилые зубы. Бледные, мутные глаза вылезали из орбит; под ними были вздутые, отвислые мешки, а над ними густые брови двумя кустиками; рыжая борода лопатою и мясистые уши довершали его внешность.

На нем была надета рубаха синего цвета, опоясанная шнуром с кистями, желтые штаны и мягкие сафьяновые туфли на босую ногу; поверх этого он надел кафтан нараспашку, а на голову легкую расшитую тюбетейку.

Это был типичный воевода того времени. Званием он был боярин, именем Кузьма Степанович Лутонен, и был он на саратовском воеводстве уже четвертый год, с богатыми ласковый, с бедными грозный — и всегда веселый.

— Пришел бить челом царю-государю! — проговорил Василий, кланяясь. — Не побрезгуй, Кузьма Степанович, приношением моим. Прими на милость от моей скудости! — и он протянул воеводе слиток. Воевода взял его, словно не замечая, и радостно воскликнул:

— Друже мой! Василий Павлович! Вот рад друга видеть! Облобызаемся! — он троекратно поцеловался с Василием, отчего у Василия радостно встрепенулось сердце, и, обняв его, усадил под образа. — Садись, садись, Василий Павлович! У меня уже такой обычай: прежде напоить, накормить, а там уж делом заняться! Будь гостем, друже! Осип, — закричал он холопу, — волоки сюда настойку да пирогов! У меня настоечкато знахарская, — сказал он Василию, улыбаясь во весь рот, — на сорока травушках настоянная! А пироги, друже! Ты не смотри, что я вдовый. У меня такая стряпуха есть из посадских. Скушай-ка!

Холоп внес сулею, стопки и оловянную мису с пирогами. Боярин налил, чокнулся с Василием и опрокинул в свою пасть стопку, а следом за нею отправил пирог.

— Ну, каково? — спросил он, едва ворочая языком.

— Отменные! — похвалил Василий. — Хороша настойка, а пироги и того лучше!

— То-то! — усмехнулся довольно воевода. — Пей еще!

И пока они пили, воевода заговорил:

— Вам што там, на земле сидючи. Вот мне, воеводе, так горе горенское! Слышь, на Волге опять вор объявился, с ним всякие богоотступники, церквей осквернители, душегубы, царю насильники тьмою идут. Похваляются нас всех избить, всякую власть изничтожить! Вот горе-то! Может, и нам придется кровь проливать! Бают, знамение являлось. В воздухе столбы огненные, десница, а в ей меч! Юродивый у нас тут есть, Фомушка. Он говорит — перед Страшным Судом! О-ох, идет гроза Господняя!

Воевода вздохнул и опрокинул в рот третью стопу.

— Ложь, — беспечно сказал Василий, — мало ли к нам воров с Дона приходит. Послать стрельцов да и разогнать их. Беда не великая!

Воевода укорительно покачал головою и руками развел.

— Да ты што, Василь Павлович, али с неба упал? Не знаешь, что ли, что Стенька Разин сам объявился. — Воевода вытаращил глаза и поднял к верху палец. — И с им какая такая сила управится, а? Ен лукавому душу свою запродал. Гляди, в Царицыне по нем из пушек палили, а заряд-то весь запалом назад уходил. С им стрельцами не справишь. Он, вишь, по воде плывет, по воздуху летает. Видишь здесь, ан он скрозь землю и за сто верст объявится! Вот оно что! Царь тут с князем Прилуковым наказ прислал: чтобы мы жили с бережением, а ты уберигись, ежели кругом тебя мутится. Нет, уж и вправду последние дни пришли! — и он снова запил свою речь.

Наконец, измучив Василия, он хлопнул его по плечу и сказал:

— Ну, вот, теперь, после хлеба-соли, можно и о деле поговорить. Говори, с каким добром пожаловал?

— Не с добром, воевода, а с худым, — ответил Василий.

Воевода вздохнул.

— К нам, начальным людям, только с худым и ездят. Ну, ну, выкладывай твое дело!

Василий начал рассказывать, но едва помянул имя Лукоперова, как воевода закачал головою и сладко улыбнулся.

— Вот люди так люди! — сказал он. — Истинные мои благодетели! Я с ними что родные. И добры-то, и богаты-то, и нравом просты! А доченька у них! — и воевода даже зажмурился.

Сразу упал духом Василий, слыша такие речи, и, прямо сунув челобитную воеводе, глухо сказал:

— А я вот на них и пришел просить царского суда. Прочитай, государь, увидишь, что за люди!

Воевода даже отшатнулся:

— На Лукоперова, на Ивана Федоровича?..

— И на сына его!

— И на сына его? — с ужасом повторил воевода. — Да в уме ли ты, молодец? Такие богатеи! Ну, ну, истинно говорит Фомушка: скоро суд Божий! На таких людей — и суда ищет!

Он развернул челобитную и начал вполголоса читать ее, медленно покачивая головою.

Прочитав, он свернул бумагу и сказал:

— Эко, Господи! Брат на брата пошел! Дворянин на дворянина. Что же будет-то? И ты говоришь, что все это со злобы?

— Со злобы. Спроси людей — и те докажут!

— Что люди! Люди воры, люди дурное думают. Нонче у них у всех заячьи уши: Стеньку Разина, собаки, дожидают!.. Ну, ин! — сказал он, вставая и тем давая знак, что беседа окончена. — Мое дело судебное: царю присягал судить правду, другу не дружить, недругу зла понапрасну не делать. Пошлю розыск сделать. Осип, пошли мне Калачева! Эх, и хлопоты мне! — продолжал он угрюмо. — Теперь это дело прямо губного старосты, а старосты нет. Все воевода делай. Прощай. Боярский сын Калачев розыск сделает, а ты пожди пока что. Я позову! Ты где стал?

— У себя, в осадном дворе!

— Ну, ну, пошлю, когда занадобится!

Воевода сухо кивнул ему головою и отвернулся от него, не доведя даже до двери.

Чуя себе большую наживу в этом деле от Лукоперовых, воевода тотчас послал боярского сына Калачева с упреждением о жалобе Чуксанова.

— Да закинь им, — наставлял посланца воевода, — что, дескать, думаем мы сыск начать!

— Знаю, боярин! — ответил смышленый Калачев и уехал пугать сыском Лукоперовых.

Василий ушел от воеводы с опущенной головою. Сразу по всему он учуял, что не добыть ему правды от воеводы, и сердце его опять наполнялось непримиримою злобою. Почитай, с детства его травили. Годов в десять он сиротой остался на руках старого дядьки и с той поры не знал доброго слова. Рос как волк в лесу. Только Наташа и согрела его сердце, а люди и тут прислужились!

"Эх! Да уж задам я вам поминки! — злобно думал он и снова мечтал о Наташе. — Коли любит она, так везде за ним уйдет. Увидела, чай, что ее родня за люди. А коли уйдет за ним, так ему нигде не страшно. Везде он в люди выйдет!.." — и он даже улыбнулся при этой мысли.

Обедая со своим кабальным, Василий не выдержал и поделился с ним своим горем.

— Ничего не осталось у меня. Только ты да изба эта, и вот тебе мой зарок: володей избой и иди куда хочешь, ежели воевода их не присудит!

— Милостивец ты мой! Государь-батюшка! — упал ему в ноги Аким. — Пошли тебе Бог за это счастья и радости!

— Ты лучше за это службу мне справь, — сказал ему Василий, — возьми моего коня и гони в усадьбу ворога моего. Больным скажись, будто немой ты, и Еремейку-знахаря требуй. Свидишься с ним и скажи: господин-де мой мне наказывал государыню Наталью повидать и спросить: будет ждать она али нет! С тем ответом назад скачи. Да живо поворачивайся!

— Мигом, милостивец! — угодливо ответил Аким и тотчас пошел во двор. К вечеру он уже скакал к Широкому.

"Чует, чует мое сердце недоброе", — грустил Василий, и в душе его смутно складывались планы кровавой мести.

VIII

Через четыре дня Василия призвали к воеводе. Он вошел и увидел в переднем углу, под образами, старика Лукоперова. Маленькие глазки его горели злым блеском, голый череп был красен, и тонкие губы его кривились усметкою. Василий побледнел, увидя его, и с отчаяньем стиснул зубы.

— Ну, ну! — заговорил Лукоперов. — Как ты это нас перед воеводой оплел, рассказывай!

— Что ж это, сучий сын, — зарычал на него и воевода, — ты мне облыжно показывал, а? Что ж ты не сказал, что, дворянскую честь пороча, через тын лазил, евойную дочку сбивать, а?

— Я не сбивал его дочери. Мы любим друг друга! — твердо ответил Василий.

Для воеводы, который сватался к Наталье и получил отказ, эти речи были горше полыни.

— Любите?! — заорал он. — Ах ты смерд! Нищий, голытьба — и к такому богатею! Любите?! А что же ты не сказал, что избил Сергея Ивановича!

— То у меня прописано, — ответил Василий, — я от него оборонялся.

— Оборонялся так, что он и сейчас больной лежит, — визгливо заговорил старик Лукоперов. — Может, я его хоронить буду, а ты еще наплел, что он твою усадьбу сжег, паскудник, прощелыга!

Василий даже пошатнулся.

— А кто же? Кто же надругался надо мною? Коли воевода не сыщет с вас, я сам сыщу! — крикнул он злобно.

— Ну, ну! Воевода сыщет! — сказал воевода. — Вот что! Я тебе его, Иван Федорович, головой выдаю! Чтобы не плел в другой раз по злобе!

Все, но не такое уж издевательство, ожидал от воеводского суда Василий. Ноги его точно приросли к полу, язык словно отнялся. "Где же правда-то?" — мелькало в его голове, а в ушах в то же время раздавались голоса воеводы и Лукоперова.

— Ну его к шуту! — злобно говорил Лукоперов. — Что мне в его голове. Рад, что его песье гнездо выжгли. Место поганить не будет! Выдери его — да и взашей!

— Это ты правильно! — согласился воевода. — Правильно и милостиво. Ему бы надо плетюков надавать. Ну, да Бог с им! Осип, позови трех стрельцов!

Василий очнулся:

— Ты не смеешь того, воевода! Это не по закону! Я дворянин! Я до царя пойду!

— Эй, голова, голова! — добродушно сказал воевода — Чего кипишь? Знаешь ли ты, какое время нынче? Мне государь в наказе волю дал: хочу живого в воде сварю. А ты: "не смеешь"! А к царю идтить я не пущу. Как пойдешь, ну-кась! Ничего, Василий Павлович, покрестись да и ляг! Ну, вы!

Трое стрельцов бросились на Василия, и опять началась дикая расправа.

После ста ударов Василия подняли. Кровь текла с него.

— Ну вот и остыл, молодец, — ласково сказал воевода. — Благодари его, милостивца, что только блох попугали. Оденься-ка да слушай! Время теперь смутное, страшное. От царя указ — служилых людей набирать, так я с тебя почин сделаю! Быть тебе государевым стрельцом! Калачев, своди его в избу вместях с Антошкою да Митькой. Иди с Богом!

Василий промолчал, тупо смотря в землю. Его свели в избу, где жили стрельцы Антошка с Митькою, и дали ему там палати, стол и лавку, потом перенесли его оружие и привели его коня, а с ним вместе пришел и Аким.

Василий лежал на лавке, но, увидя Акима, позабыл про боль и сел.

— Ну что?

— Я не смог увидеть ее, — сказал Аким, — а старик сказывал, что она передать велела, что, окромя тебя, никого любить не будет!

Слезы радости брызнули из глаз Василия. Он кивнул Акиму.

— За такую весть и коня возьми! — сказал он. Аким повалился ему в ноги.

Легко и весело стало на душе у Василия. Теперь он знал, что будет делать, лишь бы спина зажила. Голубушка, уж он ее вырвет из когтей воронов! А им, извергам... Ништо, отольются им все удары, попомнят они все сделанное, кровью все смоют, да потихонечку, не сразу. Будут умирать и поминать Василия.

Попомнит и воевода свой суд праведный.

Ему вспомнилось представление скоморохов, и он злобно засмеялся. Все показали, как и взаправду деется.

— Нет, воевода, не к царю пойду, а сыщу этого самого Стеньку Разина! — почти вслух проговорил Василий. — А уж с ним и к тебе в гости!

Вспомнились ему наставления Еремейки. "Правда твоя, старик! Спасибо за наущение!.."

И, горя местью, Василий быстро поправлялся, а через четыре дня встал на ноги. В ночь он приготовился бежать. Снарядился, прицепил к боку саблю и сосчитал деньги.

Рано утром, лишь только открыли ворота, он выскользнул из города, прошел посад, надолбы и вышел в поле. Вдруг до него донеслись крики. Из города прямо на него скакали два стрельца.

— Ей! — кричали они. — Куда ты? Вернись!

"Погоня, — подумал Василий, — ну да ладно!" И он остановился.

— Ты што это, леший, шутки шутишь! — сказал первый

стрелец, подъезжая к нему, но Василий вдруг махнул саблею, и полетела с плеч стрелецкая голова. В ту же минуту Василий сбросил труп с седла и, вскочив на коня, погнал его. Другой стрелец испуганно одернул лошадь и вернулся в город.

Нещадно гнал коня Василий, опасаясь погони. Он скакал до глубокой тьмы, скакал до той поры, пока конь его не захрапел и не свалился, весь покрытый кровавою пеною.

Василий соскочил, ослабил подпругу, но конь захрипел и сдох. Василий торопливо снял с его седла ружье, два мешка, один с порохом и сечкой, другой — с толокном и сухарями, да епанчу, и, оставив коня, быстро пошел в сторону от дороги. Теперь для него уже не было иного исхода. К Стеньке Разину!

Василий не знал, как он найдет его, и решил идти берегом вниз по Волге.

— Пождите, воевода да дворяне богатые, вспомните вы и сермяжного дворянина! — бормотал он, идя по песчаному берегу реки.

IX

Ночная тьма спустилась на землю. Идти стало трудно. Уже Василий хотел опуститься на землю и сделать роздых, когда увидел вдали краснеющий огонек. Он быстро оправился и пошел прямо на огонь. Свет то исчезал, то снова появлялся. Василий шел с добрый час и наконец приблизился настолько, что мог разглядеть людей, сидящих вокруг костра, над которым висел черный котелок. Вокруг костра сидело шесть человек, судя по костюму, голытьбы. Четверо из них были босоноги и только двое в лаптях. Одеты они были кто в зипуне, кто в посконную рубаху.

Василий колебался, подойти ли к ним, как вдруг до него донесся отрывок разговора:

— Ен, батюшка, им потачки не дает. Не бойсь! — и Василий решился.

Он быстро приблизился к костру и громко сказал:

— Дай вам, Боже! Пустите, молодцы, толокна сварить!

Сидевшие испуганно повскакали со своих мест, и один из них поднял топор, другой ухватил двузубые вилы, третий рогатину.

— Кто ты? Чего тебе надо? — грубо спросили они, подозрительно оглядывая его костюм и оружие.

— Сирота горький! — ответил им Василий. — Иду к Стеньке Разину правды искать.

— Ой ли? — недоверчиво сказал рыжий лохматый богатырь с кривым глазом.

— Вот ей-Богу! Бежал из Саратова, стрельца убил, коня загнал!

— Ну, ну! — заговорили все, кладя свое оружие. — Бог с тобою! Садись! Мы тут уху варим, подбрось толокна, что же!

Василий вздохнул с облегчением и сел между рыжим кривым и черным, маленьким, коренастым, как дуб, молодцом.

— С чего ж это ты так? — спросил его черный.

— Пожди! — остановили его. — Поначалу похлебаем, а там и погуторим.

— Ну, ин по-твоему будет! Снимай, Кострыга! — Длинный мужик стал на колени и ловко снял с рогатки котелок.

— Доставай хлеба, Дубовый!

Сосед Василья с левой стороны потянулся за мешком, запустил в него по плечо руку и вытащил большую краюху черного черствого хлеба.

— Благослови Господи! — сказал Кривой, беря ложку и придвигаясь к горшку.— Примощайтесь, ребята! Лезь и ты! — прибавил он, толкая Василья.

Все придвинулись, каждый достал свою ложку и дружно принялись хлебать уху. Василий с утра ничего не ел и с жадностью набросился на еду. На время он забыл все свои думы, обиды и планы и с наслаждением чувствовал только, как горячая пища вливается в него и возвращает ему упавшие силы.

Наконец все похлебали и, облизавши ложки, сунули их за пазухи. Кострыга лениво поднялся, взял горшок и спустился к реке ополоснуть его.

— Ну, а теперь и браги изопьем, пока есть баклажка! Доставай, Горемычный!

Рябой и белобрысый мужичонка быстро вьюном обернулся и поднял на руки бочонок.

— Вот он, разлюбезный наш! — крикнул он весело. — Разливай, Яшенька!

Кривой достал берестяной ковш, наполнил его густой темной жидкостью, отпил и передал товарищу справа. Ковш медленно пошел из рук в руки и, дойдя до Василия, уже был пуст.

— Ишь, не размеряли на тебя! — усмехнулся Кривой. — Ну, теперь с тебя пойдет! Пей!

Он налил, снова отпил и подал Василью. Тот жадно сделал несколько глотков.

— Ну, ну, будя! — сказал Дубовый и отнял от него ковш.

— Уф! — проговорил Кривой, видимо, главный меж ними. — Расскажи теперь нам свое горе, паря. Допрежь, кто ты?

— Я? Дворянский сын Василий Павлович Чуксанов!

При этих словах мирное благодушие словно сразу расстроилось. Дубовый и Кривой быстро отодвинулись от Василья, Кострыга торопливо сдернул свой шлык, и всем стало как-то не по себе. Василий почуял, что его стали чуждаться, как недруга, и сказал задушевным голосом:

— Это ничего, что я дворянский сын! У меня, кроме сабли вострой да головы буйной, ничего нету. А иду я к Стеньке Разину, как вы, чтобы боярам да воеводам за свои обиды мстить!

Слова его, видимо, произвели впечатление.

— И впрямь, — сказал Кривой, — чего ему бы по дорогам шастать. Лежал бы на печи да холопов стегал, а то вишь!.. Только что же с тобой, милостивец, приключилося?

Василий торопливо начал свой рассказ, и, по мере того как он рассказывал, он видел, что доверие к нему уже вернулось, что сочувствие растет с каждым его словом. И это бодрило его. Он увлекся своими бедами, своим горем и переливал печали свои в сердца сермяжных слушателей, с каждым словом чувствуя облегчение своему горю.

— Ну погоди ж! И покажем мы этому Лукоперову!

— Держись, воевода, боярин Кузьма!

— Кузькину мать увидишь!

— А ты не горюй: мы твою кралю тебе вызволим!

— Пождите, окаянные, придем с батюшкой Степан Тимофеевичем! — раздались возгласы взволнованных слушателей, едва Василий окончил рассказ.

В первый раз слезы смочили его глаза, и он с благодарностью посмотрел на всех.

— Братцы милые, — воскликнул он, — в злобе они меня звали сермяжным дворянином, и то было в обиду мне. А теперь нет мне милее имени!..

— Всех их, богатеев, на одну осину! — угрюмо сказал рослый белокурый красавец с голубыми глазами.

— А ты чего! — отозвался с усмешкой Кривой. — Ведь ты своего уж спровадил.

— А отродье евойное?

— А его тоже обидели? — спросил Чуксанов.

— Нет, государь, постращали только, — усмехнувшись,

68

ответил Кривой. — Он, вишь, был сыном кабального. Отец-то его помер, он и захоти на волю. А боярин говорит ему: "Врешь! Ты холоп мой!" Ну, он его в ухо. Убил и убег. Да вот с нами и идет к Степану Тимофеевичу!..

Василий вспомнил совершенно такую же историю Еремейки и задумался. Все, видно, что тут собрались, собрались не от сладкого житья.

— А ты с чего убег? — спросил он Кривого.

— Я-то? С радости, милостивец! Больно весело было. Посадский я с Симбирска. Работаем мы, работаем, а все корысти нет, все на других. Ты смекни: я вот с братаном и семья вся, а мы плати! — и Корявый, разгорячась, стал пересчитывать: — Царскую дань неси, потом полоняночные, потом четвертные да пищальные. Стой! Теперь у меня лошади не было возить дрова на завод селитряный — плати! Потом ямчужные, городовые, подможные, приказные, что же это? А не дашь, на правеж тебя бить. Ну, мы и убегли! Будя!

— Кто же вы?

— Да вот я, Яшка Кривой, да Еремка Горемычный, да вот Степан Дубовый, — указал он на соседа. — Мы все с одного посада!

— А те? — Василий указал на двух мужиков.

— Те с боков, с Рязани дерут. Один Кострыга, а другой Тупорыл. С правежа сорвались!

— Невмоготу стало! — сказал, ухмыляясь, Кострыга. — Это однова дня вывели, положили и все по ногам! Другого дня — то же, третьего — то же!

— Да за что били-то?

— А, слышь, наш государь должен был, так с него и тягали!

— А вас били?

— Это у них такое положение, — отозвался убежавший кабальный, — раб за господина ответствуй!

— Ну, вы и сбежали?

— Не, мы после! Как ноги зажили. Слышим, государя-то нашего опять тягают. Мы все и в беги!

— Стой, и до него доберемся! До твоего боярина! — злобно сказал кабальный. — Всех перевесим! До Москвы дойдем!

— Правят лихо больно! — произнес Тупорыл. — Тамо воевода ходит по улице да кричит: "Я воевода — всех исподтиха выведу, а на кого руку наложу — тому света не видать, из тюрьмы не бежать!"

— Лихой! — прибавил Кострыга. — Я, бает, люд; свил мочальный кнут!

— А мы ему петлю! — крикнул опять кабальный, сверкая голубыми глазами.

— Одначе и спать, братцы, — решил Кривой. — Кострыга, ты тростнику-то подбрось. Все теплее.

Он вытянулся, приложив свои лапти почти к самому костру, и тотчас захрапел. Товарищи немедля последовали его примеру, и только Кострыга, подкинув тростнику в костер, остался сторожить своих товарищей.

Василий завернулся в епанчу и лег поодаль, но спать не мог. Разнородные чувства волновали его. Сочувствие голытьбы растрогало его, послало давно желанный мир на его душу и на время отогнало кровавые мысли о мести. Он с умилением смотрел на оборванцев, храпящих вкруг костра. На Кострыгу, уныло свесившего свою кудлатую голову, и думал об их тяжкой доле, а потом о Стеньке Разине.

Что это за удалец такой? Воеводы и помещики дрожат при его имени и войско сбирают, сам царь из Москвы о нем наказы пишет, и зовут его вором, разбойником, Стенькой, а холопы да голытьба оживают духом при его имени, величают его батюшкой, Степаном Тимофеевичем, и ждут от него своего избавления. Что за богатырь такой? По всей Волге подымаются люди, имя его проникло во Псков, в Рязань, а может, и по всей матушке-Руси?.. Сердце Василия загоралось уже любовью к этому человеку, и он говорил себе: "Пойду за ним всюду. И в огонь, и в воду, и на лютую смерть!"

Потом мысли его перешли на Наташу. Свидится ли он с нею и когда? Успеет ли он отбить ее от когтей злых воронов? И как они встретятся и что расскажут друг другу?

Сердце его то замирало, то билось. Он смотрел на глубокое небо и день за днем вспоминал любовь свою, свои и ее речи, ее робкие ласки. Когда сердился он, она тихо гладила его по лицу рукою и словно паутину снимала со лба его глубокие морщины. Когда тосковала она, опускала головку свою ему на плечо, поднимала лицо кверху, и он видел при свете месяца, как наполнялись глубокие очи ее слезами и потом медленно катились по щекам. Прижимался он губами к ее глазам и пил ее слезы и целовал ее, пока тихая улыбка не озаряла ее лицо.

"А встретились как?" — вспомнил он. Как бродил лесом и вдруг услышал крик. Прибежал, а девушка сидит на пне, бледная как смерть, а другая вопит и на землю кажет. Глянул он: вьется, ползет гадюка прочь от них. Понял разом он, что приключилось. Каблучком раздавил гадину, а потом припал на колено, взял ногу девицы, нашел раночку и быстро высосал ядовитую слюну вместе с ее алою кровью.

"Верно, с той кровью и любовь вошла в мое сердце", — подумал Василий, и воспоминания его потекли дальше. Вспомнил он случайные встречи, а потом вдруг подошла к нему однажды Паша, девушка, и говорит:

— Знала я молодца. Гнался он за чернохвостой лисичкою, а та в сад боярский. Он не будь труслив да за нею в тын. А время-то позднее было, солнышко-то зашло уж! Глядь, а лисичка и тут как тут.

— Я такого молодца тоже знаю! — усмехнулся тогда в ответ Василий и в ту же ночь перемахнул через лукоперовский тын. Там его встретила Паша и подвела к Наташе.

А дальше! Только зима разлучала их, а чуть начинались теплые весенние ночи и до поздней осени, что ни ночь они виделись друг с дружкой и говорили о том, как помирится он с ее отцом, сыграют они веселую свадьбу. Да не так делается, как загадываешь... "Что-то с ней, с голубушкой, теперь? Знает ли она, что со мной вороги сделали?" — подумал Василий, и с этой мыслью сон смежил его веки.

Он проснулся от утреннего холодка и открыл глаза.

Его товарищи что-то варили в котелке и тихо говорили промеж собою, и едва поднялся Василий, как они тотчас смолкли.

Василий встал, спустился к речке, умылся, жарко помолился Богу и, вернувшись к товарищам, сказал:

— Доброе утро, братцы! Помоги вам Бог!

— И тебе тоже! — ответили все разом.

Потом Кривой встал и, кланяясь ему в пояс, сказал:

— Не обессудь, милостивец, дозволь слово сказать!

— Что! — вздрогнув, спросил Василий. Ему показалось, что они сговаривались бросить его.

— Будь над нами старшим! — проговорил Кривой. — Мы тебя в каждом слове почитать будем, а ты веди нас к Степану Тимофеевичу!

— Не откажи на милости! — подтвердили все, вставая и окружая Василия. Василий покраснел от радости, глаза его вспыхнули и увлажнились слезами.

— Я ли откажусь от такой чести, братцы! — ответил он, кланяясь. — Верой и правдой сослужу вам. Придет беда, первый пойду!

— Мы-то уж не оставим тебя. За тобой везде!

— А я вас не брошу! В радости ли, в горе! Во век не забуду вас! Вы мне что братья родные!..

— Мы смекали, — заговорил Дубовый, — может, ты хочешь у Лукоперовых усадьбу спалить. Так мы вернемся.

Обольстительный призрак мести мелькнул перед Васильем, но он сдержался.

— Нет, братцы! Теперь это негожее дело. У них челяди не семь человек. Пождите! — сказал он, тряхнув головою. — Со Степаном Тимофеевичем вернемся, тогда вы их мне только живыми оставьте!..

— Убережем, милостивец! — ответил с усмешкой кабальный, Егор Пасынков.

— А теперь похлебаем, что Бог послал, да и в путь! — сказал Кривой.

— Верно! — подтвердил Василий, и все жадно и торопливо стали хлебать сваренное толокно.

Потом поднялись и стали сбираться. Яков Кривой взял на плечо огромную дубину. Степан Дубовый топор и мешок с хлебом, а Ермил Горемычный, вооружившись вилами, взял под мышку бочонок с брагою.

— На один привал, — сказал он, — а там хоть брось!

Кострыга забрал котелок и поднял косу, прикрепленную лезвием вдоль палки, Тупорыл пошел с рогатиной, а Пасынков с гибким кистенем в руках, и вся эта ватага, покрестившись на восток, тронулась в дорогу.

— Нас-то поначалу одиннадцать было, — сказал дорогою Кривой, — да, вишь, не поладили и подрались. Одного вот Дубовый ненароком убил, а четверо прочь пошли. Потому и надумали тебя за старшего!..

Они пошли с малыми роздыхами, больше днем, несмотря на жару, а ночью останавливаясь на роздых. По дороге к ним пристало еще несколько человек, и мало-помалу отряд Василия увеличился до тридцати человек.

— Ишь, — шутил Кривой, — нас теперь целая рать идет!

Василий с гордостью оглядывал своих воинов и думал: "Ништо! Такие с любым воеводою управятся!"

На пятый день своего пути им встретилась ватага нищих.

— Бог в помощь, добрые люди! — крикнул им вожак.

— Дай Боже благополучно! — ответил Василий.

— Вы куда, добрые молодцы?

Василий оглядел их и не побоялся ответить:

— К батюшке Степану Тимофеевичу! А вы откуда?

— А мы от него! Идем разносить вести добрые: слышь, Царицын взял, теперь на Астрахань пошел батюшка!

— Ну? Вот-то добрая весть! — весело воскликнул Горемычный. — Что с воеводою сделали?

— Утопили! И приказных с ним, а дела все приказные на

площади сожгли. Теперь там Ивашку Хохлова оставил батюшка, есаула свово!

— Важно, важно, — сказал Пасынков, — так их и надобно!

— А что, мы нагоним его?

— Поспешить надобно. Сказывано, под Астрахань ушел. Теперя вы в Царицыне не забражничайте. Тогда в самый раз!

— Мы не для пьянства идем! — строго ответил Василий.

Нищие затянули песню и пошли своею дорогою.

Василий, уже не приваливаясь на ночь, повел своих молодцов к Царицыну. За час пути до города на них вдруг налетели казаки с диким криком.

— Нечай! Нечай! — кричали они.

— Стойте! — остановил их Василий. — Мы идем служить все Степану Тимофеевичу.

— Тогда милости просим! — заголосили казаки. — Нашего полку прибыло! Гайда до атамана!

— А кто атаман ваш?

— Ивашка Хохлов, ближний есаул батюшки. Ладный казак, ласковый до своих! — ответили казаки.

Василий пошел впереди своего отряда. Скоро они вошли в город, носивший на себе следы разорения. Некоторые дома были сожжены и разметаны, на некоторых дворах на воротах качались трупы, одетые в боярские кафтаны, с почерневшими уже от времени лицами. На соборной площади, куда привели Василия и его отряд, подле сожженного воеводского двора и приказной избы шло пьянство. Казаки и голытьба выбили дно у бочки и черпали из нее ковшом водку, крича:

— Здоровье батюшки Степана Тимофеевича!

Тут же, на обгорелом бревне, сидел и сам атаман Ивашка Хохлов.

На нем был кунтуш алого цвета, широчайшие шаровары синего и желтые сапоги из телячьей кожи. Длинный оселедец спускался с бритой головы и был заложен за ухо. Рыжие усы висели почти до груди, черные масленые глаза глядели тупо перед собою.

— Вот, пане атамане, новых молодцов привели! — сказал один казак, слезая с коня. — Хотят служить нашему батюшке!

— Добре! — кивнув головою, ответил Хохлов и уставился на Василия. — Кто будешь?

— Дворянский сын Ва...

— А коли дворянский сын, так повесить!..

— Постой! Не годится! — остановил атамана казак. — Коли он служить к нам пришел.

— А тогда не лайся! У нас все казаки. Нет дворян! Чего он? — обиделся Хохлов.

— Что правда, то правда, добрый молодец, — сказал вступившийся за него казак, — мы все равны. Ты, может, наших казацких обычаев не знаешь, так слушай! Ты в наш-то монастырь, видно, с горя пришел, так у нас свой устав.

— Я буду служить вам верой и правдой! — твердо сказал Василий.

— Вот добре! — одобрил его Хохлов, кивая головою, а казак заговорил снова:

— Казачество это, братику, святая вещь! На земле стала неправда, грехов много, сильный слабого обижает. Ну, наш батька Степан Тимофеевич и вступился за всех. Кто за ним пойдет, тот и казак. Казак вольный человек, сам себе пан, бедному брат, никого над собой не знает. Так ты и помни. Хочешь быть казаком — будь. Не хочешь, мы не неволим! Вот что!

— Хочу! — ответил Василий.

— Тогда присягни на верность!

— Присягаю! — ответил Василий.

— Ну, и помни! Теперь поцелуемся, братику! — и он трижды поцеловался с Василием, а Хохлов сидел и только мотал головою.

— Ну вот! А вы слышали?

— Слышали! — ответил за всех Кривой.

— Присягаете тоже?

— Присягаем!

Лицо казака просветлело.

— Вот-то добры молодцы! — сказал он. — Так пусть он будет над вами атаманом. Его во всем слухайте! А теперь выпьем.

Он достал ковш, зачерпнул водки и крикнул:

— За вольное казачество!

— За казачество! — подхватили гультяи.

— А теперь и вы выпейте! — сказал казак отряду Василья, и ковш заходил у них по рукам.

— Ты мой есаул будешь! — проговорил Василий Кривому. — Смотри, чтобы все налицо были.

— Откуда и куда? — спросил его казак. Василий объяснил.

— Так, так! Завтра в утро пойдете, его нагоните. Да что это у них и сабелек нету. Ты дай им.

— А откуда взять их?

— Грицько! — закричал казак. — Принеси сабелек охапку!..

74

На другой день Василий вышел из Царицына, ведя за собою отряд, и все были у него уже вооружены не чем попало, а саблями и пиками.

ЧАСТЬ ТРЕТЬЯ

I

В мае 1670 года Стенька Разин явился со своею дружиною вновь на Волгу и уже захватил все ее низовье. Стрельцы, голытьба и крестьяне передавались ему без боя, и он шутя забирал города и посады. Едва вышел он с Дона на Волгу, как тотчас взял Царицын, а отдельный отряд его — Камышин. Прослышал Стенька, что сверху плывут царские стрельцы из Москвы на помощь астраханцам, и смело напал на них в семи верстах от Царицына. Смятенные внезапным нападением, стрельцы бросились в Царицын, а там встретили их пушками. Около пятисот стрельцов погибло в бою, а оставшиеся в живых перешли к Разину. Их голова, Иван Лопатин, офицеры, сотники, пятидесятники, даже десятники, после мучительных издевательств, были казнены.

Из Астрахани князь Семен Иванович Львов повел на Разина целую флотилию, да берегом послали Богданова и Ружинского с двумя конными полками, но воровские прелестники уже успели замешаться в войско и склонили стрельцов на сторону Разина. Без боя они под Черным Яром перешли к нему, и князь Львов вспомнил о шубе, взятой у Стеньки в подарок.

Все начальники были перебиты.

Ужас охватил Астрахань, а Стенька Разин уже подошел к ней и обложил ее со всех сторон, готовясь к приступу и пьянствуя на своем разукрашенном струге.

II

Едва отошел Василий со своим отрядом от Царицына, как уже сразу почувствовал могучее влияние Стеньки Разина. У всех встречных имя батюшки было на устах, постоянно встречались то казаки с длинными чубами в лохматых шапках с алыми верхами, то киргизы и башкиры с саадаками за плечами, на маленьких лохматых лошадках, то мужики в посконных портах, вооруженные вилами да рогатинами, и на лицах всех виднелась молодеческая удаль.

Изредка по дороге попадались помещичьи усадьбы, вернее, остатки их. Сожженные дотла, они чернели обуглившимися остовами, и где-нибудь подле пепелища на древесном суке качался труп, а то два и три, обугленные, обезображенные.

— Ишь, поди, боярам да дворянам честь какая, — злобно смеялся Егор, — превыше всех висят!

— Пожди, до Москвы вешать будем! — отзывался Кривой, тряся в воздухе пикою.

И Василий, смотря на них, со злобною радостью думал о саратовском воеводе и Лукоперовых.

Так они дошли до Черного Яра, и тут Василий опять встретил казака, который в Царицыне принял его в казачество.

— А что, братику, притомился? — спросил он его с ласковой усмешкою.

Василий с удивлением посмотрел на него:

— Как же ты-то попал сюда? Мы тебя дорогой не видали.

— А то ворожбою, братику, — сказал казак, — недаром я ближний есаул нашего батько, Ивашко Волдырь. Я с ним и в Персии был, и татар гонял. Ха-ха-ха! — засмеялся он добродушно. — Да я, братишку, на стругах плыл, чтобы скорее к Астрахани быть. Он меня посылал, распорядки везде делать, казачеству научить. Ну, а теперь я и назад. Много ли молодцов с тобою?

— Да сорок будет! — ответил Василий.

— Ну, добре! Ты мне по сердцу пришелся, да и батько тебе рад будет. Так я тебе с молодцами струг дам. Живо до атамана будете! Гей, Грицько! — закричал он проходившему мимо казаку. — Закажи пану атаману, чтобы еще один струг дал! Ладно вам будет! — сказал он Василью.

Василий сказал ему спасибо и невольно задумался. Почему Стенька Разин будет рад ему? Разве мало у него людей?

Но долго думать было некогда. Едва они успели отдохнуть и поесть, как прибежал тот же Грицько и стал торопить их садиться.

Длинная узкая лодка на десяти парах весел ждала их у берега.

— Есаул приказал мне на руле быть у вас, — сказал тот же Грицько и закричал: — Ей, братику, кто на весла горазд?

Двадцать человек выдвинулись вперед. Грицько разместил их на длинных лавках, дал каждому по веслу, стал у руля и закричал Василию:

— Садись, атамане, сейчас отчалим!

Василий вошел в струг с остальными молодцами, и они быстро поплыли по течению.

Всюду вокруг Астрахани виднелись казацкие струги. С востока они заняли весь Болдинский проток, с юга — речку Кривушу, а с севера и запада стояли толпы башкир, мужиков и несколько казацких сотен, с есаулом Ваською Усом в голове.

Стенька Разин сидел на своем струге в синем кунтуше, алых шароварах, с турецкою саблей на боку, выпивая последнюю стопу вина перед объездом своей дружины, когда Ивашка Волдырь привел к нему Василия.

— Вот, батьку, тебе послужить пришел со своими молодцами! — сказал он, лукаво посмеиваясь в свой длинный ус.

Стенька Разин поднял голову, взглянул и вдруг весь вздрогнул.

— Василий! — вскричал он, вскакивая.

В свою очередь вздрогнул Василий и даже попятился от атамана, а тот опустился на подушки и замотал головою, словно отгоняя от себя тяжкие думы. Потом он огромным глотком отпил из стопы и оправился.

— Истинно наваждение! — сказал он и спросил Василия: — Кто ты?

— Я казак Василий Чуксанов, а был допрежь того дворянским сыном. Теперь пришел тебе послужить!

Лицо Разина просветлело.

— Добре, добре! — сказал он и обратился к Ивашке: — Схож-то как!

Казак кивнул головою.

— Ото я мыслил, укотентую батьку! — сказал он с усмешкою.

— Покличь Фролку!

— Враз!

Скоро к Стеньке подошел Фрол, младший брат его и неразлучный спутник. Малого роста, коренастый, он походил на своего брата, только не было в лице его выражения того превосходства, которое так поражало в Стеньке всех окружающих.

— Поглядь! — сказал Стенька Фролу. Тот взглянул и отшатнулся.

— Василий! — воскликнул он.

Стенька кивнул.

— Ото чудо! И звать Васильем! — сказал он, улыбаясь.

Василий ничего не понимал. Стенька ласково поманил его:

— Садись, друже! Ты для меня теперь первый друг будешь! Есаул ближний! Ей, принесите еще стопу. Садись ближе!

Василий сел подле Стеньки. Тот смотрел на него ласковым

взором, смеялся и тихо гладил его руку. Его лицо, испорченное оспою, приняло нежное выражение; глаза, метавшие искры, смотрели с умилением, и Василий почувствовал в своем сердце горячую любовь к атаману; "Вот кто поймет мое сердце!" — подумал он и радостна улыбнулся.

Фрол, Ивашка Волдырь, Федька Шелудяк с изумлением смотрели на эту немую сцену, а Стенька словно забыл про всех и очнулся только, когда казак поставил перед ним стопу и баклагу с вином.

— Ну, выпьем, друже, да поцелуемся! — сказал Стенька, оставляя руку Василия и нацеживая стопу. — Чтобы жить нам с тобою и век дружить! — проговорил он, выпивая свою стопу.

Василий поклонился и осушил свою. Крепкое вино закружило ему голову. Он обнял Стеньку, и они поцеловались.

— Ну, а теперь, братику, скажи, что тебя довело ко мне? Кому спасибо говорить буду?

— Воеводе саратовскому да моим соседушкам Лукеперовым, — сказал Василий нахмурившись, — только дозволь, атаман, мне им спасибо сказать!

— Ну, ну, а что они сделали?

Василий склонился к нему и, как на духу, поведал ему свою повесть.

— Ах они, песьи дети! Ну, подожди! — закричал, стукнув кулаком, Стенька. — Мы им дадим память! Попомнят они тебя, Вася, ох, лихо вспомнят, братенику мой!

Он тряхнул головою.

— Словно старая быль снова пришла, — сказал он. — Слушай! Был у меня брат Василий, вот совсем как ты! Был он у нас на Дону атаман лихой. И позвал нас против поляков царь воевать, а над нами князя Долгорукого поставил. Пошли мы, честно бились, потом осень настала. Василий говорит князю: "Отпусти нас на Дон! Что зимой делать?" А тот: "Нельзя!" Василий взял всех нас и увел. Только нагнал нас князь, всех повернул, а братика моего, Васю, повесить велел. И закачался он на перекладине! Я с Фролкой убег и сказал: "Попомнишь ты меня, князь! Все отродье твое попомнит! За братика своего всех перевешаю! А тебя, князь!.."

Степан вдруг пришел в неистовство. Глаза его налились кровью, синие жилы вздулись на лбу. Василий с испугом глядел на него.

— Ничего, Васенька, — сказал, успокаиваясь, Стенька, — встряхиваем мы теперь бояр да воевод! Вспоминает на Москве князь Разина да от страху корчится. Не бойся! Доберемся и до него. У нас руки длинные да зацепистые! Ха-ха-ха!

Он жадно выпил вина и, вытирая рукою усы, поднялся.

— А ну, молодцы, и в дорогу! — сказал он своим есаулам. — Ты, Василий, тоже со мною! Я тебя у себя оставляю. Как взгляну на тебя, так и вспомню! — прибавил он. — Гайда!

Они сошли со струга. Казаки подвели им коней. У Степана Разина был золотистой масти персидский иноходец. Богатый чепрак, весь унизанный жемчугом и каменьями, покрывал его бока. На чепраке высилось персидское седло с золотыми острыми стременами.

Степан лихо вскочил на коня.

— Садись, братику! — сказал он Василью.

Василий сел на первого попавшегося ему коня и сравнялся с Разиным. Они поехали, а за ними Фрол и есаулы.

Разин ехал берегом, толпившиеся со стругов на берегу казаки подбегали к нему и кричали;

— Здорово, батько!

Стрельцы, крестьяне и голытьба кричали ему навстречу:

— Многая лета батюшке Степану Тимофеевичу!

— Здорово, молодцы! Здорово, братики! — отвечал им Разин и ехал дальше. Лицо его светилось торжеством.

— Видишь, Василий, — сказал он, — какая сила у меня! А к тому ж и воевать не надо. Подойду к городу — и ворота настежь, подойду к войску и только воеводу смещу! Все мое!..

Они медленно объехали берега, выехали на север в солончаки, и Разин сделал привал.

Разостлали ковры, навалили шелковых подушек, явилась рыба: аршинные стерляди, осетры; пироги медовые, в оловянных мисах любимые клецки и тут же водка, меды разные и вина.

— Вот мы как! — похвалялся Стенька. — А там теперя, — он показал на город, — дрожью дрожат, да попы молебны поют. Ништо! Против меня им не устоять со своим князем-вором. Небось теперь плачется: для ча атамана отпустил, ха-ха-ха!

— Батька, — сказал, подходя к нему, казак, — с города стрелец прибег. Тебя видеть хочет!

— А веди его сюда, добра молодца!

Скоро к Стеньке подвели рослого стрельца, одетого богато и красиво. Он низко поклонился Степану.

— Здравствуй наш батюшка, Степан Тимофеевич! — сказал он.

— Здравствуй и ты! — ответил Степан. — На-ка, выпей сначала с устатку. Мед добрый. Воевода царицынский про свой обиход варил!

— Много лет тебе здравствовать и вам, господа честные! —

бойко сказал стрелец и осушил кубок, после чего поклонился снова.

— Ну, что делается у вас в Астрахани? Будут против меня драться? — спросил Степан.

— Что ты, батюшка! В Астрахани свои люди; только ты подойдешь, тут тебе и город сдадут!

— Добро! Ну, а воевода что?

— Воевода, известно, старается и митрополит тоже. Послужите, говорит, государю!.. Жалованье нам выдали; Ласкают. Только мы тебе прямить будем, батюшка. С тем и пришел.

— А ты сам-то кто, молодец?

— Я стрелецкий голова, Ивашка Красуля, слуга твоей милости!

— Ой, ой, сам голова! — усмехнулся Степан. — Ну, ин! Будешь у меня атаманом, дам тебе полк! Фролушка, отпусти ему десять рублей. Надо его почестить.

Красуля поклонился.

— Вы приступ-то с Вознесенских ворот зачните, — заговорил он, — князь-то вас оттуда ждет. А мы вам с другой стороны отворимся.

— Ну, ну! А когда зачинать?

— Да хоть нонче в ночь, нам все едино!

— Ну, ну! — сказал Степан. — А ты вот што. Пришел это к вам нищий, Тимошка безногий, я ему сказал, чтобы он Белый город зажег. Так ты найди его и скажи: не надо, мол!

— Чего искать его! — ответил Красуля. — Его уж воевода сыскал и повесил! Персюки его подсмотрели.

— Ох, а смышленый был! — сказал Степан. — Ну, я за помин души его трех детей боярских за ребра подвешу. Пусть они ему панихиду споют! Так нынче в ночь, молодец!

— Вы для отвода на Вознесенские, а мы через Юрьеву башню вас к себе пустим.

— Ладно, молодец! Дуванить будем, вас в круг возьмем! Пробирайся, чтобы персюки не приметили.

— У меня тайничок есть.

Стрелец ушел.

— Ну, вот! С Астраханью, братики, поздравляю! — весело сказал Стенька. — Завтра уж тамо будем! Ну, а теперь в дорогу да готовиться!

Два часа спустя он на своем струге отдавал приказания.

— Ты, — говорил он Усу, — с лестницами на Вознесенские ворота иди. Да кричи больше, чтобы они беда что думали! А ты, Фролушка, с Ивашкой возьмите лесенки да тишком на

Юрьевскую башню. Как в город войдете, сейчас ясак на сдачу подавай! А я в утро уже в город приеду. Ты, Фролушка, смотри, чтобы зря домов не жгли! Наше же добро! Ну, идите!

Все ушли.

— А ты, Вася, со мной останешься! — сказал он Василию.

— Молодцы-то мои охочи до боя!

— А ты сходи, скажи им, что и боя не будет никакого! А когда добро дуванить станут, так тебя с ними в круг возьмут, не обидят!

День склонялся уже к вечеру. Душный, июньский день. Вдруг раздался пушечный выстрел и жалобно, тревожно зазвонили колокола.

Стенька засмеялся и поднял руку.

— Пошли! — сказал он.

Волнение охватило Василия. До них доносились крики, выстрелы, звон. Кровь бурлила в нем, он судорожно хватался за саблю, а Степан смеялся.

— Ишь ты, горячий какой! Брось! Там и боя-то нет!.. Слышь!

Он склонил набок голову.

— Бум! — раздался пушечный выстрел и следом за ним еще, еще и еще два раза.

— Это ясак на сдачу! Конец! — сказал Степан, глубоко вздыхая. — Пропал воевода!

И, словно в подтверждение слов его, колокольный звон смолк разом, словно оборвался, а на место его раздался раздирающий вопль ужаса и отчаянья.

— Небось, завыли! — усмехнулся Стенька, а Василий задрожал от охватившего его ужаса.

Темная ночь уже опустилась на землю. Со стороны города ярко светилось зарево пожара. "Что там делается?" — думал Василий, но его воображение не могло представить картин ужаса, зверств и преступлений, которые представляли собою теперь улицы, дома и храмы взятого города.

Василий трепетал и невольно прислушивался к смутному гомону, несущемуся от города, а тем временем Стенька Разин, лежа на подушках, охваченный восторженным порывом, говорил без умолку, и глаза его горели и светились в темноте. Василий смутно слышал его речи.

— Наш, наш городок! — выкрикивал Стенька — Ну, воевода, князь Иван Семенович, как ты теперь меня вспоминаешь, вора царского, что к тебе с повинною приходил! Эх, воеводы, воеводишки, любо было вам людишек теснить, неправды чинить, любо было из людей ярыжек деять, голь кабацкую разводить. Теперь они над вами потешатся. Ништо! Отольются медведю коровьи слезы! Детки боярские да дворянские, любо было вам над холопьями тешиться. Ништо! Теперь над вами холопы потешатся. Есть у них заступник Степан Тимофеевич, бедному — крыша, неимущему — хлеб! Встряхнет он вас с припечек, с пуховой постельки на виселицу! Эй вы, дьяки да приказные крючки, любо вам было зацепы строить, калым забирать, правого батогами бить. Ништо! Узнаете вы правый суд, холопский суд! Эй, кто есть! Вина! — закричал он дико.

Василий вздрогнул и очнулся.

— Что дальше будет?

— На Москву пойдем, братик мой, Васинька!

— А там?

— Там? А может стать, государь скажет: "Жалую тебя, Степан Тимофеевич, хоромами, что о двух столбах с перекладиной!" Ха-ха-ха! Вина! Что же вы? Эй!

— Пей, Василий! — сказал Степан. — Москва не Москва, а до Саратова дойдем с тобою. Потешимся!

Словно горящий фитиль поднес он к пороху, так подействовали слова его на душу Василия. Он вытянул руки и дико, пронзительно закричал:

— Добраться бы! Расплачусь за все!

— Доберемся, Вася, пей!

На струг вбежал казак. Жупан его был изорван. Распустившийся чуб метался по плечу, исступленное лицо было вымазано сажей и кровью. Он махал окровавленным ножом и, подбежав к Разину, хрипло прокричал:

— Многая лета тебе, атаман! Астрахань тебя к себе в гости ждет!

— Добро! — весело ответил Степан. — Выпей, казаче!

III

Страшная ночь подходила уже к концу. Поднялось жаркое летнее солнце, чтобы осветить еще более ужасный день злодейств и преступлений.

— Ну, подымайся, братик, — ласково сказал Стенька Василью, — да поедем в полоненный город!

Василий быстро встал. Голова его была тяжела от бессонной ночи и пережитых волнений. Он налил себе кубок меду и жадно выпил его. Мысли его словно бы прояснели.

— Вот это так! — одобрил Степан. — Сразу веселей станет! А я заказал для тебя в воеводской избе полдник изготовить. Идем!

Они вышли. Стеньку Разина ожидала почетная стража. Ивашка Волдырь в новом кунтуше, расшитом золотом, в высокой лохматой шапке сидел на коне перед отрядом лихих казаков; атаманский бунчук развевался грозным красным хвостом над ними, и тут же стояли музыканты с литаврами, трубами и тулумбасами.

— Здорово, детки! — приветствовал их атаман.

— Многи лета, батька! — дружно ответили казаки.

Степан вскочил на своего персидского иноходца. Василий занес уже ногу в стремя, когда подле него очутился вдруг Кривой.

— Атаман! Наши в Астрахань просятся. Дозволь идтить? — сказал он.

В это время Разин обернулся.

— Чего он?

— Да вот молодцы просят в Астрахань идти.

— А пускай идут! Что им тут делать, а там пожартуют! — сказал ему Стенька.

— Идите! — разрешил Василий и сел на коня. Кривой стрелою помчался к своим.

— Бежим, братцы! — закричал он издали. — Сам Степан Тимофеевич дозволил!

— Ого-го! — загоготал Дубовый. — Вали!

— Зададим жару боярам, — подхватил Пасынков, и вся ватага бегом бросилась на город.

Степан Разин ехал, окруженный отрядом с бунчуком и музыкой. По всей дороге, спеша и перегоняя друг друга, бежали стрельцы и казаки в побежденную Астрахань.

— Будут воеводе поминки! — сказал Степан. — Жив он? — спросил он у Волдыря.

— А чуточку жив, батько! — ответил Волдырь. — Был совсем живой, а как ясык подали, вдруг какой-то лайдак налети на него да копьем в пузо! Его у церковь снесли. Ну, а мы взяли его потом осторожненько, на ковре, и под раскат положили. Тамотко все. Твоего суда ждут!

Степан нахмурился:

— Эка досада какая! Я думал, целюсенький!..

Они въехали в посад. Он был совершенно пуст. Толпы из войск Стеньки Разина спешно пробегали через него и устремлялись в Пречистенские ворота.

— Ну, вы! Дорогу атаману! — закричали у ворот на них казаки, и разом расчистился широкий путь.

Они въехали в Астрахань. Навстречу Стеньке хлынула голытьба.

— Здравствуй, батюшка, Степан Тимофеевич! — раздались кругом возгласы.

— Милости просим!

— Здорово, сынки, здорово! — весело кивал на все стороны Стенька Разин. К нему подскакали Фролка и Васька Ус.

— Иди суд чинить, — коротко сказал Фролка и дружески кивнул Василию.

— Много?

— Усь много! — ответил Ус. — Заперлись в церкви, проклятые! Так мы их оттуда выталкивали. Всех у раската посадили.

— Ну, ну! А воевода жив?

— У жив!

Василий ехал рядом с Стенькою и жадно смотрел по сторонам. Везде шумели толпы. Красные жупаны казаков, лохматые чубы украинцев мешались с сермягой, с синей посконой, и тут же мелькал стрелецкий кафтан или однорядка посадского.

С криком, беспорядочной гурьбою, несмотря уже на едущего атамана, люди врывались в дома и выбегали оттуда с узлами, иконами, шкатулками.

Один рослый посадский ухватил за волосы подьячего и тащил его. Тот падал на землю и отбивался.

— Под раскат его! — кричали вокруг.

— А славно гуляют молодцы! — с удовольствием сказал Стенька и прибавил: — Ты не думай, у меня порядок строгий, все поровну поделится!

Наконец показалась площадь и собор, рядом с которым высилась колокольня.

— Батько судить приехал! — раздалось в толпе, и она разом всколыхнулась и расступилась на две стороны. Василий взглянул перед собою и увидел страшную картину.

Вся соборная паперть была залита кровью, и у входа в церковь лежал, раскинувшись, обезображенный труп. Лица его не было видно, но в откинутой руке был зажат длинный нож, весь почерневший от крови.

А у пяты высокой колокольни во всяких позах, в изодранных одеждах, а некоторые и обнаженные вовсе, лежали брошенные, с завязанными руками старики, мужчины, женщины и даже дети. Впереди всех на ковре, в дорогом кафтане и латах, лежал пожилой полный мужчина. Лицо его было смертельно бледно. Ковер под ним был смочен кровью.

— А что было тут? — спросил Стенька, останавливая коня и быстрым взглядом окидывая картину.

— А какой-то бисов сын, — ответил Фролка, — стал у двери да и ну, машет ножом и не пускает!

— Это дура, Фрол! — высунувшись из толпы, крикнул какой-то оборванец.

— И впрямь дура! — усмехнулся Стенька — А ну, братики, подымите мне воеводу!

Он медленно слез с седла и вперевалку пошел к раскату.

Двое казаков бросились к лежавшему на ковре и, быстро взяв его под руки, поставили на ноги.

Стенька медленно подошел к нему, принял от казаков, взял под мышку своей сильною рукой и с ним вместе скрылся за маленькой дверкой колокольни.

Кругом воцарилась мертвая тишина. Василий, Фрол и Васька Ус слезли с коней и все с замиранием сердца смотрели на верх колокольни.

— Вон они! — крикнул их толпы голос.

— Дурень, — ответил другой, — батько его на самый верхний венец взведет!

— Тихо идут как! Я в минуту бы...

— Небось батька, поди, несет его на руках!

— Вошли, вошли!..

На верхнем ярусе колокольни показался Стенька и с ним рядом воевода. Они стояли плечо о плечо.

Стенька что-то говорил воеводе. Воевода покачал головою.

— Ишь, ишь! — заговорили в толпе. — Ну, конец тебе, воевода!

Стенька, видно было, как подтащил воеводу к низким перилам и толкнул его от себя в грудь обеими руками.

— Ух! — охнула толпа. Тело воеводы мелькнуло в воздухе и грузно ударилось о землю.

Что-то вздрогнуло в груди Василия.

— Ишь ты как побелел, братику! — сказал ему, толкая его в бок, Ивашка Волдырь.

— С непривычки, — усмехнулся Ус.

Стенька Разин тихо вышел из-под колокольни.

— Ну, и поджигать можно! — сказал он, подходя к своим.

— А что с этими сделать присудишь? — спросил Ус. Стенька оглядел толпу связанных равнодушным оком.

— Что? Да повесить их! — ответил он и пошел.

86

— Расправляйтесь, братики, со своими недругами! — крикнул Ус.

В ответ ему раздались рев и вопли. Толпа, стоявшая доселе в нетерпеливом ожидании, рванулись к подножию колокольни.

Вон казак взмахнул саблею, какой-то мужичонка, вопя, рвался вперед, подняв над головою огромный кол; вон ражий стрелец закрутил волоса женщины на руку и медленно водил по ее горлу ножом. Кровь брызнула фонтаном, и он осклабился.

Василий отвернулся в ужасе и побежал вдогонку за атаманом. Вдруг он поскользнулся и упал, руки его скользнули по чему-то влажному. Он поднялся. Тонкой струею от собора текла липкая кровь, перемешанная с грязью.

Он добежал до приказной избы и перевел дух. Навстречу ему с гоготом казаки, посадские и стрельцы ворохами тащили толстые книги, свитки и грудой кидали перед собою на площадь.

— Куда это? — спросил Василий.

Один казак посмотрел на него с удивлением.

— А жечь! — ответил он.

Василий вошел в избу. Посредине стоял длинный стол, уставленный едою, кубками и сулеями. Стенька Разин, засунув за широкий кушак руки, сдвинув шапку на затылок, кричал казакам:

— Несите, несите, молодцы!

Он увидел Василия и кивнул ему.

— Вот так я сожгу все дела и на Верху, в Москве! Ну их к бису. От них только одно горе!

Василий опустился на лавку. Стон и вопли стояли в его ушах; чуть он закрывал глаза, перед ним вставал стрелец, режущий женщину. Он невольно вздрагивал и раскрывал глаза.

— Что ты такой сумный? — спросил его Стенька, подходя к нему.

— Крови много! — тихо ответил Василий.

— Ха-ха-ха! А казаком назвался! Как же ты, братик, воеводу накажешь?

Словно кнутом ударил он Василия, и тот сразу загорелся злобою. Глаза его вспыхнули.

— Вот то-то! — одобрительно сказал Стенька — А тут, братику, каждый свои счеты сводит.

В избу друг за другом стали входить есаулы. Лица всех и одежда были испачканы кровью. Глаза горели страстью, и все, крича и шумя, казались пьяными.

— Ну, хлопцы, поработали за сегодня! Пображничаем! — сказал Разин, садясь в голову стола. — Ты, Фролушка, справа садись, а Василий слева, вот так! Ты, Вася, — обратился он к Усу, — вином потчуй. Наливай водки сначала по доброй чаре!

Казаки жадно набросились на вино и пищу. Они брали руками из мисок куски мяса и рвали их зубами, запивая вином, медом, водкою. Беседа делалась все шумливей и шумливей.

Стенька весело расспрашивал всех о взятии города.

— Ни, — говорил Ус, — и у Вознесенских ворот было мало драки. Только немчин один...

— Какой немчин?

— А тот. Помнишь, батька, когда мы отсюда уходили, воеводы до нас немца послали. Ты еще его чуть саблей не окрестил.

— Так он, песий сын, дрался?

— Пока не зарубили его, все саблюкой махал!

— Ишь, бис его возьми!

— А там и ничего больше, — заговорил Фрол, — только черкесы да персюки дрались. Ну, да их немного и было!

— Всех позабрали?

— У батьки их попряталось много, на митрополичьем дворе.

— Ну, тех оставить надо до поры. Уважим батьку! Эх! — смеясь, воскликнул Степан. — А помните, есаулы, как ваш батько в этой избе булаву сложил. Еще воеводы так-то кочевряжились!

— Эге-ге! А помнишь, батько, як князь Львов шубу у тебя оттягал, — сказал Федька Шелудяк, рослый мужик с бабьим лицом.

Стенька кивнул.

— Попомнились ему мои речи, вражьему сыну! А вы, братики, дуванить будете, шубу мне отдайте!

Василий молча сидел подле атамана и с удивлением смотрел на него. Что в нем? Вот он сидит со всеми, такой же, как все. Даже одет не лучше, чем вот хоть Ивашка Терской или Васька Ус. И говорят с ним все, как со своим казаком, а вот он встанет да оглянет всех — и вдруг шапки полетят с голов, и все смолкнет, и по одному слову его пойдут в огонь, на верную смерть.

И Василий чувствовал, что и он за этим Стенькой пойдет везде. Степан, словно угадывая его думы, оборачивался к нему и ласково трепал по плечу.

— Пожди, братик, скоро на Саратов пойдем! — говорил он ему.

В избе уже шел дым коромыслом. За дверями избы глухим стоном отдавалось народное буйство.

Степан подозвал своего любимого Волдыря и тихо сказал ему:

— Ты, Иваша, пойди собери раду да скажи о добром казачестве. Завтра, мол, присягать будете!

Волдырь пошатнулся и пошел из дверей.

— А ты, Федя, — перегнулся Степан к Шелудяку, — закажи все добро в Ямгурчеев городок тащить. Завтра там его и подуваним.

— Ладно, батька! — покорно ответил Шелудяк и вышел следом за Волдырем.

— Пейте, браты есаулы! — закричал Степан. — Пейте, казаки! А ну!

— Помнишь, атаман, — сказал ему Терской, — как про нас песню Кривоглаз сложил. Славный мужик был и песни ладно складывал! Персюки зарубили!

— А ну!

— Подтягивайте, хлопцы!

Терской приложил руку к щеке и затянул высоким фальцетом:

Что пониже было города Саратова,
А повыше было города Камышина,
Протекала, пролегала мать Камышинка-река:
Как с собой она вела круты красны берега.
Круты красны берега и зеленые луга...

Песню подхватили гуляющие и хмельные казаки, и она гулко разнеслась по приказной избе. Пели они про то, как удалые разбойнички перетащили через нее на Волгу с тихого Дона свои струги и пошли вниз на сине море Хвалынское, и было в той песне столько молодецкой удали, столько шири и воли, что у Василия слезы выступили на глазах, и, сжимая кулаки, он думал про себя: "Вот она, жизнь молодецкая!"

Песня вынеслась на площадь, там подхватили ее проходившие казаки и понесли дальше, и зашумела она по всему городу.

— Ну, братцы, — вдруг сказал Степан, — а я с вина да радости и захмелел совсем. Поеду к себе на струг. В утро свидимся, а вы пока что гуляйте! Вася, — сказал он Василью, — ты спать-то на струг ворочайся. Поедем, Фролушка!

Они поднялись и вышли из избы. Их ухода почти не заметили пьяные есаулы. Песни сменялись песнями.

Василий поднялся и осторожно вышел из избы. Время приближалось уже к вечеру.

IV

Василий вышел на крыльцо и на минуту остановился в изумлении и ужасе: у крыльца стояла огромная лужа крови и в нее вливалась широкая кровавая река из собора, откуда все еще раздавались неистовые крики, смешанные с воплями и стонами.

— Что там деется? — машинально спросил Василий у пробегавшего мимо стрельца. Тот на мгновение приостановился.

— А лиходеев бьют! — ответил он и побежал дальше. Площадь представляла волнующееся море лиц и голов.

Одни, что-то крича, бежали от раската, другие устремлялись к страшному месту побоища, с гиком и хохотом пьяная ватага влекла какого-то юношу, одетого в длиннополый кафтан. Через мгновение четверо стрельцов тащили своего офицера и кричали:

— Не бойсь, теперь мы покомандуем!

Василий сошел с крыльца, осторожно обошел страшную лужу и пошел по городу.

Но, пройдя немного, Василий вошел в пустынные улицы. В них словно вымерла жизнь. Маленькие лачуги и высокие двухэтажные дома с раскрытыми настежь воротами хранили какое-то печальное молчание, словно в каждом доме был покойник.

Василий вошел в ворота одного дома Кругом было тихо, безлюдно. Цепная собака с разрубленной головою недвижно лежала подле своей конуры, уткнувшись мордой в s лужу крови.

Сараи, амбары, клети — все было отперто настежь; у лестницы, что вела в хоромы, были сломаны перильца, и двери крыльца были сорваны с петель.

Василий понял эту безмолвную картину. Жил тут какой-нибудь боярин. Челядь его, почуяв волю, расправилась, с ним и с его добром, годами копленным.

"Что ж, так ему и надо! — стал говорить себе Василий. — Бил он и истязал холопов. За него их и на правеж водили, может! Ну, теперь и расплачивайся!"

Но в то же время сожаление прокрадывалось в его душу, и ему опять вспоминалась женщина, которой стрелец резал горло.

Он перешел, двор и вошел в густой, тенистый сад. Влажный, ароматный воздух охватил его теплым дыханьем. Словно презирая людские страсти, в кустах защелкал и залился трелью соловей.

Василий опустился на лавку и задумался.

Вспомнились ему вечера, проведенные с Наташею в саду Лукоперовых. Так же легко и сладко дышалось, так же пел соловей! И все у него отняли.

— Бить их, как псов! — вскрикнул он вдруг, снова пылая мщеньем и забыв свою мимолетную жалость. Бить за все! И за то, что они холопов мучают, и за то, что ко всякому, кто беднее, они как к смерду относятся. За его, Василия, обиды всем им один конец!

И, выхватив саблю, он с яростью отрубил тяжелую вишневую ветку, что склонилась перед ним.

В это время позади него послышались голоса. Он оглянулся и увидел Кострыгу и Тупорыла, идущих по аллее к дому. Лица из были красны от возбуждения и грязны от крови, смешанной с пылью. В руках их были обнаженные сабли, тусклые от крови. Без шапок, с растрепанными волосами, с горящими лицами, они походили скорее на зверей, нежели на людей.

— Важно! — говорил хриплым голосом самодовольно Тупорыл. — Я, может, их десять убрал! Все по голове цап!

— Кабы до нашего боярина добраться! Уж я бы... — хрипло засмеялся Кострыга.

— Я три образа и с такими окладами забрал! Золото, слышь!.. Говорят, волоки в Ярчей-город.

— Ямурчей, — поправил его Кострыга

— Все одно. Я и отдал казаку. А может, вор!

— Не! У них в порядке.

Тут они увидели Василия и на мгновение остановились.

— Атаман! — воскликнул Кострыга. — Ты отколева?

Василий кивнул им.

— Откуда и куда? — спросил он вместо ответа.

— Мы-ста? А поначалу у раската были, постиг по домам боярским пошарпали. Смотрим, сад и дом виден. Думаем, заглянем! И — шасть через тын. А ты и тут... — объяснил Тупорыл.

— Пойдем, атаман, в горницы! — предложил Кострыга.

Василий машинально пошел за ними. По дороге словоохотливые мужики говорили без умолку.

— Уж и потешились над боярами, ох как!..

— Как это батюшка Степан Тимофеевич отдал приказ, мы и на них. Завыли! А я им — вот те правеж, вот те батоги, вот те тягло!

— Потом есаул приходил. Кто, говорит, из вас в казаки хочет? Слухайте! Собрал народ и начал рассказывать: казак, гыт, вольная птаха. Ни он, ни ему. Что хошь!.. Ну, все и закричали: хочим в казаки идтить!..

— Попов бить хотели, да не дали!

Они поднялись на крыльцо, вошли в сени и из сеней в горницу.

Стол и лавки стояли по местам, но видно было, что тут побывали холопы. По углам не висело ни одного образа, на полу валялись сорванные с них полотенца, некоторые с обрубленными концами, вероятно, из-за жемчужной вышивки. Они шли дальше по горницам. В каждой виднелись следы разбоя. Везде содранные образа, разбитые сундуки, лари, развороченные постели. Они поднялись в терем. Там в узких переходах, словно снег, лежал на полу пух. В девичьей комнате, по самой середине пола, раскинувшись, лежала полная женщина, задушенная полотенцем. В рот ей было воткнуто веретено.

Кострыга отодвинулся и перекрестился. Тупорыл сказал:

— Психа! Надо быть, ключница, баба-колотовка.

Дальше они вошли в крошечную горенку.

Чудом уцелевшие пяльцы с хитрой вышивкой разноцветными шелками стояли у оконца.

— Надо быть, боярышня жила, — сообразил Кострыга.

— Глянь! — закричал Тупорыл. — Ноги!

Василий взглянул и действительно увидел две толстые ноги, обутые в синие шерстяные чулки, и край юбки.

— Тащи! — весело крикнул Кострыга и, ухватив ноги, как ручки тачки, стал пятиться.

Из-под кровати выдвинулись жирные, как колоды, ноги, короткая спина, голова в повойнике. Кострыга вытащил толстую, короткую бабу и повернул ее на спину, жирным, обрюзглым лицом кверху.

И едва он повернул ее, как баба мигом вскочила, бросилась на колени, вытянула руки и завопила:

— Милостивцы вы мой! Золотые вы мои! Яхонтовые! Не губите меня, сиротинушку! Ничем, ничем неповинна я, голуби!

— Кто ты? — спросил ее Василий.

92

— Маремьяниха, государь мой, Маремьяниха! Боярышнина кормилица. Как это вбежали они, лютые...

— Кормилица! — заревел Кострыга. — Да нет хуже гадины на боярском дворе, она шепотуха, она дозорница, от нее, подлой, девки чахнут, парни губятся. Бить ее, подлую!

— В окошко ее! — сказал Тупорыл.

— Милые вы мои! — завизжала старуха.

— Пихай! — вымолвил Кострыга.

Василий поспешно вышел из горницы и спустился на двор. Вдруг над его головою раздался визг, тяжелая масса мелькнула в воздухе и грузно шлепнулась у его ног.

Василий успел отскочить, но капли крови из разбитой головы брызнули на его руку. Почти тотчас к нему подошли Кострыга и Тупорыл.

— Окочурилась! — сказал Кострыга.

— За што вы ее? — спросил Василий.

— А за то, что кормилица! — ответил Тупорыл. — У нас в вотчине вот такая же есть. Завсегда от нее одна девка плачет, другую дерут, третьей косу стригут.

— Мою Агашку раздели, — сказал хмуро Кострыга, — да в мороз в сугроб снега и посадил боярин. Она и померла. А все через кормилицу!

— Лютей нету, как ежели да свой брат, холоп, верх возьмет!

— Помогите, ой, помогите! Не приказный я!

— Врешь, приказная душа! С меня три алтына взял!

— А с меня корову! — раздались голоса с улицы. Василий выбежал.

Рослый детина отбивался от четырех гультяев, и все они орали на всю улицу.

— А вот я его! — закричал вдруг вышедший из угла пьяный казак и махнул саблею.

Рослый детина поднял руки к разбитой голове и как сноп рухнул на землю.

— Вот как мы их! — похвалился казак.

Сумерки сгустились. Уже ничего не было видно, только со всех сторон раздавались вопли и крики. Василий пробрался, уже не разбирая, что под ногами, к приказной избе, сел на своего коня и медленно поехал к атаманскому стругу, что стоял у берега, верстах в двух от города.

Крики слышались ему всю дорогу.

На пути его обгоняли казаки, пешие и конные, мужики, голытьба, пьяные, веселые...

Он слез с коня, сдал его какому-то пьяному казаку и тихо вошел на струг.

— Кто? — окликнул его голос.

— Я! Василий!

— А! Ты! — сказал ему Фролка. — А братан упился и спит. Я вполпьяна. Хочешь пить?

— Браги, пожалуй!

— Браги? Эх ты, а еще казак. Иди, у нас варенуха есть!

Он ухватил Василья за руку и потащил в рубку. Там, лежа на полу, сидя на корточках, пьянствовали есаулы, говоря промеж себя вполголоса.

— Ныне еще тысячи три прибавилось, — говорил Ус. — Силы у нас — ух! Пока до Москвы дойдем, сто тысяч будет!

— Ну уж? — усомнился Фролка.

— Верно! Ты считай — мордвы сколько, чувашей, опять татарва из-под Казани. Что мухи на мед, все идут!

Василий пристроился в углу и под их говор заснул тяжелым сном.

Виделись во сне ему убитые, видел он опять стрельца с ножом, мамку, исступленно вопиющую... Стенька Разин махал саблею и кричал: "Всех бейте!" Василий бросился на старика, а в это время Наташа вдруг встала бледная, с расширенными глазами и кричит: "Не губи его, меня потеряешь! Его бей!" — и указывала ему на Разина, а Разин, скаля белые, острые зубы, отвечал: "Меня сабля не берет, пуля не трогает. Режь, Василий, и свою лебедку!" А потом вдруг обратился в ясного, светлого воина. "Я князь Прилуков! И тебе смерть! А Наташа моя! Моя!" — закричал Василий и проснулся. Утренний свет пробивался в рубку. Есаулы вставали и вылезали из-под низких дверей.

— Подымайся! — говорил Василию Фролка. — Брат в город едет. Нас уже кликал!

Василий поспешно вскочил и, чтобы отогнать впечатление сна, быстро вылез на палубу. Яркое солнце уже играло на воде.

V

— Здравствуй, батюшка Степан Тимофеевич, — громко кричали астраханцы и бежали толпою за Стенькою Разиным, когда он на другое утро въезжал в город, окруженный своими есаулами, с Фролкою и Васильем подле себя.

— Здравствуйте, детки! Здорово, ребятушки! — говорил весело Стенька и, выехав на площадь, остановил коня и поднял руку. Толпа сразу замолкла. — Говорили вам вчерась мои есаулы про славное казачество! — заговорил Стенька. — Ну вот, так все вы теперь казаки будете. Идите в поле, и там я присягу возьму с вас!

— В поле, в поле! — закричали вокруг, и толпа бросилась бежать к городским воротам.

Площадь опустела. Стенька Разин оглянулся.

У раската грудою лежали трупы: лдни были с отсеченными головами, другие с разбитым черепом, третьи просто удушенные. Казалось, все они намокли в крови, потому что вокруг них была топкая кровавая грязь. То тут, то там валялись руки и ноги...

— Закажи яму вырыть, — сказал Стенька Шелудяку, — да всех их туда. А то смердеть дюже станут!

— Где яму-то копать?

— Яму? А ну, тут Троицкий монастырь есть. Пусть братья и постараются. Много? — спросил он, указывая на трупы.

— А вчерась считано четыреста. Да опосля приводили.

— Ладно! Так им и надо, псам! Иваша, — обратился он к Терскому, — тащи на поле попов-то! Пусть с книгой придут да крестом. А мы поедем!

Он тронул коня.

— Дорогу атаману! — закричали в толпе, едва он показался из ворот, и толпа разом раздвинулась на две стороны.

— Ну, детки, — сказал Стенька, не сходя с коня, — сейчас попы придут. Станете крест целовать на честной службе. Богом поклянетесь стоять за великого государя да за меня, Степана Тимофеевича, атамана Разина, да за честное казачество. Богом поклянусь вам и войску честно служить, изменников выводить!

— Дорогу, дорогу! — раздались возгласы. Толпа снова расступилась. Впереди ехал Ивашка Терской, сзади него шло восемь священников в оборванных рясах, с растрепанными волосами, и их окружали казаки с плетьми.

— Едва повытаскал, — сказал Терской, подъезжая к атаману. — В чуланы, в подвалы попрятались, что кроты! А кресты из церквей взяли. Вот!

Терской опустил руку за голенище сапога и вынул оттуда три напрестольных креста и поднес их атаману. Толпа безмолвно стояла в ожидании церемонии.

— Ну, три попа, берите кресты и держите! — крикнул на священников Стенька. — А вы чередом целовать крест станете, а потом мне кланяться. Ну!

Но священники стояли неподвижно, опустив головы.

— Ах вы, длинноволосые! — закричал Васька Ус. — Али не

слышите, что батюшка вам приказывает? Ну, ты! Иди! — он схватил одного старика за плечо и с силою толкнул к атаману.

Стенька протянул ему крест, но старик вдруг выпрямился, глаза его сверкнули, бледное лицо залил румянец.

— Не оскверняй святого креста, богоотступник! — громко сказал он. — Поругатель святыни, антихрист! Братия! — закричал он народу. — Образумьтесь. Се не человек, а дьявол во образе человека!

— Голову его, голову! — завопил в ярости очнувшийся от изумления Разин.

— И сказано в Писании, — кричал священник, — придут дни и...

Толпа охнула. Сабля Уса сверкнула на солнце как молния, и отрубленная голова священника упала на грудь, вися на окровавленной коже. Тело упало на землю, и кровь пошла широкой струею. Толпа в страхе отодвинулась.

Стенька дрожал от гнева, и глаза его метали искры.

— Иди ты! — сказал он молодому священнику. Тот выступил и твердо ответил:

— Богу служу, а не дьяволу!

— Ну, ну! — заревел Стенька. — Ой, казаче, отсеките ему руку одну да ногу одну! Пусть другие поглядят на сво́во батьку! Ну!

Страшное приказание было исполнено мгновенно. Истекая кровью, священник лежал на земле рядом с отсеченными рукою и ногою.

Стоявшие близко слышали, как он молился, и невольно крестились.

— Ты! — показал Разин на следующего.

— Невместно и мне свой сан порочить! — ответил третий.

— Ин! — сказал Стенька. Лицо его окаменело в зверском выражении. — Вы ему, казаче, две руки отрубите, а тому, четвертому, две ноги! Так вот! А вы будете крест держать? — спросил он угрюмо у оставшихся.

— Смилуйся! — воскликнул устрашенный молодой священник.

— То-то! Ну, иди, держи крест, — сказал Стенька, протягивая ему крест, — и вы!

Священники подошли и взяли кресты в руки.

— Ну, детки, подходите на целование! — обратился Степан к толпе.

Народ дрогнул и длинной лентою потянулся мимо атамана. Каждый, крестясь, целовал крест, кланялся Разину и отходил в сторону.

Священники стояли бледные, дрожащие от ужаса и держали кресты перед собою, стараясь не видеть страшных трупов своих собратий, залитых кровью. Народ испуганно косился на мучеников, а Стенька Разин, страшный, как карающая судьба, как неведомый антихрист, недвижно сидел на коне.

Часа четыре длилась церемония присяги. Наконец она кончилась, и Стенька облегченно вздохнул.

— Ну, други, вот вы и казаки стали! Нет над вами воевод и бояр. Сами себе вольные! — сказал он. — Разделитесь вы теперь на тысячи, и будут у вас от вас тысячники, а каждая тысяча на сотни, и у сотни свой сотник будет, а сотни на десятки с десятским. Правиться все кругом радою будете. Как што, сверитесь и думайте сообща. А для порядку вам атаманом вот он будет! — Стенька указал на Ваську Уса. — А его есаулами — вот они! — он указал на Федьку Шелудяка и Ивашку Терского. — Им во всем верьте! А теперя выберите тысячников да посылайте их в городок. Дуванить добро станем!

— Многая лета Степану Тимофеевичу! — заревела обрадованная толпа.

— А, испить теперь! — сказал уже весело Стенька и, ударив лошадь, погнал ее в город.

При самом въезде у ворот стояло кружало. Длинная изба с широким навесом, под которым стояли столы и лавки. Вокруг росли тенистые тополи и ветвистые липы.

— Ой, славно! — сказал, осаживая коня, Степан. — Ивашко! — крикнул он Волдырю. — Ну ее, приказную избу! Давай тут пить! Раздобудьте, братья, горилки!

Он слез с коня и сел на лавку. Казаки скрылись и через минуту выкатили бочку.

— А ну, по-казацки! — смеясь сказал Стенька.

В один миг бочку поставили стоймя.

Фролка подскочил к ней и богатырским ударом кулака расколол дно.

— Ото ладно! — одобрил Стенька. — А ну! За качество!

Гришка Савельев спешно подал ему деревянный ковш. Стенька зачерпнул водки и жадно выпил.

— У-у! Здоровая горилка! Бисова вудка! — сказал он.

Ивашка Волдырь торопливо шел, махая руками, и сзади него казаки тащили мисы с галушками, варениками, пирогами, мясо и рыбу, баклаги, фляги, сулеи и жбаны с вином и медами.

— Ой! И опохмелимся же! — радостно закричал Стенька. — Ты, астраханский атаман, угощай, что ли!

Василий не отставал от других. Вино туманило ему голову и разжигало кровь. Убийства уже не приводили его в содрогание.

— Пити — греха не быти! — кричал он. — Тут вино, а в Саратове кровь пить буду!

— Ай да Вася! — радостно смеялся Разин.

— На дуван! На дуван! — кричала толпа, устремляясь снова за ворота к Ямгурчееву городку..

— Ну, Вася, — сказал Степан Ваське Усу, — вина всего не выпьем, иди дело делай, без тебя нельзя дуванить. И вы, есаулушки! — сказал он Шелудяку и Терскому. — Ну-те, шубу-то мою не забудьте! — крикнул он вслед.

— Наливай, что ли, ты, Гришка! — приказал он Савельеву.

Василий тихо вышел и прошел в городок.

Там шумела и волновалась толпа. Кричали и стрельцы, и казаки, и голытьба, и вновь испеченные казаки-астраханцы.

Груды добра высились посреди площади. Василий подошел к Ваське Усу и сказал:

— Моим молодцам тоже батька дать указал!

— Знаю. Много их?

— Сто сорок!

— Пришли от них молодца!

— Здеся я, атаман, — словно из земли вырос Кривой и поклонился, сняв шапку.

— Ну и стой тут! — сказал Ус, деля добычу.

Чего только не было в горах наваленного добра. Мешки с деньгами, и одежда, и сбруя, и оружие, и тут же кресты, образа, церковное облачение и мисы с самоцветными камнями.

Казаки привычными руками сортировали кучи, складывая одно к одному.

Потому Ус стал делить. Четвертую часть каждой кучи он отделил на атаманство. Половину оставшихся на казачество, половину вновь оставшегося стрельцам и работникам Разина, а остальное астраханцам.

Тысячники, а потом сотники подошли к своим частям и поделили их поровну, потом десятские разделили на десять куч каждую, а там подошли дольники и стали метать жребий — кому что.

Василий выбрал себе дорогие чеканные пистолеты, кинжал и саблю, а все остальное отдал своим удальцам.

Их нельзя было узнать. Пасынков оделся в парчу и бархат. На Кривом был дорогой атласный кунтуш, Дубовый надел на себя боярский кафтан и гарлатную шапку.

В толпе замелькали армяне и евреи, и пошел торг и потом пьянство.

Густая толпа стояла вокруг кружала, где пил Степан, и, как собака, ждущая подачки, жадно смотрела на своего батьку. А тот, в шубе, возвращенной ему назад, без шапки, время от времени кидал в толпу мелкие деньги.

Среди пьяного гомона нередко слышались вопли и стоны. Это астраханцы вылавливали своих ворогов и казнили их.

Попадался купец, приказчик, приказный или дьяк — и, насмеявшись над ним, буйная толпа убивала его каким-нибудь хитрым способом.

— До атамана! До атамана! — изредка раздавался крик. — Батька! Послушай!

— Чего там? — спрашивал Стенька. В кружало входил полупьяный казак и волок за собою девушку.

— Ин, — говорил он, — я при Астрахани один на десять по распорядку оставлен. Полюбилась мне красна девица, а поп не венчает.

Стенька сразу приходил в ярость.

— Поп?! Ах он песий сын, коровий помет! Ивашка, иди, прикажи венчать молодца. Скажи, в воду его посажу!

— Батюшка Степан Тимофеевич! — раздавались снова крики, и толпа астраханцев вваливалась в кружало.

— Чего, детушки?

— Дозволь сыск сделать! Многие из приказных людей да дворян схоронились: вели их отыскать и побить, а то придет от государя присылка, — они нам станут первые вороги.

— А бейте их, детушки! На то ваша казацкая воля!

— На митрополичьем дворе их много. Там и щенки-воеводы.

— Ну, ну! Это уже когда я уеду. А теперь по улочкам шарьте!

И, день в день, три недели шли в Астрахани рука об руку разбой и пьянство.

VI

Василий истомился. Жажда мести, страстная любовь к Наташе незаметно разгорались в нем и теперь пылали пожаром, а Стенька Разин словно забыл про свои походы в этой Астрахани.

— Батько! — говорил иногда Василий Разину.

— Чего, сынку?

— Да когда ж мы на Саратов пойдем, скажи на милость?

— А что, сынку?

— Да терпеть не могу больше! Смотри, государь стрельцов нашлет — и не осилим Саратова.

— Ну, ну! Мы их всякую силу разобьем. Не бойся! А ты потерпи малость. У нас сказывают: "Терпи, казак, атаманом будешь!"

— Нельзя раньше, — таинственно объяснял ему Фролка, — вишь, братан заказал два струга обрядить. Хоругви новые сделать.

— Для чего два струга?

Фролка понижал голос до шепота:

— Один для Никона-патриарха, а другой для царевича Алексея Алексеевича!

— Да ведь он помер?

— Нишкни! Это бояре выдумали. Они его извести хотели, а ен до Степана убег. Теперь с нами!

Василий качал головою:

— А Никон отколь?

— С Белоозера. Его оттуда наши казаки своровали.

Василий успокаивался на время, но потом вновь начинал тосковать. Виделись ему странные сны, чудились наяву странные видения. В ушах и во сне, и наяву звучал призывный голос Наташи: "Вася, Вася!" Он даже иногда испуганно оборачивался, так явственно слышался ее голос.

За последние дни мгновенье за мгновением вставали в его уме воспоминания своего позора, разорения и нового позора. Он просыпался иногда от мучительной физической боли, трогал спину, омоченную потом, и она казалась ему окровавленной. Он рычал от жажды мести и царапал свою грудь руками.

А Разин пил в кружале день в день, в вине ища и вдохновенья, и силы.

Однажды он вдруг обратился к Василию:

— Иди на митрополичий двор. Возьми у него старшего сына князя Прозоровского, Бориса, и приведи пред мои очи.

Василий тотчас встал, позвал с собой десять человек из своего отряда и пошел.

Митрополичий двор казался крепостью.

Вкруг него окопали ров, за тыном насыпали вал и наставили пушки.

— Ей, ей, ей! — закричал Василий. Из-за тына показалась голова служки:

— Чего тебе?

— Впусти или прикажи выслать мне Бориса, сына воеводы. Степан Тимофеевич приказывает!

Служка скрылся. Полчаса спустя открылись ворота, и из них вышел красивый юноша.

— Я княжой сын! — сказал он громким голосом. — Что надо!

— Велено тебя к атаману вести!

— К Стеньке? Веди, молодец, — отвечал юноша, и Василий невольно подивился его бесстрашию.

С светлым, улыбающимся лицом, ясным взглядом остановился он перед страшным атаманом.

— Чего тебе от меня надобно? — спросил он его. Стенька Разин оглядел его исподлобья мутным взглядом:

— Нонче ночью про вас, воров, думал. Где таможенные деньги, что сбирались с торговых людей? Отец твой ими завладел и промышлял.

— Николи отец мой этими деньгами не корыстовался! — с гневом, вспыхнув, ответил юноша. — Не видел их даже. Сбирались они головами, а головы приносили все в приказную избу, а принимал их подьячий денежного стола Алексей Алексеев с товарищами. Все деньги ушли на жалованье служилым. Спроси хоть у подьячего. Он жив!

— Сыскать! — коротко сказал Стенька.

Васька Ус спешно выбежал. Воцарилось молчание. Разин пил, изредка угрюмо вскидывая глазами на молодого Прозоровского, а тот стоял свободно, заложив за спину руки, с легкой усмешкой на устах.

— Хочешь казаком быть? — вдруг сказал Разин. — Присягни мне и казачеству, я тебя есаулом поставлю!

Юноша тряхнул головою.

— Николи я с разбойником и татем быть в одном не хочу! — ответил он.

Разин криво усмехнулся.

— Добро! — сказал он.

— Може, выпить хочешь? Медку? — вдруг снова предложил он Борису. Тот только покачал головою.

В это время Ус притащил подьячего. Он скрывался тоже у митрополита. Это был пожилой, лет сорока, человек.

— Где таможенные деньги? — спросил его Стенька.

— Служилым людям раздали! О ту пору стрельцы к воеводе приступили за жалованьем, — ответил подьячий.

— Видишь! — сказал юноша

Стенька злобно хлопнул кулаком по столу.

— Врет он, коровий помет! Казаче, повесьте его за правый

бок на крюк! Пусть его повялится малость! — сказал он, кивая на подьячего.

Юноша грустно взглянул на него.

— Прости меня, Алексей, — сказал он.

— Бог с тобою! — ответил тот. — И тебе, вьюноша, разбойник крест уготовал.

— Увести его! — закричал Стенька, вскакивая.

— Ну, а где животы ваши? — спросил он, подскакивая к Борису. Тот даже не двинулся.

— А животы наши твои же люди ограбили. Наш казначей все сдал, а твой есаул Василий Ус увозил от нас.

— Ну, ну, добро! Все твоя правда! — усмехнулся Степан. — А казаком не хочешь быть?

— Не хочу с ворами вязаться!

— Ну и то добро! — сдерживаясь и весь кипя, промолвил Степан. — Приведите мне со двора его другого брата!

Борис побледнел:

— Атаман, что ты задумал?

— А так! Пожартовать!

Казаки с шумом принесли младшего сына воеводы. Ему было только восемь лет. Он испуганно прижался к брату.

— Как звать тебя, пащенок? — спросил его Степан.

— Борис! — тихо ответил мальчик.

— Тоже Бориска! Ну, ин! Так вот что, — обратился он к старшему, — или ты целуй крест на казачестве, или я твоего братишку за ноги подвешу.

Юноша побледнел как полотно, но, ни минуты не колеблясь, сказал:

— На то ты и разбойник! А душой кривить я не стану!

— Ну, ну! — прохрипел Стенька — Возьмите его!

Мальчик заплакал и прижался тс брату.

Юноша склонился над ним.

— Не плачь, Боря, они все добрые! Они с тобою поиграть хотят. Иди с ними! — он нежно перекрестил его и поцеловал.

— А возьмите и этого пса и подвесьте рядом! — вдруг приказал Стенька, кончая свой суд. — Пить будем!..

И он снова пил, не трогаясь с места. "Когда же?" — с тоскою думал Василий.

— Батько, да что ж ты это? — наконец заговорил он снова.

— Ну, ну, — ответил ему ласково Стенька, — я ужо тебя за то потешу. Пожди малость!

В тот же день, сидя в кружале, он приказал сыскать какого-либо подьячего.

Полчаса спустя к нему привели низкорослого, белобрысого

подьячего; глаза его испуганно бегали во все стороны, маленькая бородка дрожала словно лист на ветке. Он вошел и упал на колени перед Степаном.

— Как звать тебя?

— Наум, батюшка! Наум, милостивец!

— Подьячий?

— Подьячий, батюшка! Кружечного сбора приказа, милостивец!

— Грамоту знаешь?

— Знаю, батюшка! — и при каждом ответе подьячий стукался крепко лбом в землю.

— Ин, — сказал Разин, — садись туты и пиши ты мне прелестные письма. А в тех письмах напиши, что всем холопам и кабальным и крепостным будет воля. Станут все казаками, воевод и бояр уничтожать; они — враги государевы, дьяков и подьячих тоже!

Наум дрожал мелкою дрожью и в такт его речи кивал головою, повторяя последнее слово.

— И будут сами себе головы. Напиши, что бояре в злобе своей патриарха Никона заточили, а царевича Алексея Алексеевича извести хотели, а они ко мне убежали, и ноне я их на Москву к царю везу! Стрельцам тож напиши. Понял?

— Понял, батюшка!

— Садись и пиши! Вина хочешь?

— Для ясности, — с жалкой улыбкой сказал подьячий.

— Лакай! Дайте ему водки жбан! Да пиши складно, умилительно!

Подьячий примостился на другой конец стола Стенька пил и начал говорить Василью:

— Хотел я удружить тебе, ну, так и сделаем. Я-то сам еще через три дни пойду, а ты иди завтра в утро. С тобой твои сорок, да дам тебе еще две сотни молодцов, да казаков сто с Гришкой Савельевым. Ты атаманом будешь, он есаулом. Иди и бери Саратов! Вот!

Василий даже вскочил от волнения.

— Батько! — воскликнул он.

— Рад? То-то! Я для своих всегда ласков. Нонче вот мы этих писем изготовим и я с ними нищих вперед пошлю, чтобы кидали везде. А утром ты иди!

У Василия от радости захватило дыхание. Завтра. В четыре, пять дней они сделают переход — и берегись воеводы и Лукоперовы!

— Готово, што ли? — окрикнул подьячего Степан.

— Готово, милостивец! Дозволь прочесть!

— Чти!

Подьячий дрожащим, гнусавым голосом начал чтение. Степан слушал и кивал головою.

— Так, так! — говорил он. — Ладно, щучий сын! Ишь ты!

И когда окончил подьячий чтение, он ласково кивнул ему головою:

— Поднеси ему, Вася, меду!

Василий поднес. Подьячий расцвел от удовольствия и выпил.

— А теперь повесьте его, казаче! — сказал равнодушно Степан.

Маленький подьячий побледнел и отшатнулся. Кружка упала у него из рук.

— К... как? — пролепетал он.

— Повесить! — повторил Степан. — Потому ты подьячий — сорная трава, крамольное семя! Ну же, хлопцы!

Подьячий стоял словно окаменелый. Нижняя челюсть у него отвисла, но когда казаки схватили его за плечи, он вдруг вырвался от них и в исступлении закричал:

— А ты коли так — вор! Вор, вор! Я тебе работу справил, а ты насмеялся, да еще повесить! Это за добро! А еще батько! К малым добер, бают!..

Бороденка его тряслась, глаза почти вылезали из орбит. Он был смешон и жалок в своем гневе. Казаки снова ухватили его, но Стенька махнул им рукою.

— А что ж мне с тобой делать, скажешь? — спросил он, щурясь.

Подьячий даже подпрыгнул, сжав кулаки:

— Вешать, вешать, разбойничья твоя душа! Твои слуги верные дом мой разграбили, женку опозорили да убили, ребятеночка на копье взяли. А мне что ж? Вешай, милостивец!

— Да коли ты подьячий, — задумчиво сказал Стенька, — коли ты с людей за все про все калым брал...

— А то не брать? Мне от государевой казны шло два рубля в год, да однорядка, да шапка, да муки шесть восьмин. Тут и живи! А у меня семьишка. Всякому хлеб жевать хочется. И много ли брал? Два, три алтына, много, коли гривну!..

— А и то! — сказал вдруг Степан. — Коли воевода брал, чего ему, маленькому, делать было? Иди, Наум!

Подьячий быстро мотнул головою и приготовился бежать.

— Да стой! — остановил его Степан. — Чтобы ты о нас дурное не мыслил, на тебе зараз пять рублей, — он кинул ему пять тяжелых монет. — А ты, Вася, — обратился он к Усу, — его своим писарем сделай да избу ему дай. Пусть живет!

— Милостивец ты мой! Свет красно солнышко! — закричал подьячий, бросаясь к Степану, но тот уже нахмурился.

— Уходи, а то раздумаю! — проговорил он.

Подьячий отпрыгнул от него, что стрела от тетивы, и зайцем бросился из кружала.

Степан с написанными листами обратился к Волдырю.

— Ну, мой верный Иваша, отдай нашим писчикам. Пускай всю ночь пишут и день весь, а десять листов сейчас пусть изготовят. А в ночь дать их Егорке-слепому да Петрушке-безногому. Пущай с ими в Саратов поспешают. А ты, Васинька, значит, завтрова утром. Так?

— Так, так! — ответил радостно Василий. — Спасибо тебе, атаман!

VII

Василий не спал всю ночь. Не до сна ему было. Надо было всем распорядиться, да, кроме того, и близость желанного часа волновала его несказанно.

Он пошел к стругу, где ночевали его молодцы, и сказал Кривому:

— Ну, Яков, завтра мы на Саратов пойдем. Батька мне еще казаков дает да голытьбы. На голытьбу-то я не надеюсь. Над ней Пасынкова поставь. Только на вас, на моих, да на казаков. Может, бой будет, так ты вот что! Коней бы достал. Оружие у нас доброе?

— Доброе, атаман!

— А у батьки пушечку еще попросим. Вот и пойдем. Там коней достань, а потом и еды заготовь. Я хочу разом идти, без роздыха. А то по дороге Царицын, Камышин. Опять пьянство. Там мы мимо!

— Мимо так мимо! А коней я в ночь достану. У казаков перекуплю.

— Ну вот! А утром и идти!

Потом он говорил с Пасынковым, потом пошел к Гришке Савельеву. Он сидел на своем струге с своими казаками и пил.

— А, пане атамане! — закивал он Василию бритою головою. — Что ж, пойдем Саратов добывать! Мои казаки добрые. Что соколы: ни одной цапли не пропустят мимо когтей!

Василий дружески сел с ним рядом.

— Только бы дойти до Саратова скорее, есауле! — сказал он. — Там уж возьмем городок!

— Хе-хе! А идти скоро ли; тихо твое, атаман, дело. У нас кони добрые.

— Чуть солнце, мы и пойдем!

— А хоть сейчас. У меня им только свистни!

Василий ушел от него и снова говорил с Пасынковым и Кривым. Потом вернулся на струг, попробовал заснуть, но сон бежал от его глаз. Ему наяву грезилась Наташа. Она протягивала к нему руки, и он вслух говорил ей: "Возьму, возьму тебя, голубка, от злых коршунов!"

Еще восток только заалел, как Василий сошел на берег и пошел будить свой народ.

Вперед выехал он со своими молодцами и с ним рядом Гришка. Потом шла голытьба, вооруженная чем попало, а сзади стройною массою две сотни казаков с пушкою замыкали весь отряд, человек пятьсот.

Василий сиял радостью и горел нетерпением.

— Скоро ли дойти можно? — пытал он у Гришки.

— А как скажешь, атамане, дней в шесть без больших привалов, дойдем!

— То-то обрадуются! — засмеялся Василий.

— Да уж надо думать: ждут не дождутся!

Василий торопил свой отряд. Они двигались с невероятною быстротою. Часа два отдыхали где-нибудь у воды, варили наскоро толокно и опять шли, не зная отдыха. Только раз Василий дал роздых на десять часов, чтобы всем выспаться. Это было подле Широкого.

Он остановился.

— Роздых! Теперь всего один переход остался, — сказал он, — так пусть переспят да отдохнут, как след. А я, есаул, тут недалечко съезжу.

Он кликнул с собою Кривого, Дубового да Кастрыгу и рысью поехал к усадьбе Лукоперова. Была уже ночь, но, как и в ту роковую ночь, луна ярко светила.

Василий быстро ехал и говорил:

— Мы кругом осмотрим все и наутро своих приведем. Тут они, мои вороги, Лукоперовы! Тут и она, голубушка!

Он вдруг остановился и растерянно оглянулся.

— Чтой-то за диво! — усмехнулся он. — Ехали мы и их усадьбу проехали. Повернем!

Они повернули коней, но сколько ни вглядывался Василий во все стороны, бледно освещенные луною, он не видел высоких крыш лукоперовской усадьбы.

— Да что ты ищешь, атаман, — усмехнулся Пасынков, —

ведь теперь по Волге все Степана Тимофеевича ждут. Сожгли холопы усадьбу, верно слово, сожгли!

— А ну?

Василий тронул коня и повернул его на знакомый косогор, и лишь только он въехал, как радостно вскрикнул:

— Правда твоя, Егорушка! Сожгли ведь воронье гнездо!

— А то как же!

Кривой и Пасынков с Кострыгой въехали следом за Василием.

Огромная усадьба Лукоперовых представляла груду наваленных обуглившихся бревен. Все, даже высокий тын, сгорел, и только трубы да печи белели среди угольев страшными белыми остовами, словно призраки.

— Эх! — сказал Кострыга. — Нашего бы боярина так спалить!

— Ништо! И ему так будет! — утешил его Пасынков.

Василий грустно стоял перед пепелищем. Что же месть? Где его Наташа?

"У воеводы дознаюсь!" — мелькнуло у него в голове, и он, повернув коня, вернулся к отряду.

Всю ночь он не мог сомкнуть глаз, седьмую ночь уже с того времени, как оставил Астрахань, и думал о Наташе. "Не может быть, чтоб она сгинула, — решил он. — Еремейка за нее вступится и обережет. Он и про любовь мою знает, и про то, что я с Разиным".

— На коней, на коней! — чуть наступило утро, скомандовал Василий, а за ним Гришка, и они поехали к Саратову.

— Поднесу я гостинчика воеводе, — говорил Гришка весело, — люблю воевод топить!

— Стой! — перебил его Василий. — Воевода мой. Ради него и в Саратов иду!

— А что?

— Так! Есть у меня с ним свой счет. А его уж не тронь и своим казакам закажи, чтобы они мне его живого оставили!

— Ну, добре, добре! Коли он сам не напорется!

— Тогда его счастье...

Поздно вечером они подошли к Саратову и остановились в полверсте за рощею. По обычаю, они, сидя на конях, составили круг. Гришка и Василий въехали в середину.

— Вот, братцы, — сказал Василий, — мы и у Саратова. Что нам делать?

— А подойти к надолбам и зажечь, — сказал Кривой, — которые там нам привержены, поймут и тоже подожгут, а мы и ворвемся.

— А коли там сила? — сказал Василий. — Узнать надо.

— Верно! — заговорил Гришка. — Прежде надо оттуда кого дождаться. Наши нищенки уже там два дня сидят. Пождем, они выйдут, а пока что — выехать двум да вокруг города пошукать!

— Что верно, то верно! — согласился Василий. — Кто пойдет?

— Да от меня казаки! Эй, Грицько, Осип! Пошукайте округ города! — сказал Гришка.

Те выехали из круга и быстро скрылись в темноте за рощею. Василий и Гришка сошли с коней и сели на землю. Прошел томительный час. Вдруг послышалось фырканье лошадей и в темноте выдвинулись казаки.

— Одного достали, — сказал казак, — говорит, к нам бежал.

— А откуда знал он, что мы тут? — спросил Гришка.

— Были нищие у нас, так говорили, ну, я и пошел. Встречу, думаю! — ответил в темноте голос.

Василий прислушался к нему и узнал.

— Аким, ты это? — окликнул он.

— Я! А ты неужто государь мой Василий Павлович? — воскликнул радостно Аким.

— Кто это? — спросил Гришка.

— А был мой служилый! Теперь я, брат Аким, — сказал он, — уже не Василий Павлович, а простой казак Степана Тимофеевича!

— Да неужто! Вот радость-то, государь мой! Возьми меня в службу!

— Пожди, пожди! Сперва сослужить нужно. Вот мы пришли Саратов взять. Велика оборона?

— И что, милостивцы, обороны-то, может, тысячи две стрельцов, да што в них. И они, и посадские только и ждут вас! Ей-ей!

— Вот-то ладна штука! — одобрил Гришка.

— Теперь, ежели хотите, я вернуся и сейчас к надолбам людей пошлю. Они вам отворят. Я тем временем пожар зажгу! Они бросятся тушить, а вы и тут!

— Ладно, братику, добрый казак будешь, — одобрил его Гришка, — а ты не врешь?

— Я? — обиделся Аким. — Да я бы один воеводу убил. Чтоб ему пусто было! Как ты убег, Василий Павлович, он на меня. Двор разорил, коня отнял, меня батогами прибил. А я что? Я и не знал!

— А кто над стрельцами?

— Он да Лукоперов молодой!

— Сергей? Он там! — радостно вскрикнул Василий. — А старик с Наташей?

— Все там! Насилу убегли. Усадьбу-то их выжгли. Они побоялись и в осадный двор стать. У воеводы живут!

— Вот! — глаза Василия сверкнули даже в темноте. — Слушай, Аким; найди ты там людей, посадских, што ли! Чтобы они берегли воеводу и Лукоперовых. Я их живыми взять хочу!

— Можно, государь!

— Атаманом зови!

— Да бросьте вы это! — перебил их Гришка. — Как же ты, бисов сынку, нам сделаешь?

— А так, — ответил Аким, — как вторые петухи пропоют, идите к надолбам. Там вас ждать будут. А под утро я красного петуха пущу. Тогда и валите в город!

— С Богом! — сказал Гришка. Аким исчез.

Наступило томительное ожидание. Нельзя было ни громко говорить, ни люльки казаку раскурить, не то что огонь зажечь. Гришка, умевший узнавать время по звездам, обещался сказать, когда пора.

— Мы все поначалу на конях выедем, — сказал он, — а там пусть пешие бегут. Им ворота откроем!

— Ладно! — согласился Василий, весь дрожа от нетерпения.

Часы остались до мщения и радостного свидания.

Гришка подал знак. Казаки и Василий со своим отрядом двинулись к надолбам, Пасынков повел голытьбу в обход, к воротам. Кругом царило мертвенное молчание. Веяло утреннею прохладою. Василий подъехал к калитке, опущенной и задвинутой болтом.

Вдруг с верху стены раздался голос:

— Казаки?

— Мы, мы, братику! — отозвался Гришка

За калиткой зашевелились, потом она, тихо скрипя, поднялась кверху. Два человека вышли из-под нее.

— Аким говорил зарева пождать! — сказали они.

— Тсс! — остановил их Василий.

Казаки массою надвинулись на них. Гришка обернулся и замахал плетью.

Прошло с полчаса. Восток стал бледнеть. Где-то запел петух... заблеяла овца... замычал бык...

— Воеводе и не в ум! — сказали посадские.

— Тсс!..

Городские стены стали обрисовываться, и вдруг на одной башне показалось пламя.

Казаки вздрогнули.

— Тихо! — сказал Гришка.

Пламя росло... Ударил набат... пронесся шум, топот... Загудели набатные колокола. В это время с другой стороны показалось пламя.

— Едем, братцы! — радостно приказал Василий, и казаки один за другим стали въезжать через надолбы в городской посад...

ЧАСТЬ ЧЕТВЕРТАЯ

I

Когда Иван Лукоперов замкнул дверь в светелку дочери, Наташа поднялась с полу, шатаясь, добрела до кровати и, упавши в нее ничком, залилась горькими слезами.

Закатились ее красные зореньки! Наступила тьма, тьма непроглядная!

Ничего она не понимала, ничего она не знала, но ясно было, что отец прознал про ее тайную любовь и теперь еще грозит беда неминучая и ее Васе. Так бы и побежала она до него, так бы и рассказала про все, что сделалось, а и того нельзя. Заперли ее, словно птицу в клетке, и нет ей свободы, нет ей выходу!

Лучше было бы, коли она давно, давно убежала бы с Васей. Жили бы они в тихом хуторке, в вишневом садочке. Никто бы не тревожил их, никакой князь на нее бы не зарился.

И, раздумывая думы свои, она плакала еще сильнее, еще горше, пока сон не смежил ее веки.

Было темно уже, когда она проснулась. Подле нее стояла Паша, зажигая светец, и таинственным шепотом говорила:

— Боярышня ты моя родная, скушай чего капелечку. Принесла я тебе поснедать и медку попить. Эх, сиротиночка ты моя горькая! Нет у тебя ни матушки, ни мамки, ни старой няньки!

— Паша, — сказала Наташа, садясь на постели, — скажи, что случилось?

Паша быстро юркнула к двери, посмотрела за нее, затворила, вернулась к Наташе и, сев на полу, зашептала:

— А случилась беда, боярышня! Беда горькая! Вчерась Сергей Иванович гостя свово проводил да назад, а тут наш-то сокол, Василий Павлович свет, через тын. Сергей Иванович на него, а он на него! И пошло у них! Только наш-то сокол Сергея Ивановича так отвозил, что тот еле домой дополз. Батюшке-то и рассказал. Батюшка-то твой и меня драть велел, да спасибо молодцам! Кричи, говорят. Я кричала, а они по полу били. Гневлив, беда!..

— Что же будет теперь, Паша?

— А того не знаю. Надо думать, Сергей-то Иванович так не

оставит, без отместки. Больно осерчал уж он. Зверем рычит. Тамотко лежит, в повалуше! Скушай, милая!

— Нет, Паша, не хочется. Не уходи от меня!

— Не смею, голубушка; не смею, родная; строго заказал: ты, гыт, дашь поесть и назад. Беда, коли увидит!

Наташа снова осталась одна. Черные думы охватили ее. Думала опять она о своей разрушенной любви, думала о страшной ссоре, жалела, что не бежала с Васильем, вспоминала проведенные с ним часы, а потом с ужасом думала о том, как отомстит за себя Сергей, и ни разу не раскаялась она в тайной любви своей.

Время шло. Светец догорел, зашипел и погас. Темнота ночи наполнила светелку, потом луна заглянула в оконце и палевым лучом пронизала темноту ночи.

Наташа смотрела на луну и думала: "Может, Вася смотрит на нее тоже и их взгляды теперь встречаются!"

Она не замечала, как идет время. Луна, светившая ей слева, долго освещала ее лицо, заливая уже все оконце светом, потом зашла с правой стороны, а Наташа все сидела под окном и думала думы. Это были уже не думы. Что-то серое, тяжелое расплывалось по ее душе, и щемило ее сердце, и давило ее тоскою, и не давало вздохнуть.

Вдруг она вся вздрогнула и вскочила.

Со двора раздались крики, голоса; послышалось словно бряцание оружия, замелькали огни фонарей. Потом снова все стихло.

Наташа бросилась на постель, зарылась головою в подушки и дрожала от какого-то непонятного ей страха...

Загорелось, засветилось яркое солнце. Дверь в Наташину светелку тихо скрипнула, и в нее скользнула Паша с ломтем ситного, намазанного медом, и с кружкою сбитня.

— Паша, что ночью было у нас? — тревожно спросила Наташа.

Девушка закачала головою и приблизилась к самому Наташиному уху.

— Беды, беды! — зашептала она. — Сергей-то Иванович в ночь поднялся, да людей собрал, да с ними на Васильеву усадьбу пошел...

Наташа задрожала и зажмурилась.

— ...Усадьбу-то всю сожгли, а его, сокола-то нашего, вытащили да бить начали. Розгами! Били, били, а он и дух вон. Его и бросили! Мне Первунок говорил. А его холопьев к нам привели!.. Боярышня, родная, очнись! Что с тобою? — в ужасе зашептала Паша. — Ах ты, напасть какая! Что я сделала!

112

Она стала трясти руки Наташи. Та очнулась и вдруг выпрямилась. Бледное лицо ее казалось лицом мертвеца, глаза же горели ярким пламенем.

— Ну! — горячо молвила она. — Если Васю он забил, он не брат мне больше, а ворог! Ворог! Ворог! — и, всплеснув руками, она упала в постель и залилась слезами. Паша вилась над нею, как голубь над голубкой, и под конец заревела сама, обняв свою болрышню.

Кроме слез, ничего у них на защиту не было.

Днем вошел к своей дочери хмурый, мрачный Лукоперов. Он сел на скамейку, гладя рукой свою длинную бороду, потер переносицу, провел рукою по лысой голове, наконец заговорил:

— Вот что, доченька, ты этого Ваську-разбойника из головы выбрось! Теперя к тому ж он и помер, так о нем и речей быть не должно. А к тебе вскорости князь Прилуков свататься будет, так о нем думай! Поняла?

— Поняла, батюшка! А с чего Василий помер?

— С чего? — старик совсем растерялся. — С чего? — повторил он. — А со смерти, доченька! — вдруг ответил он резко и встал. — Так помни! — прибавил он. — А пока што я тебя еще подержу на запоре, как ослушницу!

Он кивнул головою и вышел.

— Скрывают! — промолвила вполголоса Наташа — Самим зазорно! Ох, братец, братец, кровушка моя!

Слезы опять выступили на ее глазах, но она поспешно отерла их и села к пяльцам, но игла падала из ее руки, шелк путался и узор мелькал в глазах и двоился...

Скучные, тяжкие, монотонные дни, один как другой, потянулись для Наташи. Суровый отец не пускал ее из светелки, и она даже с девушками не видалась, кроме Паши.

И вдруг однажды Паша сказала ей:

— Скажись хворою. Проси Еремейку! Он видеть тебя хочет, а для чего — не сказывает.

Дрогнуло сердце у Наташи. В тот вечер Паша сказала старику отцу:

— Боярышня занедужила. Головку не подымает. Дозволь Еремейку привесть!

— Пожди, сам загляну!

Старик заглянул в светелку: лежит его Наташа, стонет, головы не подымает. Он постоял над нею, потряс бородою и вышел вон.

— Покличь завтра утречком, ежели не полегчает, — сказал он Пашке.

На другое утро Еремейка вошел к Наташе.

Он угрюмо из-под нависших бровей сказал Пашке:

— Оставь-ка нас, девица, вдвоем!

Пашка нехотя оставила светелку.

Наташа сразу оправилась и, поднявшись, спросила:

— Зачем ты видеть меня хотел?

Старик оглянулся и тихо заговорил:

— Я Василья твово к себе уволок и вылечил. Он теперя в город уехал воеводе жалобиться. Он думает, толк будет! — усмехнулся он. — А тебе передать наказывал, что люба ты ему больше жизни. А ты его любишь ли, спросить велел.

— Жив, жив! — радостно воскликнула Наташа. — Да скажи ему, Еремейка, что люблю я его, что крикни он, и, как птаха, полечу за ним, хоть туда, где небо с землей сходится!

Еремейка тихо, ласково улыбнулся.

— Ладно, девушка! — сказал он. — Теперь не кручинься. Коли будет тебе беда какая, покличь меня, старого.

Он ушел. Паша вошла в светелку и руками всплеснула:

— Боярышня, голубушка, что сказал Еремейка тебе, что сразу повеселела так?

— Паша, он жив! Жив мой Вася!

— Ну? Вот слава Те Господи! — искренно обрадовалась Паша. — Теперь ты хоть покушай, голубушка!

— Ждать его буду, Паша! Прилетит он, мой сокол, и меня унесет с собою на вольную волюшку!

Наташа словно расцвела от радостной вести. Из ее светлицы вдруг раздалась песня, но скоро она снова оборвалась, и потянулись мучительные дни.

Снова пришел в ее светлицу отец и уже без предисловий сурово заговорил:

— Слышь, ты весела что-то стала? Так помни, дочка, чтобы о Ваське и мыслей твоих не было! Жив он, сучий сын, оказался. Не забили его мои холопы. Окаянный, теперь совсем убежал! Так у меня смотри! Руками своими задушу тебя лучше, а Ваське не видать тебя! Помни!

И спустя немного вошла Паша и зашептала ей:

— Слышь, боярышня! От воеводы посланец прискакал. Наш-то свет Василий на государей наших жалобицу подал. Иван-то Федорович нонче в ночь в Саратов едет. Добро на поклон воеводе целу телегу везут! Быть теперь худу Василию!

— Как же худу, если его обидели?

Паша покачала головою:

— Эх, боярышня, у воевод кто богаче, тот и прав!

Защемило сердце у Наташи снова. Каждый день она

пытала Пашу, не знает ли та чего, но Паша ничего не знала, и потом дня через три снова привела к ней Еремейку.

— Что, дедушка? — спросила его торопливо Наташа.

— Пригнал гонца спросить тебя: любишь ли?

— Люблю, дедушка!

— Будешь ли его дожидать?

— До смерти, дедушка! Скажи, что с ним?

— А не знаю, милая ты моя.

И снова потянулось для Наташи томительное время. Потом снова пришел к ней отец и сказал, усмехаясь:

— Ну, доченька, с весточкой я к тебе!

Наташа побледнела от тяжкого предчувствия.

— Василий-то стрельца убил и из Саратова убег. Прямо к разбойникам побежал, к Разину. Теперь его сымают и беспременно на кол усадят. Вот и твой женишок-разбойничек...

II

Когда Сергей вернулся после своего разбойнического подвига в силу мести — что, впрочем, в те поры считалось обычным делом, — старый Иван Федорович набожно перекрестился.

— Слава Создателю,— сказал он,— а то я уж больно за тебя опасался! А самого-то забил?

— Насмерть! — ответил Сергей. — Как уходили, он ровно колода лежал.

— Всякому по делам его! — вздохнув, произнес отец. — А холопов много привел?

— Да людишек тридцать! Двоих убили, а человек пять в лес ушли!

— Ну, ну! И пусть их побегают, а этих у себя оставим. Все холопы! Поеду в город, надо будет в писцовые книги вписать!

— Это там уж как знаешь!

Сергей прошел к себе в повалушу и вытянулся на лавке с чувством облегчения.

Тем временем Первунок разместил по избам забранных холопов, а двух баб сдал ключнице.

На другой день старик Лукоперов сказал Первунку:

— Возьми двух молодцов, Митька, да сходи на вчерашнее место. Все же Ваську-то схоронить надобно!

Первунок ушел и через полтора часа вернулся смущенный.

— Нету его! — сказал он. Старик всполошился:

— Как нету? Волки растащили?

Первунок покачал головою.

— Сдается, ровно бы уволок кто либо сам ушел. Только не мог сам, — прибавил он от себя, — больно люто били! Не иначе как убрали.

— Кто?

Старик совсем растерялся и пошел к сыну с этой вестью. Сын презрительно махнул рукою:

— Ежели и уволокли его, так помрет. От такого боя не проживет долго.

— А ежели нет? Судиться станет...

— Воевода на нашей стороне.

— А на Москву дойдет?

— Эх, батюшка: говоришь ровно малый ребенок, право! Здесь один воевода, а там их, может, десять! Пусть его сунется с голыми руками.

Старик ушел от сына, но тревога закралась в его душу.

"Разбойник Васька этот! И усадьбу спалить может, и убивство учинить, поопасаться надоть!"

Он везде расставил сторожей и увеличил число собак, которых спускали на ночь. Каждый шорох будил его ночью и заставлял испуганно вскакивать, всякая мелочь наводила его на тревожные мысли.

— Ты смотри за его холопами! — наставлял он Ермилу, своего дворецкого. — Того гляди, они с ним стакнутся. Слышь, любили они его.

— И сейчас вздыхают, его поминаючи!

— Ну вот! А ты их за эти вздохи-то дери, да крепче!

— Я и то!..

И Ермил старался. У лукоперовской челяди, которая толкалась на дворе, человек двести, этот Ермил считался палачом. Ни к кому он не знал пощады, за малую повинность драл нещадно, и не было человека, который бы любил этого рослого, рыжего мужика, со злым, разбойничьим лицом.

Лют был с холопами Иван Федорович, лютее его был сын, Сергей, который, вспылив, ударом кулака валил холопов на землю, но Ермил был всех лютее. Опасался теперь и он холопов Чуксанова!

Один Сергей оставался беспечным. Каждый день ездил он на полевание то с борзыми, то с соколом, бражничал с соседями и у них похвалялся:

— Не бойся! Васька Чуксанов меня век поминать будет теперь. Приласкал я его, ах как!

116

И соседи одобряли Сергея.

— Первый разбойник был. Мою собаку ни за что убил. Вишь, будто она курей у него подушила. Так ведь то и собака! — говорил один.

— Весь в отца, — подхватывал другой, — тот тоже ни к себе соседа, ни сам к ним. Что волк. И этот тоже.

— Всем, можно сказать, что чирей был! — заключил Паук и прибавил: — Поделить бы его земельку-то!..

Так прошла добрая неделя, когда вдруг на двор Лукоперовых приехал от саратовского воеводы боярский сын Калачев.

Лукоперов даже руками развел, а Калачев говорил ему:

— Боярин-то по дружеству к тебе упредить прислал. Пусть, мол, приедет; поговорим, а там, говорит, видно будет, зачинать сыск делать али нет. Может, облыжно все.

— Облыжно и есть, — торопливо заговорил Лукоперов, — ты всех опроси: первейший разбойник этот Васька. Сам всех забижал. Помилуй, кто его тронет.

— Ну, вот и скажи воеводе так-то. А мне прости, Иван Федорович, и назад надо не мешкотно.

— Что так? Ты бы заночевал, милостивец!

— Не можно, государь! Там у меня дело есть!

Калачев собрался. Лукоперов, зная обычай, щедро одарил его сукном, холстом, дал денег три рубля и сказал:

— Еще с собою привезу. Только ты, милостивец, замолви слово у воеводы.

— Да мы что! Мы тебя всегда за свово благодетеля почитаем. Спокоен будь, на то к тебе и приехал.

— Вот и дождались от него, окаянного! — сказал отец сыну, когда тот вернулся с охоты.

— А что?

— Да, слышь, челобитную подал на тебя. Воевода засыл сделал. Теперь вези ему!..

— Я не поеду, батюшка. Я горяч. Могу убить Ваську этого.

— Эх, эх! Теперь уж что, тогда надо было!.. Поеду, вестимо, я. Скорей столкуюсь...

И Лукоперов начал собираться в дорогу. Сборы его были бы не велики, если бы не дума, как воеводу ублажить. Ради такого дела он снарядил ему целую подводу. Навалил на нее рыбы соленой и вяленой, птицы битой, меду кадушку сотового, да с десяток сулей со всякими наливками, да холста, да сукна, да камки — всего понемногу из своего помещичьего обихода, да взял еще ко всему с собою денег двадцать рублей воеводу порадовать.

Воевода встретил его как лучшего друга.

— Садись, садись, Иван Федорович, в красный угол, гость дорогой; устал, чай, с дороги-то? Ну, ну, отдохнешь у меня. Я тебя домой-то не пущу. Мой гость. Ей! Осип, Петра!

Он выставил всякого пития и закусок и говорил не умолкая.

— Времечко теперь, не приведи Бог, тревожное. Слышь, все Стеньки Разина опасаются, антихриста. Так я до тяжб неохоч ныне-то. Пришел Васька Чуксанов, ну, я и за тобой. Кушай, кушай! Знаю я, что он разбойник. Справимся с ним, не бойся! Нате!.. Чтобы я ему свово благодетеля головой выдал? Ах он, рачий сын! Ха, ха, ха! А уж усладил ты меня ноне, Иван Федорович. Что за мед! Господи Боже мой! Дух с его, дух!.. Прошлого года?.. Да! — перевел он дыханье. — Беды теперь, беды!.. Знаменья в небе всякие: сходятся, слышь, столпы огненные, ровно два полчища, и бьются в небесах. Комета с хвостом, трус по земле. Царь пишет, держи себя с бережением. И на все один!..

Долго еще, как два близких друга, беседовали воевода с Лукоперовым, а наутро позвали на суд Василия Чуксанова.

Известно, что это был за суд и чем он кончился.

После него пошли они обедать и весело смеялись, как они проучили ябедника.

— Хи-хи-хи! — заливался воевода. — Попомнит он кузькину мать. Я его еще закажу в строгостях держать. Ништо, что дворянский сын. Ишь, я, говорит, до царя!

— Хе-хе-хе, — подхватывал его смех Лукоперов, — со мною тягаться задумал; Щенок! Рыло посконное!

— Мало ты засыпал ему!

— А ты через недельку ему еще! Я тебе, Кузьма Степанович, добра не пожалею.

— Да знаю, знаю, милостивец!

Три дня не отпускал от себя воевода тороватого на подарки гостя, и что ни день пили они с ним и за обедом, и в повечер, и в ужин, и только на четвертый собрался Лукоперов домой.

— Господь с тобой, друже! Что же! Держать не буду боле, только ты ввечеру. По прохладе. А пока выпьем на дороженьку, чтобы кони не захромали.

Воевода с Лукоперовым чокнулись и уже поднесли чары к устам, когда Осип вошел в горницу и сказал:

— Стрелец Антошка до тебя просится. Говорит, дело.

— Дело! — недовольно передразнил воевода. — На то у меня приказ есть, пусть бы туда и шел. Ну, да зови его! — и пока Осип ходил за стрельцом, он не преминул попечаловаться: —

Так-то, Иван Федорович! Видишь сам, чарки испить не дадут. Все ко мне да ко мне, за всякой милостью. Что тебе? — спросил он вошедшего стрельца.

— Смилуйся, — завопил стрелец, падая на колени, — поруха вышла!

— Кака така поруха? В чем?

— А вчерашнего молодца выпустили! Убег!

Лукоперов уронил даже чару:

— Как? Куда?

— Как было? — заревел воевода, вскакивая.

— В утро, боярин, в утро! Ранним-рано. Проснулись мы это с Митькою, а его и нету! Мы, твой наказ помня, на коней сели да из города. Выехали это за надолбы, а он и тут! Митька-то к нему: вернись, гыт, молодец; а ен его саблей по уху да толк с седла. Митька на землю, а он на конь да и ну! Я за им — куда! И убег, а Митьку насмерть засек!..

— Так ему, собаке, и надо! А тебя, песий сын, повесить прикажу! Так ты воеводе прямишь? Вору потатчик? Так государеву службу несешь?

— Смилуйся, воевода, непричастен!— снова завыл стрелец.

— Осип! — закричал воевода. — Сведи его к голове. Скажи, воевода велел двадцать батогов ему в спину. Я вас, воров! — погрозил он.

Лукоперов сидел, словно ошеломленный. Все душевное довольство трех дней исчезло сразу.

— Куда убег? — сказал он растерянно.

— Куда? — сердито повторил воевода. — Известно, к разбойникам. У них, у воров, один Стенька Разин теперь в голове.

Но волнения утра не окончились на этом. Воевода сходил по делу в приказ и вернулся оттуда бледнее холста.

— Уф! — воскликнул он, хлопаясь на лавку. — Дождались! Оська, меду!

— Чего? — испуганно спросил Лукоперов.

— Вора, милостивец! Вора окаянного, Стеньку Разина, Иван Федорович свет!

— Али близко?

— Суди сам, государь, — жадно выпивая стопу меду, ответил воевода. — Царицын взяли, Камышин взяли, на Астрахань пошли! А народ, слышь, холопы везде шумят. Чаво! — махнул он рукою. — Слышь, стрельцов на Волге разбили, что намеднясь мимо нас из Москвы в Астрахань плыли! Ох, горе мое! — и он схватился за голову.

Лукоперов поспешно встал.

119

— Ну, прости, Кузьма Степанович! Теперь и не держи меня. Я домой!

— С Богом! — ответил воевода и встал. — Да что домой! Ты домой-то домой, а там соберика-ка все животы да к нам. Смотри, скоро сюда будут воры-то! Я пошлю с оповесткою везде окрест. Пусть народ скликают. Придешь ты с холопами, другие — ан и оборониться можем! А то вы там вразброд. Всех перебьют! Ну, помоги тебе Бог, а мне теперя хлопот да хлопот!

Лукоперов крепко поцеловался с воеводою и вихрем помчался домой. Слуги едва поспевали за ним и дивились его прыти.

Он приехал домой и сейчас позвал к себе в горницу сына.

— Управился, батюшка, с Ваською?

Лукоперов махнул рукою:

— Воевода ему еще сто отсыпал да в стрельцы записал...

— Вот так важно! — засмеялся Сергей.

— Да ты слушай! А он, песий сын, убег, одного стрельца саблей зарубил, на коня вскочил да и сгинул!

— Куда?

— А куда? Теперь думает воевода, что к разбойникам, к самому Стеньке Разину, и тот Стенька Разин...

— Знаю, Прилуков сказывал.

— Ничего не знаешь! Тот Стенька Разин на Волгу-то вернулся, Царицын да Камышин взял, царское войско разбил, теперь на Астрахань идут, а кругом смута.

— Да ну?

— Вот тебе и ну! Надо умом раскинуть! — Лукоперов взмахнул руками и тревожно забегал по горнице.

Сергей молча следил за отцом, не понимая, чего тот волнуется. Разбойники! Мало ли их! Чего им-то за дело?

Лукоперов остановился против сына.

— Воевода говорит, в город переезжать. В осадный дом! Неравно, говорит, что будет. Здесь мы вразброд, а там все вместях будем. Защитимся со своими холопишками!

Сергей потряс головою.

— Пустое! — ответил он. — Это воевода со страху, чтобы спать спокойнее. Виданное ли дело, чтобы разбойники нашу усадьбу разбили? Двести холопов во дворе да псы!..

— Дурень! Сказывал тебе, что Царицын взяли, Камышин, государевых стрельцов побили!

— Ну и пусть! А нам животы не след бросать! — твердо решил Сергей и прибавил: — Пождем. Там видно будет!

— Напужал меня воевода очень. Трясусь весь!

— То-то и есть! А что Васька сбежал, опять — нам что! Поймают, на кол посадят! Ты ей-то скажи!

— Кому? — не понял отец.

— Да Наталье-то! Услышит, одумается...

— И то, и то! — согласился отец. — Ишь ведь, чертов сын, совсем сбил голубку нашу!

—- Пожди! Выйдет за князя, вся дурь вон уйдет. А уж и полюбил он ее!

Лицо старика озарилось улыбкою:

— Что говорить: царю впору, не токмо князю, краля!

На другой день рано утром он позвал Ермила.

— Слушай, ты! — сказал он ему. — Теперь, друже, держись! Слышь, вор объявился, за холопов, слышь, заступник. Всех противу дворян да бояр мутит. Так ты следи! Коли кто поведет супротивные речи, сейчас до меня доводи. Да еще воевода сказывал, нищие, калики перехожие, бродят да прелестные речи говорят. Так ежели соследишь таких, сейчас вяжи и опять до меня доводи! Тебя-то холопы не жалуют, — прибавил он, — так, гляди, первого убьют! За свою шкуру оберегайся!..

Ермил поклонился:

— Дослежу, государь!

— То-то! И бабы коли ежели язык распустят, повадки не давай.

— Не сумлевайся! — ответил Ермил, и по его осанке было видно, что от него холопы повадки не увидят.

III

Несомненно, что-то произошло. Зараза незримо носилась в воздухе и мутила холопские умы. Не было ничего осязательного, ясного, что можно было бы услышать или увидеть, но тем не менее всеми чувствовалось на дворе Лукоперова, да и на дворах прочих помещиков, что наступает канун чего-то. Чувствовалось это не только Ермилом, который всегда находился среди холопов, но и стариком Лукоперовым, и даже всегда беспечным Сергеем.

— Ох, и идет беда какая-то! — вздыхал старик. — Говорю тебе, Сережа, уйдем в Саратов!

— Это воевода наговорил тебе, тебе и чудится! — успокаивал его Сергей, а сам смутно чувствовал тревожное беспокойство.

Говорит он с Первунком или Мухой, стоят они перед ним без шлыков, отвечают: "Слушаю, государь", а Сергей видит в то же время на лицах их что-то едва уловимое, какие-то тени, какие-то быстрые, как молния, взгляды, которое заставляют его вспыхивать, как зарницу, и кричать на своих прежних любимцев:

— Смотри ты, волчья сыть, на уме про себя что-то держишь! Так я дурь твою батогом выбью...

— А што, Ермил, ничего такого нету? — тревожно спрашивал старик Лукоперов своего верного слугу. Тот угрюмо хмурился:

— Да пока ничего, милостивец, а токи...

— Что? Говори!

— Так, — замялся Ермил, — будто и неладно. Есть у них на уме что-то, есть!

— Да ты примечал что-либо? — допытывался Лукоперов.

— Примечать будто и не примечал, а так!.. Кучками это сойдутся и шу-шу-шу. Я к ним, а они и врозь! Вчерась это Петруньку батогом ударил, а ен: ты, гыт, не очень! Я его еще...

Лукоперов крутил головою.

— Нечего Сергея Ивановича слухать, беспременно надо в Саратов ехать! — решил он, а потом, успокоенный Сергеем, снова откладывал свой отъезд.

А тревога все росла. Невидимо и неведомо она перенеслась и в терем Натальи, все еще сидевшей взаперти. С каким-то странным, испуганно-таинственным лицом стала появляться в ее светелке Паша и молчаливо вздыхала так усердно, словно банный котел.

— Паша, что приключилось? — спрашивала тревожно Наташа, каждую минуту ожидая страшных вестей о Василье.

Паша только крутила головою и однажды наконец проговорилась;

— Слышь, боярышня, наши холопы что поговаривают...

— Что?

— Быдто идет сюда страшный атаман Степан Тимофеевич и всем нам, людникам, будет волю давать, а господ, бояр да воевод вешать!

— Что ты? — воскликнула Наташа. — Да виданное ли это дело! Пугаешь, Паша.

— Вот те крест! — перекрестилась Паша. — Бают, он уж по всей Волге так сделал, теперь к нам идет.

Наташа поняла только, что приближается что-то страшное:

— К нам придет, что же будет?

122

— А уж не знаю, боярышня! Слышь, батюшка твой хочет на Саратов ехать, а Еремейка говорит: пущай!

— Еремейка? Дедушка?

Паша кивнула:

— Ен и про Степана Тимофеевича говорил. Всему голова!

Наташа усмехнулась и успокоилась:

— Коли дедушка тамо, так и бояться, Паша, нечего. Он как Божий человек. От него худа не будет!

— Да нешто я за себя! — воскликнула Паша и сразу примолкла.

Среди челяди Лукоперовых происходило брожение. Занесли к ней вести о Стеньке Разине нищие, калики перехожие, которые зашли на двор Лукоперова во время его отлучки в Саратов. Эти нищие рассказывали, что взяты Царицын и Камышин, что воеводы перебиты, а бывшие холопы да кабальные все вольными казаками стали и господское добро промеж себя поделили.

Жадно слушали их холопы, и глаза их разгорались, а нищие говорили:

— Это наш батюшка Степан Тимофеевич свет, и всем от него радость великая. Раскрываются тюрьмы, и колодники свет Божий видят, с правежа люди отдыхают, распрямляется спина холопская, поднимается голытьба. Всем роздых. Горе тем, кто нас, бедных, забижал! Не жалеет их наш батюшка. Всем честь одна — виселица высокая да кол осиновый!

— А когда к нам придет?

— А чего ждать вам? Бросьте дворы да идите к нему в Камышин, к батюшке! Он всех обласкает!

И в ту же ночь они скрылись. И вдруг появился Еремейка и стал душою челяди.

— Верно это все они говорили, — сказал он, сверкая из-под нависших бровей впалыми глазами, — пришел для бояр час расплаты за все худо, что вам делали. Идет избавитель ваш, Степан Тимофеевич! Только вы, други, пождите еще малость. Не время теперь! Бояре сами потише станут до поры, а тут он подойдет. Скоро! А ежели вы сейчас что, так у воеводы в Саратове стрельцы есть. Не мало их на ваши головы!

— Ты скажи нам, дедушка!

— Ну, ну! Сам поведу вас к батюшке. Долго ждал я времени своего, а вот и пришло! Холопское царство будет. Конец боярам!

— А мы их... того! — выразительно сказал Муха, любимый стремянный Сергея.

— Нет, сынок, этого нельзя! — качая головою, сказал Еремейка. — Они оба Василья Чуксанова. У него с ними счеты.

— Так! Так! — подхватили закабаленные холопы. — Он им за свое должен!

— Ну вот! Вы их и оставьте ему на долю!

— А Ермилку?

— Ермилку? Ну, того можно!

И не проходило дня, чтобы Еремейка не говорил с холопами. Чуть вечер, пробирались два, три человека в старую баню и слушали Еремейку и видали у него дивные вещи.

— Смотрите, друга, это я для вас заготовил! — он ввел их в заднюю камору, где отлеживался после нападения Сергея Чуксанов, и показывал им мечи, копья, кинжалы.

— Откуда это у тебя, дедушка? — с изумлением спрашивали холопы, а тот только ухмылялся:

— Люди добрые принесли. Страннички прохожие!

Нетерпение охватывало холопов. Радость свободы, жажда мести распаляли их воображение, но они сдерживались по совету Еремейки, и с той, и с другой стороны не произносилось еще страшного имени Стеньки Разина.

Ермил ходил теперь между холопов со своим батогом в руке мрачнее тучи.

— Знаю, что у вас, чертей, на уме! — говорил он иногда в виде угрозы. — Как бы усадьбу спалить да на сторону! Так допрежь того я вас насмерть забью. У меня приказ такой есть.

— Ты за Васькиными-то холопами следи, — говорил ему Лукоперов, — они, сучьи дети, чай, дознались, что он к вору ушел.

— Не бойся, милостивец! У меня всякий холоп во где!— и Ермил сжимал свою могучую пятерню в кулак.

Однажды Сергей с любимыми своими стремянными выехал на охоту. Они переехали разоренную усадьбу Чуксанова и в его леску затравили зайца.

Сергей слез с коня отдохнуть. Кругом было тихо, мирно. Наступившая осень позолотила деревья, свежий, бодрящий воздух уже пах холодною зимою, синее небо уже не палило зноем, и во всей природе чувствовалась неясная грусть.

Сергей задумался. Ему было скучно. Если бы не теперешнее напряженное время, бросил бы он усадьбу и поехал бы в Казань, где снова забражничал бы с приятелями, пошел бы гулять в посад, а там на лето вернулся бы с князем Прилуковым, и сыграли бы свадьбу. "И ей-то, Наташе, тоска какая? — подумал он, и ему стало жалко сестры своей. — Надо будет у батюшки за нее попросить!"

Потом подумал он о наступившем времени, и ему стало почему-то жутко. Что холоп? Холоп — пес, а когда раз бросилась на него песья стая, он едва ускакал на коне! А тут этот Разин. Еще князь Прилуков приезжал, каких страстей наговаривал, а тут и он сам!..

В это время он оглянулся и вдруг встал на ноги, насторожился и стал внимательно смотреть перед собою. Саженях в ста от него в просеке стояли с лошадьми в поводу Первунок, Муха и с ними какие-то нищие. Они горячо разговаривали друг с другом, потом один нищий снял шапку, вытащил оттуда бумагу и дал Мухе. Муха сунул ее за пазуху.

— Гей вы! Коня! — закричал Сергей.

Нищие вдруг юркнули в кусты. Первунок с Мухою что-то крикнули им вслед, и тихо, не спеша, Первунок сел на коня и повел Сергеева в поводу.

Сергей сам пошел к нему навстречу.

— Чего медлишь, коли я зову?— крикнул он.— Плети хочешь? Что за люди были?

— Какие? — спросил Первунок.

— Что с вами говорили?

— Это-то? Нищие! Дорогу спрашивали.

— Куда?

— А на Камышин! — с едва заметной усмешкой ответил Первунок. Кровь ударила в голову Сергея. Он вдруг обернулся к Мухе:

— Что за бумагу они тебе дали? Кажи!

Муха сделал глупое лицо:

— Бумагу? А на что мне бумага? Нешто я грамоте знаю?

— Попритчилось тебе, государь! — сказал Первунок.

— Домой! — Сергей погнал коня. Первунок и Муха поскакали за ним следом. Он слышал, как они обменялись словами, и еще сильнее взволновался. — Я им покажу! — цедил он сквозь сжатые зубы.

Они въехали во двор.

— Ермил! — закричал Сергей, сходя с коня.

— Здесь, государь!

— Зови Сову, Охочего да еще пять холопов! Живо! А вы стойте! — сказал он своим стремянным.

Те переглянулись и остановились у своих коней. Пришли холопы.

— Взять их! — сказал Сергей, указывая на стремянных.— Да ошарьте везде! Бумага при них быть должна!

Ермил встряхнул головою и бросился на Первунка. Холопы бросились за ним.

Из-за пазухи Мухи выпала бумага. Ермил тотчас подал ее Сергею.

Сергей развернул, но он не знал грамоты и тотчас отложил ее.

— Ты што ж говорил, что нет у тебя бумаги? — спросил он Муху. — И ты тоже! — сказал он Первунку. — Дайте им по сто батогов! Да тут, при мне! Ну!

Холопы не посмели ослушаться. Удары посыпались на спины Первунка и Мухи, но, верно, те удары были не крепки, потому что они сами встали на ноги.

— Ты, Ермил, сведи их в клеть да запри! Я ту бумагу прочту, а после обеда сыск сделаем!

Сергей прямо прошел к отцу, положил бумагу и рассказал, какое дело.

Лукоперов побледнел:

— Ой, уходить надо! А что в грамоте-то?

— Да не знаю я. За попом сходить надо! Ей, Федька, позови отца Андрея. Да не мешкотно!

Отец Андрей был еще молодой человек.

Он учился в Киеве, убежал оттуда, служил дьяконом в Царицыне, а потом пошел в Саратов, поссорившись с попом, да и остался в усадьбе Лукоперова, куда зашел на отдых.

— Нам лишь бы по книгам читал! — сказал Лукоперов. — Службы-то править нельзя, церкви не ставил, а так утреннюю али вечернюю, акафисты почитаешь

Он вошел, покрестился, поклонился Лукоперовым и спросил:

— Что требуется?

— Да вот, батька, почитай-ка нам! — сказал Лукоперов.

Поп взял в руки бумагу, быстро просмотрел ее и покачал головою:

— Богомерзкая!

— Да что в ей?

— Прелестное письмо от некоего вора и богоотступника, Стеньки Разина!

— Что! — крикнул нетерпеливо Сергей. Поп откашлялся и начал читать:

— "Ей вы, холопы да кабальные люди, голь кабацкая да посадские горькие, иду я до вас, Степан Тимофеевич, суд и правду чинить над воеводами, да боярами, да дьяками, да приказными, да над всеми начальными людьми, от коих по земле Русской всем теснота и обида..."

Дальше в письме говорилось, что всем холопам будет воля казацкая. Пересчитывались вины боярские. Говорилось, что

126

они царевича Алексея Алексеевича да патриарха Никона извести хотели, а теперь он, Степан Тимофеевич, их на Москву везет и зовет всех подневольных людей подняться ему на помощь.

И чем дальше читал поп грамоту, тем бледнее делались лица Лукоперовых.

— Ну, ин! — закричал Сергей. — Я им покажу! Я с Мухи кожу сниму.

— Пожди, Сережа, подумаем!

— Чего думать? Страху нагнать на них надобно!

В угрюмом молчании прошел у них обед. Слышно было только в тишине, как гудели мухи, носясь стаей по горнице.

— Допрос учинить надо, — сказал наконец Лукоперов.

— Я ужо учиню! — с злой усмешкою ответил Сергей.

Они разошлись по горницам. Сергей ушел в повалушу, а сам в свою опочивальню.

Но заснуть он не мог и беспокойно ворочался с боку на бок. Мерещились ему угрюмые лица холопов, представлялась высокая виселица и припоминался Василий с искаженным злобою лицом.

— С него и все беды пошли, — бормотал он. — Эх, Сережа! Горяч ты, горяч, сынок мой возлюбленный!

Долго он ворочался без сна и наконец не выдержал и поднялся с лавки. "Квасу испить на крылечке", — подумал он и медленно направился к крыльцу.

— Федь!.. — закричал он, выходя на крыльцо, и вдруг замолк и присел от ужаса. Глаза его почти вылезли из орбит, словно кто сдавил ему горло, лицо позеленело и борода затряслась, как лист на осине. Потом он вдруг завизжал нечеловечьим голосом, бросился назад и, не переставая кричать, побежал через другой ход в повалушу к сыну.

И было ему с чего испугаться. На высокой перекладине высокого крыльца качался на веревке труп Ермила...

Сергей вскочил от пронзительного крика отца, а тот вбежал и обессиленный повалился на пол.

— Батюшка, что с тобою? Что приключилось?

— Там... там... — бормотал Лукоперов.

— Что там? На, квасу испей! Да что случилось-то?

Лукоперов, стуча зубами по краю ковша, отпил квасу и несколько оправился. Сидя на полу, указал рукою на окно и сказал:

— Там... на крыльце... Ермил...

— Ну, что Ермил?..

— Повешенный!

— Что-о? — Сергея охватил в первый раз настоящий страх. — Что ты сказал?

— Повешенный! Это его холопы! Теперь нас будут! Ох! Говорил я, идем в Саратов! Доченька-то, доченька!

Сергей затрясся:

— А с ней что?

— И не убьют, разбойники.

Сергей сразу оправился. Решимость овладела им. Он опоясался саблей, взял в руки чекан и сказал отцу:

— Полно! Пойдем, что ли!

— Брр!.. — задрожал старик, поднимаясь с полу.

Он боялся идти, но еще страшнее было для него остаться одному. Он поднялся и пошел следом за сыном.

Они вышли на двор. Кругом царила мертвая тишина. Нигде не было видно ни живой души, и только над крыльцом одиноко качался труп удавленного Ермила. Сергей перекрестился и отвернулся.

Твердым шагом он прошел двор и заглянул в холопскую избу. Она была пуста. Он заглянул в другую — то же. Тогда он прошел к общей избе, трапезной и распахнул в нее дверь.

Человек тридцать угрюмо толпились в ее углу, и между ними Еремейка.

— Ей, вы! — зычно крикнул Сергей, и все испуганно вздрогнули и обернулись. Сергей увидел, что это все недужные или еще малолетние для работы. — Где остальные?

— Ушедши! — ответил паренек лет двенадцати.

— Куда?

— А в лес!

— Уйдем! — бормотал Лукоперов.

— Костька, Фролка и Мишка, приведите до меня Первунка и Муху, а вы — батюшке на помогу! Живо! Батюшка, делай сборы! — сказал он отцу.

— Сними того...

— Подите снимите Ермила с веревки, — приказал Сергей.

Гнев бушевал в нем, но он видел, что сейчас он бессилен. "Ужо будет, — думал он, — со стрельцами вернуся".

— Милостивец, — сказал, возвращаясь в избу, Фролка, — они убегли!

— Как?

— Убегли. Изволь сам поглядеть!

Сергей в ярости скрипнул зубами.

— Ты чего здесь, старик! — накинулся он на Еремейку. Тот сверкнул глазами, но сдержался.

— Кабы не я, так, может, и ты бы с батюшкой тоже качался,

128

— сказал он глухо и, прежде чем Сергей опомнился, вышел из избы.

— Оставь их, — заговорил испуганно отец, — давай сбираться лучше. Забирай животы, сынок. Ну их! Еще вернутся!..

Они пошли по конюшням и сараям. Часть экипажей была поломана, и они отыскали только возок да четыре телеги. Из коней осталось только голов пятнадцать самых негодных.

Старик ничего не видел и только торопил с отъездом.

— Милостивцы, пособите! — говорил он своим холопам. — Родимые, не оставьте!

Наташа сидела в своей светелке, охваченная ужасом. Время обедать, а Паша не приходила. Время повечерять, а Паши все нет. Мертвая тишина царила в доме, только раз она услышала какие-то ужасные вопли.

Они пронеслись, замерли, и снова наступила тишина, тишина ужаса.

Наташа стала звать свою девушку и кричала, пока не устала; а потом в бессилии опустилась на табуретку и задумалась. Неужели ее хотят здесь схоронить? За что? Разве она не любила отца? Брата?.. При этой мысли она вздрогнула. Ей припомнился Василий.

— Вася, милый Вася, — зашептали ее губы. — Выручи меня из злой неволи! Конца ей не вижу. Где ты, сокол мой?

В это время послышался стук в дверь и ласковый голос отца:

— Доченька, Наташенька, отопрись!

Она вскочила на ноги и подбежала к двери:

— Как же отпереться мне, батюшка, ежели ключ у тебя!

— Ахти, Господи! — выкрикнул отец, и снова все смолкло. Наташа упала на колени.

Что такое деется?..

Через несколько минут послышались шаги. Кто-то остановился у двери, и снова она услышала голос отца.

— Не бойся, Наташенька! Отойди от двери, голубушка!

Наташа послушно отодвинулась, и почти тотчас дверь затряслась под ударами топора.

Раз, раз! Раз, раз! Еще! Еще! Лезвие топора сверкнуло из досок, и дверь открылась Лукоперов бросился к своей дочери и обнял ее:

— Доченька моя милая. Бежать нам надо! Взбунтовались холопы наши! Все убегли и нам грозятся. Скорей, скорей!

Наташа сразу уразумела опасность. Она быстро склала в сундучок несколько вещей, оглядела свою горенку прощальным взором, сняла с изголовья образок, благословение матери, и сказала:

— Идем, батюшка, я готова!

На дворе стояли нагруженные телеги. Шесть холопов вяло возились подле них. Сергей, вооруженный, в шлеме и панцире, сидел на коне.

— Едем! — нетерпеливо окликнул он, когда отец показался с дочерью.

— Сейчас, сейчас!

Он усадил Наташу в возок, сел сам и перекрестился.

— Трогай! — Сергей ударил пятками коня, и телеги, скрипя, выкатились из ворот.

Мрачнее тучи ехал Сергей рядом с возком, и грудь его пылала местью. Ну, думал он, горе вам, холопы! Найдется в Саратове дружина!

Они ехали до самого вечера. Наконец сделали роздых. Лукоперов с грустью посмотрел в сторону своей усадьбы и всплеснул руками.

— Сожгли! — закричал он. Все оглянулись.

К небу поднимался огненный столб, рассыпая искры...

Едва уехали Лукоперовы, как холопы вернулись на усадьбу и с криками радости принялись ее разграблять, хватая все, что попадалось им под руку. Еремейка ходил между ними и торопил.

— Скорей, скорей, ребятушки, неравно помощь они позовут! Не берите много-то. Добра и там будет!..

Разграбив усадьбу, холопы подожгли ее со всех сторон и под предводительством Еремейки двинулись все в Камышин...

IV

Наступило уже утро, и город Саратов проснулся, когда Лукоперовы проехали надолбы и въехали в посад. Торговые ряды уже открылись, народ сновал взад и вперед. Поезд Лукоперова медленно поднимался по узким улочкам, и Сергей должен был ехать впереди, чтобы разгонять народ. В иное время делали это его стремянные, если даже он один на коне ехал, а теперь он сам за холопа! От этой мысли кровь вскипала в нем, и он злобно махал плетью, расчищая дорогу.

— Ты не больно помахивай! — крикнул на него один посадский, отскакивая от удара.

— Оставь! Его, может, самого холопы-то нахлестали! — с хохотом сказал ему другой посадский.

— Не бойся! Им и тут не ох сладко будет! — заметил третий, и они разбежались.

Лукоперовы въехали на свой осадный двор, выстроенный прочно, наподобие острожка. Лукоперов свел дочку в горенку, заказал своим шести холопам да седьмому дворнику беречь боярышню и вместе с сыном тотчас пошел к воеводе.

— В приказной избе воевода-то-с! — объяснил им воеводский холоп Осип.

Они прошли в приказную избу. Воевода сидел и говорил дьяку:

— Да воеводе симбирскому напиши, может, он какую силишку на помогу пошлет. Пиши: нам со своими людишками умирать впору... Да! Милостивец мой! — воскликнул он, увидя Лукоперова, и тотчас поднялся ему навстречу, раскрыв объятия. — Иван Федорович! Пришел-таки до нас, пришел! Здравствуй и ты, Сергей Иванович! О тебе думал, хотел посыл делать, а вот и ты! — и он облобызался с обоими.

Дьяк издали поклонился им. Лукоперов уныло потряс бородою.

— Мой грех, мой грех, Кузьма Степанович, что тебя впору не послушался! Слышь, мои холопишки слугу мово верного повесили, чуть нас животов не решили, усадьбу сожгли, сами разбеглись, а мы едва до сюдова добрались!

Воевода качал головою и сочувственно вздыхал:

— О-ох! И не говори! Идет к нам горюшко, шагает. Конец свету близко. Фомушка вон бегает да поет:

Берегите одежонки
Идтить к Боженьке!

Ой, пойдем к нему! Близится час наш! Да что это я! — вдруг спохватился он. — У меня-то делов да делов. Простите, милостивцы! Вы пойдите-ка в домишко мой, что там-то увидите. Ой! А я в одночасие и к вам буду! — и он легонько толкнул Лукоперова. Старик с сыном вышли, за ними следом слышался голос воеводы: — Ну, ну, Егорушка, кому еще писать-то?..

— Видишь, гроза идет, — сказал отец сыну. Сергей тряхнул головою.

— Тут-то, батюшка, она не страшна. И стены крепкие, и пушки есть, и стрельцов немало!.. Лоб разобьют.

— Ну, ну!

131

Они вошли в воеводский дом, прошли сени, малую горницу и вошли в большую горницу, внутреннюю, вошли и ахнули. За столом в горнице сидели окрестные саратовские помещики, дворяне да бояре, и среди них Лукоперова соседи Паук и Жиров с двумя сыновьями.

— Иван Федорович, — заговорили они, — давно ли к нам?

— Да нонче, в утро! — ответил он, целуясь со всеми по обычаю. — А вы, милостивцы?

— Я-то еще третьево дня, — сказал Паук, высокий, сухой старик, с гривою сивых волос на голове, с белою короткою бородою, — едва успел на коня вскочить. Убить хотели холопишки! А Акинфиев долго жить приказал! — окончил он, вздохнув.

— А что?

— Повесили хамы! А с его женкою да дочкою глумились, глумились и зарубили тоже!

Дружный вздох всех сидящих вызвал у Лукоперова на глаза слезы. Он набожно перекрестился.

— Я-то допрежь всех уехал, — заговорил Жиров. — Кой-што из животов увез, а теперь слышу, сожгли усадьбишку-то! А у тебя?

Лукоперов снова рассказал свои злоключения, и тут со всех сторон заговорили помещики.

Каждый рассказывал про свою беду, как про исключительную, но везде она сводилась к одному. Взбунтовались холопы. Один успел вовремя убежать, другой опоздал и потерял кто сына, кто жену, кто дочь, а животы свои каждый.

Пока они так беседовали, вошел воевода и завладел беседою.

— Для всех, государи, горе! Общее горе, и теперь нам сообща надоть за царя-батюшку постоять до последнего издыхания. Поговорить о том надобно. Вот што! Нонче ввечеру, государи, и соберемся здеся! Ты, Иван Федорович, где стал?

— А у себя, в осадном дворе!

Воевода затряс головою:

— Не можно это! Там тебе конец будет, а того хуже дочушке твоей. Помилуй, под боком посадские. Они нонче все в сторону глядят, батюшку поджидают.

Лукоперов растерялся:

— Куда же деваться?

— Куда! Да ко мне, милостивец! У меня, слава Те Господи,

местов хватит! Вон, все они у меня и с людишками своими, и с бабами. Я вдовый, а принять-то могу всякого.

— Как же так, Кузьма Степанович!

— Глупство! Вы мне все милостивцами на моем воеводстве были, так мне ли покидать вас!

— Вестимо, Иван Федорович, умирать все на миру будем! — раздались голоса.

Лукоперов растрогался и низко всем поклонился:

— Спасибо тебе, Кузьма Степанович! Вовек не забуду.

— Век-от короток наш! — ответил воевода и сказал: — Не хотите ли, милостивцы, поглядеть, вора иду казнить!

— Какого вора?

— А вот! — Воевода сел, разгладил бороду и рассказал: — Ведомо вам, милостивцы, что разбойник, вор Сенька Разин ноне прелестные письма рассылает со всякими людьми, а те прелестные письма люди эти читают да ими посадских да стрельцов мутят. Слышь, идите, говорит, кто с саблей, кто с ручницею, кто с дубиной на воеводу свово.

— К нашим холопам такая грамотка была! — сказал Лукоперов.

— Ну вот! Пришел это намедни ко мне посадский Кирилка Овсяный да и говорит: "Пришли до Акима, — а Аким этот дворник на осадном дворе у вора-разбойника Васьки Чуксанова, — трое людей с грамоткой и нас, — говорит, — посадских, мутят, срамные речи говорят". "Что же говорят?" — спрашиваю. "А учат, как придет этот Разин, город подпалить, ворота отворить. Степан Тимофеевич, — говорит, — тогда с вами казну всю поделит, а инако всех вас перебьет!" Взял я тута стрельцов с собою да к Акиму на двор. А те трое людишек да Аким увидали и бежать. Я за ними стрельцов. Одного поймали, а других и нет. — Воевода развел руками. — Сгинули! Я конных за надолбы посылал, нет и нет! Не иначе как посадские укрывают. Ну, я которых пытал, в застенке драл. Нет!

— А с тем-то што?

— Ну, а того пытал крепко: кто да откуда. Молчит, собака! А ноне его и вешаю.

Воевода встал.

— Акимки-то двор спалить велел, животы его стрельцам отдал, а за голову три рубля обещал. Идемте, милостивцы!

Все поднялись и гурьбою вышли из воеводской избы.

Лишь только они вышли, стрельцы бросились в тюрьму и скоро вывели оттуда высокого белокурого мужчину, одетого в лохмотья, закованного по рукам и ногам. Лицо его было бледно и в страшных язвах от каленого железа, которым его пытали, волосы были спалены и только клочками торчали на бороде и голове, ноги тяжело волочились по земле.

В одно время с ним показался священник.

— Хочешь исповедаться и приобщиться? — спросил воевода.

— Хочу! — ответил преступник.

Воевода дал знак, и его провели в приказную избу. Пока он исповедовался у попа, воевода говорил со своими гостями:

— Кругом воровские приспешники! За каждым блюди! А как усмотришь? Ну? Теперя, думаю, и у стрельцов уши настороже. Намедни приходили за жалованьем. А какое? Допрежь этого по году не брали, а тут подай! Наскреб это я им, а сам думаю: воры! Продадут!

В это время священник вышел из избы, а за ним преступник.

— Кончили? — сказал воевода. — Ну, ведите!

Стрельцы окружили преступника, сзади него стал палач с веревкою в руке. Воевода подал знак, заиграли на трубах, ударили в тулумбасы, и вся процессия двинулась по городу. Народ сбегался и провожал их толпою.

Они через городские ворота вошли в посад и остановились на посадском рынке. Там уже подле ворот в надолбы стояла виселица.

Воевода дал знак, и все остановились. С преступника сбили кандалы. Палач перекинул веревку и надел петлю на шею, слегка стянув ее рукою.

— Православные христиане! — вдруг сиплым голосом заговорил преступник, ослабляя веревку. — Дайте Христа Бога ради винца чарочку! В горле пересохло, ей-ей! А как выпью, веселей будет и на тот свет идти, ей-Богу! И веревка-то лучше на шее ляжет!

— Тьфу! — плюнул священник. — Богомерзник!

— Ладно, ладно, мил человек! — послышались в толпе голоса.

— А пусть его в последях, — добродушно сказал воевода, и палач приостановился, намотав на руку веревку.

Несколько посадских бросились в кабак и мигом принесли под виселицу кружку вина.

Преступник ухватил обеими руками кружку и хрипло прокричал:

— Много лет здравствовать нашему батюшке Степану Тимофеевичу!

— Не давать! — замахал воевода руками, но тот уже выпил.

— Врешь, воевода! — сказал он, бросая кружку. — Теперь

134

вешай!.. Придет он, наш батюшка! Рассчитается за свово сынка!

— Тяни! — кричал воевода.

Палач уперся ногою в столб виселицы и потянул веревку; несчастный взлетел на воздух, взмахнув судорожно руками, и закачался на виселице. Палач завертел конец веревки вкруг столба и отошел.

Молчание воцарилось на площади.

— Ну, смотрите и вы у меня! — грозно заговорил воевода, обращаясь к толпе. — Вот так собачьей смертью пропадет всякий, кто станет ворам приятствовать! Знаю, — он погрозил палкою, — есть промеж вас изменники, ворам потатчики, ну, да ужо доберусь до них! Всех выведу! По глазам увижу и в застенок пошлю! Идем, государи! — сказал он кротко гостям, и все пошли назад в город.

Лукоперов простился со всеми.

— Смотри, — сказал ему воевода, — переезжай пока до худа ко мне во двор, а ввечеру будем все думу думати!

— Спасибо, Кузьма Степанович!

Лукоперов вернулся, взял дочь и приказал холопам везти добро на воеводский двор.

— Оно, доченька, — говорил он Наташе, — там тебе покойнее будет. И подружки найдутся!

— Мне все равно, батюшка, — равнодушно ответила она, и ей действительно было все равно, так переволновалась она за последние какие-нибудь два месяца. Отчаянье сменилось надеждою, надежда страхом, беспрерывные волнения, томленье неизвестностью, тоска одиночества так утомили ее душу, что она стала на время как-то безучастна ко всему окружающему, а старик говорил ей:

— Вон везде смута какая пошла! Холоп на свово господина поднялся, церковь сквернят, государево имя поносят! А твой-то Васька к ним, к ворам, ушел. Душу человеческую загубил! Плюнь на него, доченька! Вор он, богопротивец, клятвопреступник, государю крамольник!

Наташа вздрагивала, бледнела и ничего не отвечала отцу, а в душе ее слабо поднимался супротивный голос: "Вы его таким сделали!"

Но этого голоса не слыхал Лукоперов и продолжал:

— Так-то лучше, доченька! Отсидимся от воров, я тебя за князя замуж отдам. Княгинюшкой будешь. Я тебе буду поклоны бить. Молись Богу, дитятко, от вора отбиться!

Воевода для гостей своих новых, отцу и сыну отвел одну горенку, а Наташу поместил в светелке, в терему, особнячком. В

135

терему поселились на это время жена и дочь Жирова, жена Паука, да еще немало дворянских жен и дочерей. К ним в услужение приставил воевода трех посадских девушек. Днем собирались они в общей горнице и коротали время за пяльцами, к ночи расходились по своим светелкам, и ни печали, ни страхи не касались их сердец. Слыхали они, что вор идет, знали, что замутил он их холопов и усадьбы через него спалили, но считали город со стрельцами охраною крепкой и пели свои песни и гуторили свои речи, оглашая терем смехом звонким и раскатистым...

К ужину у воеводы собрались все помещики.

Поставил он перед каждым кубок, на столе выставил бутыли, сулеи да жбаны и начал речь:

— По мне, милостивцы, сухая ложка и рот дерет, без вина слаба голова, без похмелья не быть разуменья. Так ли?

— Ладно говоришь, Кузьма Степанович! — одобрил его Лукоперов, охочий до выпивки. — С пустой головы мало толку!

— Так и выпьем! Поначалу во здравие государя нашего батюшки!

Все дружно выпили и опрокинули свои кубки.

— Много лет ему, батюшке, здравствовать!

— А вторую за одоление врага нашего, вора поганого!

— Ладно говоришь, воевода!

— Ну, а третью за совет да любовь!

Лицо воеводы разгорелось, глаза заискрились. Он расправил усы и бороду и начал:

— Государь-батюшка еще три, почитай, месяца назад писал: жить вам, воеводы, с бережением! А чего беречься, милостивцы, да и как? Людишки воры, стрельцы — налицо!.. А теперь и подошло время.

Он тяжко вздохнул.

— Людей-то у меня: стрельцов восемь сотен да тридцать четыре пушкаря на двадцать четыре пушки. Теперь опять посадские, про тех с опаскою думать надобно, да ваших холопов сотня, может, наберется. И все!

Он опять вздохнул.

— Написал я теперь в Тамбов и Пензу, в Симбирск и Казань, да думаю, мало с того толку, потому сам от них грамотки получил. Просят людишек. Ха-ха-ха! А я у них! Так и гоняем гонцов! И все же поберечься надобно.

— Стены-то, воевода, в порядке? — спросил Сергей Лукоперов.

Воевода кивнул ему головою.

— Вот, друже, тебя перво-наперво просить хотел! Человек

ты служилый, военный. Пособи мне! Я хоть и был против поляка под Смоленском, да все дело мое было животы оберечь. Дохли мы с голоду, а боя не было. Так ты и помоги!

— Что же? Я государю всегда слуга, — сказал Сергей.— А тебе, воевода, коли что по силам; рад помочь!

— Вот, вот! Я так и смекал, друже. Ты у меня, к примеру, в помощниках будешь. Что укажешь, то сделаю. А Жировы, Иван Митрич да Петр Митрич, тоже в пособниках!

— Рады служить, воевода! — ответили довольным голосом Жировы.

— Иван над посадскими старшим будет, а Петра над холопами да торговым людом, а ты, Сергей, значит, над стрельцами да над всеми. Как, государи мои?

— Да чего же лучше, воевода! — сказал Паук.

— Ладно удумал, воевода! — одобрил Лукоперов.

— Добро, Кузьма Степанович! Как решишь, — заговорили кругом, — дай и нам службишку. Мы все в общей беде служить рады!

Воевода встал и поклонился всем в пояс.

— Спасибо, милостивцы, за ласку! — сказал он и, севши, продолжал: — А службишка всякому найдется! Так вот. Мы, значит, утречком обойдем стены да поглядим, как што.

— Я думаю, воевода, — сказал Сергей, — допрежь всего посад выжечь надоть. Его выжгем, а в городе и запремся.

— Ну, ну! — ответил воевода. — Экой ты горячий. Выжечь успеем, когда вор придет, а пока что подождем!

— Да и жечь опасливо! — заговорили кругом. — Вдруг ветер на город повернет. Тогда что?

— Там видно будет! — решил воевода, заканчивая совет.

— Теперь пить будем, други! До воров еще будет время.

Кубки снова наполнились, и все дружно стали пить, на время забыв об опасности.

Только старик Лукоперов чувствовал себя как-то неладно, и, странно, каждый раз при мыслях о Стеньке Разине в его уме мелькал образ Василия. Он даже несколько раз испуганно покосился на соседнюю горницу, где тогда драли Василия.

— Боязно, Сережа, — заговорил он, когда они ушли в свою горницу, — сильны воры и вокруг изменники!

— Э, батюшка, — беспечно ответил Сергей, — не попустит Господь торжествовать неправде. Покорит он государю под нози врага и супостата!

— Да, может, не теперь?

— На все воля Божия! Отсидеться очень можно. Только посад надо сжечь!

— Думаешь, можно?

— Можно, батюшка! Я на том крест поцелую, что буду биться до последнего вздоха. Да и другие тож!..

V

Воеводу на другой день узнать нельзя было. Толстый, обрюзглый, неповоротливый, не дурак выпить в компании, охотник поесть до отвалу да спать до обалдения, немного разгильдяй, — он вдруг при сознании опасности обратился в грозного воеводу, готового жизнь положить ради исполнения своего долга. Лицо его стало серьезно и решительно, слова кратки и выразительны, распоряжения толковы.

Увидев Сергея, он ласково кивнул ему головою и сказал:

— Добро, Сергей Иванович, кто рано встает, тому Бог подает. Пойдем.

На дворе его ждало несколько стрельцов-начальников.

— Я, — сказал воевода, — приказал сотельникам придтить, да пятидесятникам, да пушкарскому голове! Нонче Жировых в приказ послал перепись сделать, подьячих в посад услал да в торговые ряды людишек счесть, кои годны. Опять, думаю, лошадей отобрать.

— А стрельцы нешто пешие? — спросил Сергей.

— Не все, а конных-то всего две сотни. Мало, чай?

— До четырех надо! Всех-то восемьсот.

— Восемьсот!

— Ну, так на полы!

— Слышь, Митрич, — обратился воевода к сотнику, — ты для своих достань да ты, Авдеич!

— Добро! — отозвались те.

Они вышли из ворот, и их тотчас окружила толпа зевак.

— Ну, вы! — окрикнул их воевода. — Идите свое дело делать. Неча вам на воеводу глаза пялить: узоров нет! Лучше крамольников высматривайте! Ну, ну, а то в палки!

Толпа недовольно разошлась.

— Пойдем, Сергей Иванович!

Они вошли в низенькую дверь наугольной башни и стали подниматься по ее ветхим ступеням.

— Ишь, ведь, — попенял воевода, — так и скрипят, того гляди, обвалятся. Сколько раз писал на Москву, что надобно чинить. Нет, не дают городовых людей на работу. Кто вас, дескать, тронет. Вы в середке! А вот...

138

Они вышли на верхнюю площадку под плоскою крышей. Там, обращенные на три стороны, стояли три пищали. Сергей заглянул в их дула.

— Смотри, боярин, — сказал он, — сколько там всякого мусора: щепки, кирпич. Надо выкинуть.

— Надо, надо! Ты чего ж, песий сын, своего дела не блюдешь? — накинулся воевода на пушкаря. — Что пищаль-то, свалка тебе? А?

— Да нешто я это? Это мальчишки балуют.

— Мальчишки! — передразнил воевода. — А ты их шелепами!

Они пошли дальше по стене, по узкой галерее под крышею, переходили из башни в башню, и везде Сергей с воеводою делали распоряжения. В одном месте из пушки выкатилось колесо; его надо было подвести снова, в другом совершенно подгнил пол и надо было подпереть его.

Сергей распорядился и осадною защитою того времени. Указал места, где сложить кирпичи, чтобы кидать ими в осаждающих; заказал наделать котов, огромных колес без спиц, для той же цели и, наконец, указал места, где нагревать смолу и воду, чтобы лить их на головы врагов.

Воевода передавал его приказы стрелецким начальникам и пушкарю и прибавлял к приказу всегда крепкое слово.

Они заглянули и в чуланы, где в непогоду укрывались пушкари, и в нижнюю галерею стены, где ставились обыкновенно стрельцы с самопалами.

— Уф, важно! — сказал довольно воевода. — Истинно ты военный человек, Сергей Иванович!

— Постой, надо еще в погреб сходить да в пушечный амбар. Там, может, что есть! — заметил Сергей.

— Дело! Идем, друже!

Они осмотрели погреб. В высоких кадках там стояло зелье, то есть порох; пирамидальными кучами лежали ядра.

— Выбрать их отселева да к пушкам снести! — сказал Сергей.

— Слышишь? — сказал воевода пушкарю. — Наряди-ка людей-то!

Наконец в пушкарном амбаре Сергей увидал две огромные пушки с короткими стволами, называемые тюфяками, и приказал их поставить внизу башен, что при городских воротах у моста.

Осмотрели также ров, где Сергей приказал выправить честик, и после этого вернулись на воеводский двор.

— Ну вот! — сказал воевода стрелецким начальникам. —

Лошадей достаньте и еще две сотни на коней садите. А еще вот его слушайтесь! Он как я! А потом скажу. Вор близко! Поборитесь же за великого государя, его царское величество; послужите ему, государю, верою, правдою, бейтесь с ворами до последнего. За то государь не оставит вас своею милостью!

— Рады служить великому государю даже до смерти! — ответили сотники.

Воевода одобрительно кивнул головою:

— А теперя с Богом и за дело!

Стрельцы ушли. Сергей пошел делать роспись, кому где службу нести, а воевода направился в приказную избу, где братья Жировы составляли ополчение из посадских и торговых людей.

В городе и посаде закипели работы. Таскали ядра, зелье, кирпичи и коты на стены; волочили пушки; стрельцы ходили с одного места на другое; Жировы каждый день скликали своих ополченцев и проверяли их.

Воевода на случай пожаров собрал баб и мальчишек и поставил над ними начальниками боярских и дворянских детей, снабдив их всех густыми мочальными кистями на длинных палках.

Всех охватило волнение, но по-разному.

Все ждали прихода Стеньки Разина, но тоже по-разному.

Воевода, дьяки, приказные, люди начальные и съехавшиеся помещики, бояре и дворяне ждали его как врага; посадские же, голытьба и некоторые из стрельцов ждали как избавителя.

Воевода чуял, что измена гнездится в городе, и своею ревностью портил дело.

Каждый день он ездил со стрельцами по городу и каждый раз кого-нибудь да отправлял в пыточную башню.

— Я вас, воров, крамольников, насквозь вижу! — кричал он, разъезжая по посаду. — Я из вас веревку скручу! Я вам протру глаза.

— Допрежь твово протрутся и сами! — закричал раз кто-то из толпы.

— Схватить его, собаку! — заорал воевода.

Стрельцы ухватили его. Это был рослый детина с дерзким взглядом.

— Так, молодец! А чтобы у тебя хоть и протерты глаза, а язык пустое не болтал, я тебе колышек в рот посажу! — сказал воевода. — Сведите его в башню да распорочку ему в рот, а там в тюрьму!

— Пожди, воевода, — роптали посадские, — будет и на тебя невзгода!

— Ох, будет битва великая! — говорил, вздыхая, каждый вечер воевода.

Что ни день, он посылал стрельцов за надолбы на разведки, не идут ли воры, и каждый раз стрельцы возвращались ни с чем.

Нетерпение росло.

— Господи, хоть бы скорее! — охал воевода — Пусть уж придет разбойник, да чтобы разом!

И все волновались.

Лукоперов, испив добрую чару вина, перед сном шел к своей дочушке и там делился с нею своими впечатлениями и мыслями.

— Слышь, дочушка, — говорил он, — воевода опять поджигателя поймал. Сегодня повесил. Нищие, говорят, пришли стены жечь, разбойники!

— Астрахань взяли! — говорил он в другой раз. — Бают, крови пролили! Ух! Кто боярин, того и секли. Воеводу с раската бросили!

Наташа дрожала и бледнела.

— На все воля Божия! — шептала она.

— Это ты истинно! Бают, это Божья напасть за грехи наши. Звезда появилась, слышь, в небе! Беззакония творим, вот! В Петровки на Москве-то иные убоину едят! Ереси пошли всякие. Старец, бают, предрек государю: быть, говорит, трем бедам. Гляди: государыня померла, раз! Царевич помер, два! А теперь этот идет. Вот и три! О, горе нам, грешным!

И он плакал, тряся своей лысою головою, и Наташе становилось за него и больно, и страшно.

— Батюшка, да неужели нам вред сделают?

— Убьют, доченька! Коли город возьмут, всех убьют!

Наташа вздрагивала:

— Молиться будем!

— Молись, доченька, Пресвятой Богородице!..

Сын не любил его причитаний. Молодой и отважный, он не боялся боя и верил в возможность защиты.

— Ты, батюшка, только кручину разводишь! Шел бы в терем, что ли!

— Болит сердце, Сереженька. Как подумаю о Ваське, так и защемит. Тьфу!

— А чем Васька страшен? Как и всякий вор, быть ему на виселице!

— А до того?..

Время шло. Напряжение увеличивалось, потом упадало и нарастало снова.

Накануне страшного утра никому о беде и не думалось. Воевода здорово угостился со своими гостями, и все мирно разошлись по своим горницам.

И вдруг в утро раздался гул набата.

— Пожар! — вскричал воевода.

"Не к добру!" — подумал Сергей, быстро вставая с лавки. Они в одно время выбежали на двор. Горели стенные башни.

— Воры! — закричал не своим голосом воевода, бросаясь назад в горницы и хватая саблю.

— Затворяй ворота! К воротам! — закричал Сергей, но уже было поздно.

— Нечай, нечай! — кричали казаки, въезжая в посад.

Ожидавшие их посадские с диким ревом подхватили их крик и бросились на город.

— Нечай! — орали кругом, вливаясь в ворота, как лавина.

VI

— Нечай! — кричали посадские.

— Нечай! — кричали казаки. — Многие лета батюшке нашему Степану Тимофеевичу и царевичу Алексею Алексеевичу! Добрые люди, не бойтесь! Мы вам дурна чинить не будем! Идите с нами на бояр и царевых недругов!

Сергей успел собрать отряд стрельцов и бился с ними у воеводского двора. Испуганные гости разбежались повсюду. Женщины в ужасе окружили воеводу.

— Идите в церковь, там защита ваша! — говорил им воевода.

— Где воевода? — орали казаки, рыская по городу. Подле Сергея рубились с яростью. Вдруг десяток рослых казаков накинулись на него.

— Ты его, Дубовый, живым бери! Заходи сзади, Кострыга! Так! Вяжи! — орал рослый, кривой на один глаз. — Нам его к атаману нужно! Тащи во двор.

Связанного Сергея поволокли на двор.

Он оглянулся. На земле, тоже связанный, без чувств лежал его отец. Рядом стоял воевода, низко опустив голову.

Кругом раздавались победные крики и стоны жертв. Кровь уже лилась рекою.

— Ну, ну, братики, вот и суд вам! Сам атаман идет! — заговорили казаки.

Сергей оглянулся, и лицо его дрогнуло, но он тотчас оправился, увидев искаженное лицо Василия, его злобой горящие глаза и кривую усмешку почти посиневших губ.

— Васька! — в ужасе вскрикнул воевода, и от этого крика очнулся старик Лукоперов для того, чтобы от страха лишиться снова чувств.

— Добро! — сказал, усмехаясь, Василий. — Спасибо, что хоть признали! Ну, воевода, судья неправедный, дошел и мой черед над тобою суд чинить. А с тобой, Сергей, да с твоим батюшкой тоже счет сведем! Только прости, коли расчет делать стану мелкою монетою! Ей, Кострыга, Кривой, Дубовый! — позвал он.

VII

Что пережила Наташа за это все время? Душа ее в жизни не волновалась столько, сколько за месяцы со дня отцова гнева, но какие бы чувства ни волновали душу ее, все же любовь к Василию была для нее главным чувством. Ей казалось, не будь любви этой, умри Василий вправду, и она кончила бы тоже свою жизнь.

Ужас объял ее, когда отец сказал ей, что ее Василий совершил убийство и ушел к разбойникам, к страшному Стеньке Разину, но в глубине души она находила ему оправдание.

Он всегда был неукротимого нрава. Ему ли снести было расправу с ним Сергея? Не разбой разве был это? Сожгли усадьбу и все животы, увели холопов, а его избили почти до смерти. Спасибо, Еремейка спас, а то, слышь, собаки бы съели!.. И при этой мысли об обиде любимого человека лицо ее разгоралось, глаза сверкали, и она не любила брата своего...

А потом? Когда он пошел искать суда, разве не глумились над ним? Паша рассказывала ей!

Тут всякий разбойником станет, не то что он!..

Так думала она, стараясь оправдать своего возлюбленного, свою первую любовь, но сердце ее дрогнуло, когда она узнала про Стеньку Разина, про дела его и его товарищей.

И она вся замирала от своих горьких дум: любит она Василия, всем существом своим любит, без него ей жизнь не в жизнь, и в то же время не может она представить залитых кровью невинных жертв.

— Господи, просвети! — молилась она горячо в своей светелке, когда оставалась одна. — Мать Пресвятая Богородица, укрепи сердце мое в любви или ненависти, но дай покой!..

А покоя-то и не давалось. Ночью ей виделись страшные сны. Видит она отца своего и брата на плахе, а ее Василий на их головы топором замахивается. Она бросается к нему и кричит: "Не погуби их!" А он смеется. "Глупая, — говорит, — как же мы свадьбу справим иначе!" И бьет их. Кровь брызжет кверху фонтаном, а Василий говорит: "Иди испей, тепленькая!.."

От таких снов просыпалась она вся в холодном поту и, сойдя с постели, начинала молиться, но и молитва не успокаивала ее встревоженного духа.

"Ах, если бы увидеть его, — думала она, — дознать от него подлинную правду!"

А как увидишь?

Он велел ждать, и она дала обещание, но когда они свидятся, Бог знает!..

Слышала она тревожные толки об ожидаемом нападении, замечала волнение и хлопоты ратных людей; каждый раз отец, приходя к ней, говорил с близости вора, и она в нетерпеливом ожидании встретиться с Василием думала: "Скорей бы вор приходил. Сразу узнаю!" Но как? Она не знала и даже не думала об этом.

Общее напряженное состояние проникло и в терем. Как-то сразу кончились шутки и песни, и вместо них раздались плач и жалостливые причитания. Они терзали душу Наташи, и, когда она слышала проклятья разбойникам, ей казалось, что это клянут ее Василья, и она, бледнея, уходила в свою светелку. Не могла она любить разбойника и не могла разлюбить Василья. Душа ее словно раскололась надвое.

Накануне страшного дня ей как-то особенно было неспокойно. Она весь день не находила себе места, плакала и молилась, а когда легла спать, ей приснился ужасный сон. Был он и страшен и дивен.

Идет она будто по своему саду в тихую, лунную ночь и думает: сейчас Василий будет! А кругом чудно как-то: по саду-то звери все гуляют разные, невиданные, да такие ли страшенные, а меж тем сама она тех зверей не боится ни чуточки, гладит их, за ушами щекотит, и они ее не трогают. Ходит она по саду и думает: "Что же Василий не идет?" Вдруг раздается страшный крик. Кто-то плачет, кто-то вопит о помощи и зовет ее. Ноженьки у нее подкосились, хочет бежать она и не может. "Василий!" — кричит она, и вдруг он ей в ответ: "Иду, голубонька, только умоюся!" Тут к ней силы вернулись, и она бегом на его голос побежала. Выбежала на двор и обмерла. Стоит чан, полный крови, и в той крови ее Василий умывается. "Зарезал я, — говорит, — твово отца и брата, в их крови моюсь и, смотри, какой ладный стану". Оглянулась она: лежат отец и брат ее у самого чана, и головы напрочь у них. Подкосились снова ноженьки у Наташи, а Василий уже идет к ней, идет — весь красный, как огонь, от крови, глаза горят у него, как костры в темной ночи, — и он к ней руки тянет. "Иди, иди!" Отпрянула она от него и побежала с криком, а тут все звери на нее набросились, укусить хотят, зубами щелкают, чуть не за горло берут; бежит она, сил уже не хватает, задыхается, а Василий вот сейчас нагонит ее, руки тянет, страшным голосом вопит. Совсем обессилела Наташа, на землю падает, и вдруг — словно свет разлился вокруг. Подняла она голову, смотрит: идет к ней витязь и от него, как от солнца, лучи. "Спаси!" — кричит ему Наташа. Он поднял меч — и все сразу сгинуло прочь. Плачет и бьется на его груди Наташа, а он тихо гладит ее по голове, и ей так тепло, так сладко, так радостно. "Кто ты?" — шепчет она. "Узнай!" Он наклонил над нею свое лицо, она взглянула и сразу узнала его: князь, что к Сергею в гости приезжал! "Князь, — говорит он, — что к тебе сватался. Люб ли?.." — "Люб, люб!" А тут кругом поют птицы, цветы качают головками, и кажется, весь мир вокруг разделяет ее тихую, светлую радость.

Она проснулась с улыбкою на лице, и ей жалко было своего сна, но едва она вспомнила его первую половину, как побледнела от страха. "Ох, не к добру он!" — подумала она и опять задремала. Виделся ей свадебный поезд, слышался кругом колокольный звон.

Что это? Она проснулась и села на постели, испуганно прислушиваясь. И впрямь гудят колокола. Только не радостен звон их: словно кричат они о помощи, зовут беспорядочно, торопливо. "Набат!" — мелькнуло у нее в голове, и она вскочила. До нее донеслись вопли, крики, выстрелы. Она наскоро оделась и выбежала из светелки. Кругом пустынно, только откуда-то издалека доносятся до нее визгливые крики женщин. Господи, что же это?

Страх охватил ее. Она подбежала к своему оконцу, распахнула его, но в саду было все тихо, только из-за тына кто-то громко кричал: "Нечай, нечай!"

Она бросилась из светелки и, охваченная неясным страхом, пустилась бежать по горницам. "Батюшка!" — изредка выкрикивала она и бежала снова. Она бежала из горницы в горницу, по узким переходам, по лесенкам, то вверх, то вниз, не зная дороги и плутая наудачу. Вот галерейка — она в нее, впереди лесенка — она по ней, выше, выше. Она вбежала в маленькую каморочку и остановилась, прижав руки к сердцу, задыхаясь от бега. Дальше бежать было некуда. В крошечной каморке не было других дверей, над головой ее виднелись почерневшие стропила, перед нею было вырезано круглое оконце, ничем не заслоненное.

Она перевела дух и хотела бежать назад, как вдруг до нее донеслись голоса, крики и стоны. Она встала на носки и высунулась из оконца. Под нею расстилался воеводский двор.

Она затаила дух, замерла и уже не могла отвести глаз от страшного зрелища.

Посреди двора у колодца стоит воевода, исступленный, растрепанный, с саблей в руке, подле него другие бояре, дворяне, помещики, дворянские дети. Вот отец ее схоронился под развесистой липой, и видит она, как трясется его борода.

Что-то кричит воевода, на ворота указывает, и вдруг словно поток хлынули на двор какие-то люди в высоких лохматых шапках, с исступленными лицами. Звучали сабли, раздавались крики, лилась кровь и валялись люди, как подрезанные снопы.

Наташа взглянула в сторону, где притаился ее отец, и вскрикнула, но никто не слыхал ее крика. Какой-то рослый мужик тащил ее отца за бороду, а он барахтался на земле и что-то кричал.

Наташа в ужасе отвернулась. Господи, да что же будет еще? Еще что будет?

А картина на дворе уже изменилась. Бой кончился. В крови на земле валялись обезображенные трупы; в стороне сидели с скрученными за спину руками и Паук, и Жиров с сыновьями, и другие помещики, между ними женщины — и впереди всех воевода и Сергей с отцом.

Сергей стоит строго нахмурившись, без шапки, в изодранном кафтане, и руки у него завязаны в локтях за спину, а у ног его лежит батюшка и не движется...

Господи, что же еще будет?

Наташа совсем перевесилась из оконца.

Вдруг разбойники что-то зашевелились и обернулись к воротам. В ворота на сером коне въехал кто-то стройный, высокий, в лохматой шапке, в красном кафтане. Лица только не видать, потому что едет он опустив голову.

И Наташе стало жутко, жутко. Верно, сам Стенька Разин, подумала она.

146

Человек в красном жупане подъехал к колодцу, слез с коня и по ряду подошел к Сергею. Вот они говорят о чем-то, вот отец словно бы очнулся, поднялся, всплеснул руками и упал снова.

Что говорит этот человек? Верно, что-то больно страшное! Отошел от Сергея, подошел к воеводе. Воевода только головой тряхнул, и вдруг на них, на воеводу, Сергея и батюшку, набросились люди, а страшный человек отошел к колодцу и сел на сруб.

Господи, что они хотят! В стороне разбойники огонь разводят, длинный шест тащат, длинные прутья готовят.

Вот воеводу бросили на землю, раздели и бить прутьями стали.

До Наташи донесся хриплый крик и грубый смех.

Вот разбойники раздели Сергея и отца. Что они делают? Положили они их друг на друга и связали им головы к ногам друг друга. Седая борода отца высунулась между ног Сергея... шест продели... подняли и понесли... Да неужели можно такое над людьми делать?..

А воеводу бьют, бьют... А страшный человек сидит на срубе и рукой что-то приказывает...

Вот несут отца ее и брата к костру. Вот подымают... О, Господи! Они жгут сперва отца, потом брата, потом опять отца... Мало!.. Вот идут разбойники с прутьями и бьют их обгорелые спины.

Глаза Наташи расширились от ужаса, думала она, что рвется сердце, что отнимается язык, ноги, хочет бежать, кричать и не может шевельнуться, не может отвести глаз от ужасной казни, от страшного человека.

Господи, да человек ли это? Может, это антихрист?!

А воеводу все бьют, а брата и отца ее все ворочают над костром и тоже бьют, и какие-то нечеловеческие вопли несутся к ней наверх, выше, еще выше, к самому престолу Господнему!..

Наташа вся дрожала мелкою дрожью и все-таки не могла отвести глаз от ужасной картины. Вдруг страшный человек снял лохматую шапку с головы и обернул свое лицо.

Наташа увидела его, и ей показалось, что сердце ее сразу разлетелось на мелкие кусочки.

— Василий!.. — закричала она нечеловеческим голосом и, как подрезанный колос, упала с оконца на пол каморки...

В окаменелом ужасе смотрели несчастные пленники на мучительную кончину своих друзей и защитников. Только сатанинский ум, питаемый кровавою местью, мог придумать такие муки. Даже казаки качали головами, даже Гришка Савельев, подойдя к Василию, сказал:

147

— Ах, нех тоби дьяблы! И удумал! Чертюки в аду теперь с тебя пример возьмут!

А Кривой, Кострыга, Пасынков и Дубовый с благоговейным ужасом смотрели на Василия, который подходил к самому костру и, смотря, как с треском лопается кожа на спине старика или сына Лукоперова, говорил с усмешкой:

— Это чертовы дети, моя усадьбишка горит! Пошутили со мной, теперь мой черед. Поверни-ка, Аким, молодца наверх да прутом его! Ну! Жги!

Жар костра распалил его. Он снял шапку, отер пот с лица и вдруг услыхал крик:

— Василий!..

Он задрожал как лист.

— Наташа! — ответил он безумным воплем и рванулся к воеводскому дому. — Всех убейте! — крикнул он на ходу и скрылся в высоком крыльце.

На дворе поднялись вопли. Казаки, посадские, голытьба разом бросились на безоружных пленников, и кровь полилась по двору, залив даже костер.

Гришка Савельев ударом сабли прикончил воеводу и потом Лукоперовых.

— Будя с них! — сказал он добродушно. — Попомнят на том свете Ваську-атамана!..

VIII

Василий вбежал в пустые горницы воеводского дома и бросился по ним искать Наташу. В то время дома строились без определенного плана. К основному дому, в котором, может быть, поначалу было всего пять, шесть горниц, по мере надобности пристраивались горницы, а большею частью другие срубы. Их подгоняли не особенно тщательно, и потому приходилось их соединять друг с другом переходами, галерейками, лесенками то вверх, то вниз. В воеводском доме пережил свой срок не один воевода, и каждый делал какое-либо прибавление, так что потом. Он уже представлял собою лабиринт горниц, коридоров, лесенок, причем про иные горенки не знал и сам хозяин.

Василий бегал по переходам, по лесенкам и горницам, оглашая дом призывными криками, но дом хранил мрачное молчание.

Василию начинало казаться, что он сходит с ума.

В отчаянье бегая по горницам, он окровавленной саблею наносил удары ни в чем не повинной мебели. Мысль, что он не найдет Наташи, приводила его в ужас, и наконец, когда надежды уже покинули его, он увидал узкую лесенку и поднялся по ней наверх.

Радостный торжествующий крик огласил пустынный. Дом и был слышен даже на дворе.

Василий упал на поя и приникнул губами к помертвевшему лицу Наташи.

Она лежала недвижно, раскинув руки. Василий стал звать ее, называя нежными именами, лаская ее лицо, но она была все так же недвижима.

— Очнись, голубка!— говорил Василий.— Очнись, рыбка моя золотая! Я — твой Василий, я пришел за тобою, люба моя! Наташа! Наташа!

Он стал трясти ее за руки, за плечи, но она не приходила в себя. Новый ужас охватил его. Неужели она померла?

Он поднял ее, взял на руки и осторожно спустился вниз. Идя из горницы в горницу, он увидел в одной высокую пуховую постель. Подушки на ней были сбиты, одеяло сброшено.

Он тихо положил Наташу на постель и подбежал к окну. Окно выходило на двор, где происходило избиение беззащитных людей.

— Эй, люди! Кто есть! Ко мне! — закричал Василий. Кривой услыхал голос своего атамана и бросился к нему в дом.

— Возьми людей, из наших, — сказал ему Василий, — и поставь у этой горницы. Чтобы никого не пускали! Придут сюда за животами, скажи, эта горница моя и все в ней мое! Саблей руби, кто войти посмеет! Скорее!

Кривой выбежал и вернулся с Горемычным и Тупорылом.

— Вот тут и стойте! — приказал Василий, и, бросив проницательный взгляд на Наташу, он выбежал на улицу. Голова его горела, сердце сжималось страхом.

"Ах, если бы Еремейка был!" — думал он в отчаянье и вдруг увидал Калачева, дворянского сына. Он как-то избег общего удела и теперь, озираясь, крался вдоль забора.

— Стой — Василий схватил его за ворот. Калачев упал на колени:

— Смилуйся! Ни в чем не повинен! Я хотел идти в казаки проситься.

— Молчи и слушай! — сказал Василий. — Если хочешь жить, достань мне знахаря или знахарку.

— З-з-на... харя? — изумленно забормотал Калачев.

— Ну, ну! Ведь лечит тут у вас кто-нибудь?

— Есть, есть, милостивец! — оживился Калачев. — Ежели не убили его разбой... удалые казаки! Я мигом! — и он рванулся, но Василий удержал его:

— Врешь, вражий сын! Идем разом!

— Что же, я готов! — покорно согласился боярский сын. Они пошли по улицам, на которых бушевали казаки, голь и посадские.

Они врывались в дома, выталкивали оттуда всякое добро и кучей валили его на соборной площади. Иногда из дому выволакивали купца, дьяка или дворянина и быстро расправлялись с ним, обливая кровью пыльные улицы. При каждом крике Калачев вздрагивал всем телом, а Василий нетерпеливо кричал на него:

— Будешь шевелиться, или я тебя!

Наконец боярский сын подвел его к маленькой избе с двумя волоковыми окошками.

— Тут жил, милостивец, великий знахарь. У него воевода всегда пользовался. Викентием звать, поляк!

— Хоть черт! — сказал Василий. — Зови!

— Викентий! — закричал Калачев. — Викентий, друг!

Он застучал в окошко, но никто не отозвался на его призыв.

— Пойдем! — сказал Василий. Калитка оказалась на запоре, но Василий сбил ее плечом. Крошечный двор был пуст; они обошли его кругом, осмотрели избенки и наконец нашли Викентия на сеновале зарывшимся в сено.

— Ну, ну, вылезай! — вытащил его боярский сын.

Перед Василием встал крошечный горбун с огромною лохматой головою, в волосах которой торчало сено. Он дрожал на своих тоненьких ножках и, увидев казака, упал на колени.

— Смилуйся, пан добродею! — запищал он. — Я же худа не хочу добрым казакам. Пусть возьмут мой майонтек, только оставят жизнь!

— Брось выть! — крикнул на него Василий. — Иди за мною! Ты знахарь?

Карлик закачал головою:

— Я это все умею! И заговоры знаю!

— Ну вот тебя и надо! Боярышня обмерла. Идем!

Карлик совершенно оправился и принял даже гордый вид.

— Зараз! — сказал он. — Только инструмент возьму!

— Бери!

Через минуту Василий шел с карликом назад. Калачев уже от страха плелся за ними, боясь, что иначе его зарубят казаки.

Карлик едва поспевал за Василием, но, видя, как к нему относятся встречавшиеся пьяные разбойники, он боялся даже заявить о себе и, обливаясь потом, бежал; рядом с атаманом.

Они вошли в воеводский дом. Там уже хозяйничали казаки, но отведенная для Наташи горница осталась неприкосновенной.

— Вот! — сказал карлику Василий, указывая на Наташу.

Тот осторожно на цыпочках подошел к ней и стал внимательно слушать ее дыхание, потом покачал головою и вздохнул. Василий хрустнул пальцами:

— Жива?

— Жива-то жива, — ответил карлик, — только испугалась очень. Обмерла. Постой, пане, я кровь пущу!

Он вынул острый тоненький нож, обнажил руку девушки и ловко вскрыл жилу. Кровь, темная, густая, тяжелыми каплями закапала на пол.

Карлик качал головою, но следом за этим кровь пошла быстрее и, наконец, брызнула светлой, алою струею.

— Оживет! — радостно сказал карлик, ловко зажимая жилу и бинтуя обрывком полотенца раненую руку. Девушка медленно открыла глаза. Лицо Василия озарилось радостью. Он нагнулся над ее изголовьем и тихо сказал:

— Наташа!

В его призыве была вся его любовь. Наташа подняла голову, в ее глазах мелькнул словно испуг.

— Прочь, прочь! — закричала она неистово, вскочила на ноги и снова без чувств запрокинулась на постель.

— Не узнала! — с горечью и испугом сказал Василий. Карлик искоса бегло взглянул на него и покачал головою.

— Капское дело! — продолжал он.

— Что ты сказал?

— Я сказал плохо! — ответил карлик. — С ней злая болезнь будет. Огневица, и потом ее бесы мучить будут. Долго болеть будет!

— Вылечишь?

— Все от Бога!

— Так слушай! — сказал Василий. — Я не с Богом считаться буду, а с тобой! Вылечишь и проси с меня что хочешь. Я богат! Умрет — и я в твой горб ноги твои засажу и тебя на огне спалю, как гада! Понял?

Бедный карлик задрожал, как лист, и опустил голову.

— Я не Бог! — забормотал он.

— Молчи, — прошептал Василий, — а то велю батогов еще засыпать!..

Карлик сел на пол у постели больной и тихо заплакал.

— Не выпускать его без моей воли! — приказал Василий часовым и вышел.

— А я тебя ищу, батько, — закричал, идя Василию навстречу, Гришка, — надо дело робить! Да, цур тебя, що ты такой хмурый? Чего захилився, сынку? Але горе?

Василий махнул рукою:

— И не говори, друже! Коли умрет, я не жилец буду!

— Кто умрет?

— Невеста моя!

— Та-та-та, — засмеялся казак, — а я думал, что у доброго казака и женка, и невеста — одна саблюка! А што с ей?

— Заболела. Со страха, верно. Лежит и как мертвая!

— Ну и оживет, атаман! Пойдем горилки выпьем да про дела погуторим!

— Какие дела?

— А як какие? Про казачество рассказать надо, в казачество ввести, круг сделать, присягу взять, добро поду-ванить. Мало дела? А потом, что дальше! Куда отсюда пойдем?

Василий схватился за голову:

— Ах, одно у меня теперь дело. Тоска, тоска моя! И месть не радует!

— Негоже, атаман! — серьезно сказал Гришка. — Ты мне люб, и я по душе говорю: негоже! Кабы батька узнал, что ты по девке воешь, ой, плохо было бы! А дела своего, казацкого дела, забывать не можешь. На то атаман ты! Да, крепись, батька, — прибавил он весело, — а я тебе помогу. Что за казак, коли бабиться станешь!..

Василий встряхнулся.

— Тяжко, друг! — сказал он. — Все время мечту лелеял, и вот тебе — на!

— То ли бывает, батько! — ответил Весело Гришка. — Я вот двух коханок имел и потерял. А любили как!

— Померли?

— Ни! Бросил их, потому не казацкое это дело. Гляди-ка, народ уж весь собрался!

— За надолбы, други! — зычным голосом крикнул Василий. — Сейчас присягу возьму с вас! А ты, есаул, пошли молодцов за попами!

Он сел на коня и в сопровождении Гришки, Кривого и Пасынкова с союзниками поехал через посад за толпою.

Там, составив круг, он сказал всем, в чем они присягнуть должны, и повторил им, что есть казачество.

— Это вольная воля. Нет над тобой господина, и ты никому

не господин. У казаков все братья. Казак последним с бедным делится и всегда стоит за слабого и обиженного. Нет ничего лучше казачества, да никто лучше того и не удумает вовек!

К этому времени в поле привели пять священников. Они слышали уже про крупную расправу с их братией в Царицыне, Камышине и Астрахани и смирились заранее.

— Митрополит Иосиф смирился, — говорили они, — а мы и тем паче!

Народ стал креститься, целовать крест и кланяться Василию.

После присяги он объяснил им порядок управления. Велел выбрать тысяцких, сотников, пятидесятников и десятников и прибавил:

— А до прихода самого батюшки Степана Тимофеевича я атаман у вас, а Григорий Савельев есаул мой. У нас про все спрашивайте! К завтрому выберете и завтра добро дуванить будете, а теперь и по домам. Ишь, ночь на дворе!

Солнце действительно уже давно закатилось, и вечерняя тьма покрыла землю. Народ, гудя, как рой пчел, потек назад в город, но не для того, чтобы спать, а чтобы продолжать пьянство, буйство и разбой. Кабаки стояли раскрыты настежь, у некоторых домов стояли прямо на улице выкаченные из погребов бочки с выбитыми днищами.

— Гуляй, казак! — весело говорил Гришка. — Ой, любая жизнь! Ни тебе горя, ни тебе заботы. Придет смерть — помирать будем! Пойдем, Вася! А?

— Нет, — сухо ответил Василий и поехал к воеводскому дому.

Все время, когда он и говорил, и принимал присягу, и разделял новых казаков, только одна мысль о Наташе жила в его голове и сверлила ее словно буравом. Неужели умрет? Неужели все его страдания, и его разбойничество, и его любовь останутся без награды?.. Где правда?..

— Не будет того! У смерти вырву! — крикнул он почти в голос и вошел в разграбленные покои.

Кругом было темно, уныло и пусто. Шаги его гулко разнеслись по пустым переходам. Он едва нашел в темноте горницу и, отпустив часовых гулять, тихо вошел. Горницу освещали лампадки, и при их трепетном свете высокая белая постель, на которой лежала Наташа, показалась Василию катафалком. Он даже задрожал от страха и, крадучись, словно вор, подошел к постели. Он не узнал Наташи. Вместо мертвой бледности лица он увидал пылающие как жар щеки.

Недвижная раньше Наташа металась по постели, сжимала руки и быстро, быстро говорила:

— Пощади! Оставь! Ведь он старик, седой, слабый! Не мсти ему! Ай, огонь, кровь! Зачем ты меня тащишь? Оставь меня! Ха-ха-ха! Да! Я прокляла тебя! Уйди... кровь! Я боюсь крови! Поди умойся!

— С нами крестная сила! — в испуге крестясь, отшатнулся Василий.

— Тсс! — зашипел у него под локтем карлик.

— В нее вселились бесы?

— Огневица это! Ух! Страшная немощь! Десять ден она будет кричать и корчиться!

— С ней можно говорить?

Карлик покачал головою:

— Нет! Она теперь как безумная! Она ничего не видит, ничего не слышит. Тсс!..

Больная заметалась и заговорила снова.

Она вспоминала свои свидания, звала Василия, называла его нежными словами, потом клялась отцу, что любит одного Василья.

Он закрыл лицо руками, опустился на пол и зарыдал.

Карлик дал больной напиться, потом сел подле Василия и ласково заговорил:

— Ты бы лег, пан мой! Я буду с нею и не засну, а ты устанешь! Смотри, какие у тебя сухие руки, как горит твоя голова, а у тебя много дела!

— Уйди! Я не могу заснуть. Вылечи мне ее.

— Как Бог! Я помогать буду, а сам ничего не могу! — заговорил карлик. — Ведь мне, пан мой, мне ее как душу жалко!..

— Город сожгу, в церквах надругаюсь, если помрет она! — простонал Василий. Карлик задрожал. Больная снова начала кричать и метаться.

Она звала кого-то на помощь. Ей виделись всюду кровь, отрубленные головы. Карлик поднес ей питье, и она вдруг закричала:

— Это кровь, кровь! Я не буду пить ее. Я видела, как она текла в чан и дымилась!..

Голос ее гулко раздавался в пустых горницах, и Василий вздрагивал от суеверного страха.

Она видела, может быть, смерть отца и брата!

При этой мысли он вскочил и схватился за голову. Да нет! Она, вероятно, сразу сомлела от страха.

Наутро он вышел принять выборных и следить за дуваном,

и все с невольным состраданием посмотрели на него. Волосы его всклокочены. Воспаленные от бессонных ночей глаза горели сухим блеском, лицо потемнело и осунулось, и он казался страшен, как мертвец.

— Ну, ну, братику, — сказал ему Гришка, — этак ты и батьки не дождешься, я тебя в домовину упрячу! Ни, треба горилки выпить. Да много горилки, чтобы с ног сбило!

— Выпью, — согласился Василий, — иначе силы моей не станет.

— Вот это так! Вот-то по-казацки! — обрадовался Гришка. — Идем теперь дуванить, а потом продуванивать! Ха-ха-ха!

Страшную жизнь повел Василий. Казалось, днем он хотел в вине залить все горе, которое накоплялось за время бессонной ночи.

Прислушиваясь к бреду больной, он смутно начинал догадываться о причине ее болезни, но догадки были так мучительно ужасны, что он старался скорее утопить их в вине, чтобы они не разгорелись в его мозгу пожаром.

Гришка смотрел на него и только качал головою.

— От, и то бабы робят, — с возмущением говорил он, — был казак, удалый казак, а что с него сталось? Скажет батька той дивчине спасибо!..

Василий мучился.

— Скажи, скоро она в себя придет, чтобы с ней говорить можно было?

— Ой! — вскрикивал карлик. — Ни Боже мой! Она без памяти еще, может, целую неделю пробудет, а очнется такая слабусенькая, як былиночка. Дунь — и нет! Она пана любит, бардзо любит. Увидит его. Ах! И умрет!

Хитрый карлик уже понял страдания Наташи и грустную повесть ее любви и в то же время боялся даже намекнуть на свои догадки Василию.

При этих словах карлика Василий поникал головою. Он и ласкал карлика, и пугал его своими вспышками гнева. После дувана он надавал маленькому знахарю столько добра, сколько тот не имел за всю свою долгую жизнь, если сосчитать все его за то время доходы.

— Больше дам, — говорил ему Василий, — если ты ее вылечишь, а нет.... — И он только сверкал воспаленными глазами, отчего у карлика тотчас начинали стучать зубы.

— Атаман, — сказал ему однажды утром Гришка, — Ивашко Волдырь приехал!

— Где? — встрепенулся Василий.

— А где ж быть ему, как не в кружале.

Василий торопливо пристегнул саблю и пошел в кружало. Правая рука Стеньки Разина, так сказать его министр, сидел в кабаке, окруженный сотниками, и пил уже десятую чару за казацкую вольность, когда вошел Василий.

— Ото и сам атаман! — воскликнул Ивашка, грузно вставая. — Ну, почеломкаемся, казаче!

Он крепко стиснул Василия и поцеловался с ним трижды.

— Батька тебе поклон шлет и благодарность, что ему город взял, а завтра и сам будет. Да, чур тебя! — вдруг оборвал он свою речь и осмотрел Василья пытливым оком. — Али с тобой трясучка была, али огневица, что такой стал, что и в домовину краше прячут?

— Зазноба к нему тут привязалась... — смешливо начал один казак и тотчас осекся, увидев сверкнувший взгляд Василия.

— После скажу тебе, что у меня за горе, — сказал ему тихо Василий. Ивашка только потряс своей чупрыной.

— Ну после так после, а теперь пить будем, друже!

— Я от чары не сторонюся! — ответил, присаживаясь к столу, Василий, но Ивашка не обрадовался потом его компании. Словно туча нависла над всеми, и пилось и пелось как-то нескладно.

— Ой, друже, друже, — бормотал Ивашка, — испортили тебя дивки, нехай их!

— Ну, а что с тобою? — спросил он Василия, когда к ночи, взявшись за руки, шли по домам. Василий знал уже, что как ни пьян Ивашка Волдырь, а голова у него всегда свежа, и без утайки рассказал ему про свое горе.

— Ц-ц-ц! — чмокнул Ивашка. — Горе твое — горе; только не казацкое, друже! Батько не любит этого. Придется тебе зазнобу свою до времени оставить здесь, потому батько больно заскучал по тебе, а сказать ему — беда! У нас он строг насчет бабы. Свою полюбовницу сам в Волгу бросил, а наших прямо вешает али казаки рубят.

Василий вздрогнул:

— Не хотел я идти с ним, здесь хотел остаться!

— Худо! — покачал головою Ивашка. — На нее беду накличешь. Прикажет в воду посадить али просто повесить! Ни! Ты ее тут оставь. Сыщи ей местечко. Она выправится потиху, а ты и тут. И куда тебе ее больную? Так-то!..

Василий поник головою. В эту ночь он страдал так, что карлик несколько раз подходил к нему и говорил:

— Не тоскуй! Она поправится! — и при этих словах жалел в душе его еще более.

156

— Ах, теперь, Викентий, новая беда! Еще горшее!

— А что? Может, я помогу?

— Батька наш сюда едет, Степан Тимофеевич. А послезавтра дале пойдет и меня с собою утащит. Я уйду, а на кого ее, голубку, оставлю?

— А со мною? — ответил карлик. — Я ее как свое око беречь буду!

Василий покачал головою.

— Что ты? — сказал он. — Здеся будет пьянство да распутство. Придут к тебе и ее возьмут.

Карлик опустил голову, но потом вдруг хлопнул себя рукою по лбу:

— Стой! У меня тут друг есть! Русский поп, отец Никодим. Старый он, да такой ли добрый. Дом у них что острог. Крепкий. Работник есть! Ты еще кого оставь тут. Вот мы и удержим ее!

Василий благодарно взглянул на карлика.

— Верю я тебе! — сказал он с горячим чувством. — Коли уеду, на тебя одна надежда. Убереги! И тебя, и попа твово осыплю!

— На что нам золото! — ответил карлик. — Я и так доволен твоею милостью!

— Так ты сходи, милый, завтра. Спознай у попа-то. Може, и не захочет.

— Что ты? Да что он, то я. Коли я говорю, он не отопрется. Завтра в ночь и перенесем ее, голубушку!

Василий кивнул головою и успокоился хоть отчасти. Чувствовал он теперь, что уж Наташа без него не узнает обиды.

На другое утро чуть свет он отдал распоряжения и выехал из Крестовых ворот встречать Стеньку Разина.

IX

Толпа народа валила из города к пристани, повидать своего батюшку. Василий с Ивашкой Волдырем, Гришкой Савельевым, Кривым и Пасынковым, со стрелецким головою и пушкарским, с десятью сотниками остановились у самой пристани.

Ждать пришлось недолго.

— Идут! Идут! — послышались возгласы. Толпа заволновалась и придвинулась.

— Осади! — крикнул Василий, и пришедший для встречи

отряд стрельцов стал отодвигать толпу, колотя передние ряды по чем попало палками своих бердышей.

Вскоре на Волге показались струги. Впереди шел малый есаульский струг.

— Еремейка со Степкою Дружинкиным валят! — сказал Ивашка и стал махать им своей шапкою. Но они прошли мимо пристани. Следом двигался струг, весь обтянутый в черное, с черным флагом, с черными парусами.

— Кто в ем? — загудели в толпе.

— Патриарх Никон, что боярами ссажен! На колени! — пронеслось откуда-то, и вся толпа упала на колени. Василий со своими людьми сошли с коней и тоже стали на колени, а струг медленно, плавно прошел мимо пристани. За ним плыл весь разукрашенный золотою парчою, с двуглавым орлом на флагах, с пунцовыми парусами струг.

— Многая лета свету царевичу Алексею Алексеевичу! — раздались крики в толпе, и скоро отдельные возгласы слились в сплошной клич, а струг величественно прошел мимо пристани, и ничто на нем не проявляло жизни. И наконец показался атаманский "Сокол". Сам Стенька Разин в золотом парчовом кафтане, отороченном соболем, в собольей шапочке с пером цапли на околыше, с легкой саблею у бедра стоял на самом борте струга и приветливо кивал головою. Рядом с ним виделся коренастый Фролка.

Толпу охватило словно безумие.

— Много лет батюшке Степану Тимофеевичу! — заревели на все голоса люди, бросая кверху свои колпаки. Струг подошел к пристани, и Стенька быстро сбежал по сходням.

Василий подошел к нему.

— Васенька! — радостно воскликнул Разин. — Здорово, друже! Стой, поцелуемся! Уж и порадовал ты меня! — говорил весело Разин. — Я думал, кровь прольется, а ты и город взял, и казаков моих уберег! Порадовался я, как гонца твоего услышал!

Василий смутился, думая, что Разин шутит. Пасынков тихо сказал ему.

— Прости, атаман, это я человека с весточкой погнал!

Василий благодарно кивнул и стал обниматься с Фролкой.

— Соскучали мы за тобою, Василий, — сказал Фролка, — ровно братана нет! Что похудел?

Но Разин уже сел на коня, и Василий, не отвечая, поспешил тоже вскочить в седло.

— Многая лета батюшке Степану Тимофеевичу! — ревела исступленно толпа.

Стенька кивал головою и кричал в ответ:

— Спасибо на ласке, добры молодцы!

Стрельцы окружили его. Затрубили трубы, загудели тулумбасы, и шествие тронулось к воротам.

Это было торжество победителя, триумф наглого вора.

Едва он въехал в ворота, как со всех сторон загудели колокола и ударили пушки.

Ему навстречу двинулись священники с хоругвями и крестами.

Он сошел с коня, лицемерно поклонился в землю и, крестясь двуперстно, приложился к кресту.

Выборные от города стали на колени, протягивая ему ключи от города и блюдо с хлебом с солью.

— Многая лета батюшке Степану Тимофеевичу! — ревела толпа, и этот рев разливался по всем улицам. Лицо Стеньки сияло торжеством.

— Спасибо тебе, Василий! — повторял он ласково. — Нигде меня так не честили!

Он медленно двигался по тесным улицам, народ теснился у самых стремян.

Наконец у приказной избы Стенька сошел с коня и вошел в избу. Там стоял уставленный бражкою стол.

— Ну и спасибо тебе, Василий! — взволнованно сказал Василию Степан, обнимая его. — Праздник ты мне сделал! Душу усладил! Чем награжу тебя, брат названый! Фролка, дадим ему шубу, на которую Львов польстился, а?

— Что же? Мне ему ничего не жалко! Я его за старшего брата чту! — ответил Фролка.

— И дадим! — развеселился Степан. Валяй, Василий! А теперя садись, гостей чествуй да про дела говори!

Степан сел за стол, рядом с ним сели Фролка и Василий, а там Волдырь, Савельев и другие есаулы, сотники и головы.

— Пей, казаче! — закричал Волдырь.

— Многая лета батюшке Степану Тимофеевичу! — гудело на площади.

— Что ж, нашел своих обидчиков? — спросил Стенька.

Василий кивнул.

— Всех трех?

— Всех!

— И рассчитался?

— Чего, — вмешался Гришка, — чего я уж не видал, как мы над персюками мудрили, а такого и не удумал. Связал отца-то с сыном лицом к лицу и жарил на огне. Одного жарит, другой смотрит. Диво!

— Так их надость, — угрюмо сказал Стенька, — попадись

мне князь Долгорукий... Ой, князь! Ночки не сплю, ему казни удумываю. Не день, не два, месяц терзать буду!.. А что люба твоя? — вдруг спросил он.

Василий вздрогнул и потупился. Не хотелось ему говорить про любовь свою при всех, но Разин пытливо смотрел на него и ждал ответа.

Тихо, прерывисто рассказал Василий про свое горе, а Стенька ухмыльнулся и хлопнул его по плечу:

— Не горюй, друже! Оно и к добру. Будь здорова, тебя бы и не сманить отсюда, а как хворая — так со мной уйдешь. Возьмем Симбирск-городок, Казань! А там я тебя атаманом над Казанью поставлю и сам поженю! Не тужи, друже!.. А где она?

— В воеводском доме.

— Ц-ц-ц! — умолкнул Стенька. — Убрать ее оттуда надо. Я там стану, а где я на походе, там девке не место.

— Я убрать ее и приказал, — тихо ответил Василий, вздрагивая от неясных обид ко своей милой.

— Ну, ин!.. А мы туто день пробудем — и на Самару, а там на Симбирск! Пока до зимы до Казани дойти надоть, там перезимовать — да на Москву: Так-то-с! Наливай, Вася! Пей!.. А тут атаманом тебя, Гришка, оставляю. Блюди!

— Спасибо на милости! — поклонился Савельев, лихо сдвигая на затылок шапку.

— А много зла перевели?

— Да все по порядку! — ответил Гришка. — Бояр, да дворян, да купчишек, да приказного люда, все полтораста набралось А там дела пожгли, добро подуванили, всех к присяге привели. Все по ряду!

И, мешая праздный разговор с деловым, Разин пил, пока не сложил свою буйную голову на стол и не захрапел богатырским храпом.

Василий быстро прошел в воеводский дом.

— Готово у тебя? — тревожно спросил он карлика.

— Все! — ответил он.

— Так понесем!

— Зови людей, атаман! Надо с великой осторожностью!

Василий сбежал вниз и позвал своих людей. Карлик суетился и все указывал. Василий смотрел на него уже как на лучшего друга, как на своего спасителя.

— Сюда! Вот так! Еще доску! Теперь перину! — командовал карлик, сооружая носилки из копий и досок.

Потом они тихо положили Наташу, укутали одеялом и осторожно понесли по узким улицам, окружив носилки стражею. Василий шел рядом с носилками, и мгновениями ему казалось, что он хоронит Наташу. Слезы сжимали ему горло, и он останавливался в волнении.

Позади церкви показался поповский дом.

Крепкий дубовый сруб, высокий забор, крепкие тесовые ворота — все производило впечатление крепости и покоя.

— Сюда, сюда, милостивцы! — говорил старый, седой священник с добрым, морщинистым лицом.

Он раскрыл широкую калитку и впустил носилки.

— А вас уж и не надобно! — сказал он страже. — Здесь всякий у меня в безопаске!

Он провел их в светлую горницу и там уложил Наташу.

— Погляди за ее спокоем, отче! — глухо сказал Василий. — Я ничего не пожалею!

— Ну, ну! Христианское дело, не для мзды! — отвечал священник.

Василий поклонился и спешно ушел, боясь, что его хватится Стенька.

"Словно бросил ее!" — с горечью думал он и в то же время чувствовал, что судьба его бесповоротно уже связана с судьбою атамана.

Только до Саратова он рвался, сгорая жаждою мести, и ему не было охоты даже идти разбоем, но возврата он не видел, да и душа его как-то свыклась с разгульною казацкою жизнью.

"Двум смертям не быть, одной не избыть! — думал он. — А тут хоть чувствуешь свою волю вольную". И только болезнь Наташи томила и мучила его и своим неизвестным исходом, и своею тайною причиною. В уме мелькало смутное опасение, от которого он стонал и плакал.

ЧАСТЬ ПЯТАЯ

I

Воевода симбирский, Иван Богданович Милославский, тревожился не понапрасну. Все вокруг волновалось, словно море в бурную погоду. Что ни день, приезжали перепуганные помещики, бросившие свои усадьбы во власть холопов, и селились в своих осадных домах.

Весь день с раннего утра Милославский был на ногах: то в приказе диктовал письмо к воеводам саратовскому, самарскому, казанскому, в города своего воеводства диктовал строгие наказы "вора беречься, а людей с прелестными письмами и иных смутьянов имать и ему доставлять", то в пыточной башне он чинил допросы людям, заподозренным в измене и сношениях с ворами, то осматривал укрепления, считал свое малое войско, готовился к обороне, то, наконец, держал совет с ближними своими детьми боярскими, дворянами и стрелецкими головами.

И что ни день, то худшие вести со всех сторон доходили до него.

Прибегавшие в город помещики рассказывали всякие страхи. Чуваши, мордва, черемисы — все поднялись, бродят толпами, жгут, режут, неистовствуют.

— Срамно рассказывать, — говорил один помещик, убежавший из-под Атамара, — баб, что пищали, зельем набивают и фитиль прикладывают! Младенцев кверху мечут и на копья берут!..

Милославский слушал и только хватался за голову.

— Что сделаю! — восклицал он в отчаянье. — Пошлю стрельцов, город без защиты оставлю. У меня и так всего четыре приказа.

Из Саратова и Самары в ответ на свои письма чуть не в ту же пору он получил воеводские письма, в которых его просили о помощи. "Царь-государь, — писалось в тех письмах, — заказал нам всем вести себя с великим бережением и друг дружке помочь чинить, а потому пошли нам войска. Со своими людишками не устоим против вора".

Милославский горько смеялся.

— Вот, Онуфриевич, — говорил он своему дьяку, — а мы с

162

тобой только что такие же грамотки послали. Только себя тешим!

— Никто, как Бог, Иван Богданович, — вздыхал дьяк, — всем от вора великое теснение! Помирать, видно, готовиться надоть!

— Постой, дьяче, — сурово перебивал его Милославский, — нам с тобою такие речи говорить негоже. В людях и то малодушество, еще мы станем слезы лить!..

Прошло еще немного времени, и раз, когда Милославский сидел в приказе, ему пришли сказать:

— Сидит у тебя в избе какой-то человек. Бает, из Саратова. А Саратов ворами взят!

Милославский быстро прошел к себе. Перед ним встал высокий, статный мужчина лет сорока. Кафтан на нем был испачкан, ноги босые и голова простоволосая.

— Кто еси? — спросил его воевода.

— Корнеев, милостивец, дворянин саратовский! — ответил мужчина. — Почитай, один живот сохранил.

— Саратов взяли?

— Взяли, воевода! В одночасие взяли. Легли спать в спокойствии, проснулись в утрие — и кругом воровские люди. Пожар, кровь, крики и всякое поругание. Посадские людишки воров пустили, город запалили, и стрельцы отложились.

Воевода задумался.

— Так, так, — произнес он вполголоса, — первые воры! Вот кого беречься надобно. Сам Стенька Разин был? — спросил он.

— Идет и сам. А впереди нашего же дворянина Ваську Чуксанова заслал. Он и город взял!

— Свой дворянин! — удивился воевода. — Да что у него, креста на шее нет? Как могло такое статься?

— Про то не знаю! Баят, осерчал очень на воеводу, так в отместку.

— Ну, ин, — поднялся воевода, — теперь мне недосуг. Ужо поговорим; а пока что прикажу тебя здесь помогать, на службу запишу. Нам людей надо. Укажу места тебе!

— Рад за государя живот положить! — ответил Корнеев, кланяясь.

Еще пуще задумался воевода, а там, еще спустя неделю, прискакал его посланец, боярский сын Усамбеков, с вестью из Самары, что и Самара взята и идет Разин вскорости на Симбирск.

— Большой бой был? — спросил Милославский.

— А и боя не было, — ответил Усамбеков, — посадские

ворам ворота открыли и башни подожгли. Нельзя и биться было.

— Опять посадские! — воскликнул воевода. — Ну, ну! Я же дури не сделаю, не дам им воли!

В тот же вечер, словно мух из горницы, он выгнал посадских из города всех в посад.

— Пусти, воевода, государю. послужить! — просили некоторые.

— Вору служить хотите, а не государю! Хотите государю прямить, и в посаде биться будете. Тамо и стены, и надолбы, и острожек есть! Крепко сидеть можете!

— Ну, ин! — говорили посадские. — Мы тебе, воевода, покажем! Придет наш батюшка, потрясем тебя за бороду!

Милославский удвоил свою внимательность.

В ров, что окружал городскую стену, он напустил воды и закрепил честик. Из посада перевез все запасы муки, зерна и мяса; укрепил стены и башни и указал каждому свое место.

Каждый день он говорил стрельцам:

— Государю прямите, прошу слезно! А еще прошу, коли будет промеж вас кто двоязычен, берите его и ко мне вора! Я ему потачки не дам и вас награжу. Прогоним вора — и государь всех пожалует!

— Не бойся, воевода, — отвечали стрельцы, — до последней крови поборемся.

— Верую в вас!

Однако он все-таки сумел в каждый стрелецкий отряд в полсотни поставить одного или двух боярских детей.

Усамбекова, чуть он отдохнул, послал воевода с письмом в Казань.

— Говори воеводе, что в Самаре видел, — наставлял он боярского сына, — да скажи еще: вору на Казань одна дорога — через нас. Мы не пустим, и князю не боязно, и вся честь ему. А у нас, скажи, в людишках недостача и кругом воры. Не устоим, государь с него спросит!

Наступило томительное время. Каждый день все ждали, вот придет весть, что вор близко. Каждую ночь, ложась, думали: вот поднимется сполох и вот нагрянет. Милославский уже затворился в городе и прервал сношения с посадскими. Только изредка днем проходил отряд стрельцов по улицам посада, забирал иных за дерзкие речи и уводил в пыточную башню.

— Ништо, — бормотали посадские, — знаем мы твою льготу. Вот ужо придет Степан Тимофеевич!

— Постоим, государи, — каждый вечер говорил

Милославский наезжим помещикам и своим близким, — не шуточное дело деется. Надо храмы Божий защитить от поругания, жен и дочерей от насильства, себя от лютой смерти!

И все отвечали:

— Не пожалеем жизни своей!

Что ни день пробирались в город чудом спасенные от смерти саратовские и самарские дворяне, и от их рассказов холодела кровь и волосы шевелились на голове.

В особенный ужас привел всех Корнеев рассказом о смерти Лукоперовых.

— Сам-то я, — говорил он, — о ту пору в навоз закопался, а на голову лопату положил. Им и невдомек. А потом, грешен, перед этим Васькой Чуксановым крест целовал, а там и убег.

— Ты бы к попу сходил, — советовал ему воевода.

— Ишь, а и не знаю. Я уж тут у Успенья был. Поп на меня за грех епитимью наложил. А в субботу отпустить собирался.

— Что же, грех подневольный! — соглашались слушатели. — Ничего не поделаешь!

И рассказы об ужасах Самары и Саратова еще более укрепляли сердца защитников.

Всякий, страха ради, становился храбрым и мужественным.

— Батюшка, Иван Богданович, идут! — вбежав в воеводскую горницу, сказал стрелец.

— Кто, где?

— Воры! По Волге, по суше. Много!

Милославский вышел из дому.

— Откуда видел?

— С башни, государь, со старухи!

И Милославский пошел на угловую башню. Она называлась "старухою" потому, что была самая старая. В нижнем ее ярусе стояла пушка, тюфяк чуть не со времен, Феодора Иоанновича. Потом над нею надстроили еще четыре яруса. Она была самая высокая, красивая, но все-таки называлась "старухою".

Воевода поднялся на самый верх башни и взглянул вниз по Волге.

Словно белой пеною она вся была покрыта белеющими парусами стругов. Он взглянул окрест. Различить еще трудно было наступающее полчище, но видна была туча пыли, закрывшая даже ясную даль.

По свежему осеннему воздуху доносился смутный гул.

Милославский широко перекрестился.

— Спаси, Боже, люди твоя и благослови достояние твое! — произнес он набожно и стал спускаться вниз.

— Ты, Ермил, стой тута, а я тебе еще на помощь пришлю. Смотри и про все мне доноси!

— Отворите храмы, совершим моление! — распорядился он, приготовляясь к обороне.

Лицо его было мужественно и покойно, осанка горда, и, смотря на него, всякий чувствовал себя успокоенным.

— Таруханов, — позвал он боярского сына, — пока еще можно, скачи на Казань, проси помощи. Скажи воеводе, дескать, и писать недосужно! Вор под городом!

Таруханов помчался.

II

Словно лавина подвигался со своею ватагою Стенька Разин. Его девять тысяч увеличились уже до тридцати, со всех сторон к нему приставали холопы разоренных усадеб, посадские и стрельцы взятых городов, мордва, черемисы, чуваши, и он уже гнал их прямо нестройными таборами, словно тучу саранчи.

Самару, как и Саратов, он взял без боя. В три дня ввел свое казацкое управление, подуванил добро, казнил всех приказных, дворян, боярских детей, подьячих и купцов, утопил воеводу, сжег приказные дела и уже двигался дальше.

— Вот мы как, Васенька, — хвастался он пьяный на своем струге, — ровно чайки летим по ветру! Эхма! Астрахань с вечера, Саратов на белой заре, на Самару лишь рукой махнем, Симбирск-город легким посвистом возьмем, а там и Казань нам поклонится!

— Дрожат воеводишки! — отзывался Фрол.

Чуксанов пил и молчал. Дума о Наташе не давала ему покоя. Теперь он чувствовал, что она выздоровеет, но рядом с этим страшные мысли пробирались в его голову, когда он слово за словом восстанавливал ее бред. Вспоминая старое время, она называла его ласковыми именами, а потом гнала и "ляла его. "Неужели батюшка с братцем натолкали ей в голову против меня", — думал Василий и жалел, что еще мало мучил их.

— Брось, Вася, кручиниться! — говорил ему Разин. — Гляди, до Казани дойдем, какую свадьбу сыграем! Ой! Гуляй, казак!..

— Симбирск! — на заре пятого сентября закричал Ивашка Волдырь, вбегая в рубку атамана.

166

— Ой ли? Вот так скоро! — радостно воскликнул Степан, вскакивая. — Идем, казаче, взглянем!

Он вышел на палубу, и перед ним на низине открылся Симбирск, освещенный холодным солнцем. Ясно, спокойно, вырисовывался он на фоне бледного неба и, казалось, не чуял беды, которая шла к нему спешным шагом.

— Вот он, миленький! — сказал Степан. — И не надо тебя, да на дороге стоишь! Вася! — обратился он к Чуксанову. — Ты все сумный такой. Сойди-ка на бережок, достань языка, милый друг!

Василий послушно отошел и сел в челнок. По берегу шел его есаул Кривой со своей сотней, в которой Кострыга, Тупорыл и Горемычный стояли десятниками, а Пасынков и Дубовый пятидесятниками.

Василий с трудом разыскал их среди нестройных полчищ мужиков. Густой тучей ехали башкиры на своих маленьких конях с саадаками за плечами, со страшным чамбулом на луке высокого седла. Тут же гнали стада баранов, оглашавших воздух нестройным блеянием. За ними шли холопы и мужики с дубьем, с косами, с рогатинами, стадо быков и коров, казаки, несколько сотен, более для порядку, а там мордва, чуваши с дубинами и топорами. Василий ездил между ними, пока, наконец, набрел на свою сотню.

Кривой ему обрадовался.

— Атаман! — закричал он. — А мы думали, что ты уж и бросил нас!

— Со смертью уж брошу, — ответил Василий, — дай-ка мне человека два языка снять!

— А зачем два? У нас Аким на это. Он тебе живо достанет.

Василий позвал Акима

— Языка достать надоть!

— А можно.

— Один-то управишься?

— А одному-то легче, государь!

Василий нахмурился. Как ни учил он Акима, но тот в своем прежнем господине не мог признать себе ровню.

Он низко поклонился Чуксанову, повернул свою лошадь и выехал из войска.

Чуксанов поехал со своею сотнею. По дороге Кривой без умолку говорил ему.

— Бог это тебя нам послал! Глянь, как идут! — указал он рукою на крестьянские ополчения. — Вот и мы бы так шли, а теперь нищто! Что казаки! У всех кони, мечи, копья. Я в Самаре-то во какой чекан достал! — он показал на свой чекан с

167

серебряными насечками. — Дубовый такой же шестопер имеет важный. И казна есть, и кафтан. А все ты! Полюбился ты атаману, а за то и нам хорошо. Живем — любо!

Василий невольно улыбнулся. Действительно, из отряда в шесть человек он в Царицын привел сорок да к Астрахани сотню, и эта сотня была едва ли не лучшею во всем войске. Казаки мутились и ссорились между собою и подчас сотника брали на сабли, а у Василия по его слову согласятся наложить на себя руки, не токмо что на противника.

— Пожди, — мечтательно сказал он, — кончим все это дело, женюсь я, уйдем на Дон, заведу я себе хутор, ты рядом, и заживем тогда без воевод да бояр! — и он сам засмеялся своей мечте. Не то сулила ему судьба.

— А вот и он! — сказал Аким, подъезжая к Чуксанову. Василий обернулся. Аким сидел на коне, а позади, держась за его плечи, сидел белобрысый мужик в армяке и гречишнике.

— Как взял его?

— Да и брать не надо было. Сам шел, я только подвез!

— Ну и ладно! Садись, друже, ко мне теперь... Я тебя к атаману повезу!

Мужик кивнул головою, соскользнул на землю, ловко прыгнул за седло к Василью и, как кошка, уцепился, за его плечи.

Василий поскакал к берегу.

Разин сидел на палубе, когда Василий привел к нему посадского.

— Вот и язык! — сказал он.

— Лихой ты у меня! — похвалил его Степан, а мужик, увидев атамана, повалился в ноги и радостно воскликнул:

— Многая лета тебе здравствовать, батюшка наш, Степан Тимофеевич!

Степан весело засмеялся, обнажив белые, крепкие, как у волка, зубы.

— А ну, здравствуй и ты! — сказал он. — Кто таков?

— Николка Белобрыс, с посада!

— Что скажешь: ждут меня людишки?

— Ждут, батюшка, как солнышко. Пойди к нам, хлебом солью встретим!

— Ну, ну! Ввечеру у вас буду. Вы мне воеводу свяжите!

Белобрыс почесал затылок.

— Не можно этого...

Степан нахмурил свои густые брови.

— Как? Почему не можно?

— Догадлив пес, — ответил посадский, — заперся у себя в

Кремле, рвом окопался и нас, посадских людишек, только вешает, а чтобы в город — ни-ни!

— Так-то! — усмехнулся Степан. — Смекнул. Ну, да черт с ним, мы тогда силой возьмем. У нас для него припасено.

Белобрысый оживился.

— У нас, батюшка, и острожек есте! Кре-епкий!

— Ладно! — сказал Степан. — Выпей теперь с дорожки. Эй, дайте ему вина!

Казак поднес ему чару.

Белобрыс улыбнулся и, старательно вытерев губы, взял чару.

— Многая лета тебе, батюшке! — сказал он, выпивая.

— На здоровье! — ласково ответил Степан. — А теперь иди к своим и скажи, чтобы к вечеру ждали! Да скажи им: иду я против бояр, да воевод, да приказных людей, а всякому бедному я как брат родной. Скажи: иду я везде казачество установить, чтобы все равны были. И сам я не хочу царем быть, а хочу быть всем вам братом! Дай ему, Вася, полтину!

Чуксанов дал посадскому полтину, и тот, радостный, уселся в челнок, ехать на берег.

— Ну, а мы думать станем! — сказал Степан. — Зови есаулов, Фролушка!

На палубе струга разложили ковры и подушки, принесли вина и меда, и скоро Степан со своими есаулами стал совещаться, как взять Симбирск.

— Что там, — решил Волдырь, — разве не брали мы городов силою? Закричим "нечай!" да и полезем, а посадские пущай стены жгут!

— Ну, ну! А когда пойдем?

— Да враз! Я вот возьму полтысячи, да сейчас в посад, огляжу, пушки поставлю, а там и ты!

— Ну, и ходи, Ивашко мой! — одобрил Степан. — А мы за твое здоровьице выпьем! Вася! — окликнул он Чуксанова. — Будет дело! А? Поработаем, братик!

— У него одно на уме, — сказал Фрол, ухмыляясь, — о своей зазнобушке. Забыл казачество.

Василий тряхнул плечами.

— Казачество не забыл, врешь, Фрол. А что о ней думаю, то твоя правда!

— И брось! — сказал Степан. — О бабе думать добра мало. Гляди вот, пожену тебя, ты и не поглядишь на нее больше!

Василий отрицательно покачал головою.

— Верно! Я, братик, и сам не мало любил. Только, чур! Как вижу, что бабиться начинаю, сейчас бабу в воду или ножом. Ну ее! Вон у меня жинка есть в Качальнике, так я ее и не вижу. Выпьем лучше!

Василий жадно прильнул губами к кубку. Фрол засмеялся.

— Так-то лучше! Я вона в Астрахани повязался. Боярская дочь! Такая ли пава. А уходить пришла пора, я ее казакам отдал, а они ее в воду!

— Наше дело казацкое! — промолвил Еремеев.

— А ну, казаче, пора и на берег! — объявил Степан, вставая.

Струги все уже стояли на причалах, и сходы были перекинуты на берег. Казаки уже сошли и строились. Пять сотен ушли с Волдырем вперед.

Степан сел на коня и поехал по рядам.

— Дело будет, молодцы, — говорил он, — не посрамим казачества!

— Постоим, батько! — отвечали казаки.

— Ну, вы! — говорил Степан мужикам и холопам. — Сегодня биться надо будет. Покажите себя!

— Веди нас, батюшка! — отвечали мужики.

— Идем на город! — распорядился Степан и двинулся со своими полчищами.

Он въехал в посад, как победитель. Посадские кричали ему здравия и бежали за ним толпою.

По узким улицам он доехал до острожка.

Это было небольшое укрепление со стенами и рвом, как есть, посередине посада.

— Добро, — проговорил Степан. С ним сравнялся Волдырь.

— Крепко засели, собаки, — сказал он, — и вал нарыли. Хоть ты што!

— А ну? Сбирай-ка ты всех, да не гляди! Василий, веди! Фрол, иди на стены! Разом! Вели сюда пушки тащить!

— Нечай! — раздался через минуту воинственный крик воров, и все тучею ринулись ко рвам, кидая в них ворохи сена и перебегая к валу.

— Бум! — грохнула угловая пушка. Казаки отшатнулись.

Ивашка и Еремеев с двумя сотнями уже полезли на стены, на них вдруг опрокинулись груды камней, страшные коты, и они убежали все за ров.

— Ничего так не будет! — сказал Еремеев и поскакал к Степану.

Степан Разин стоял на берегу рва с обнаженной саблею и хрипло кричал на толпы холопов.

— Лезьте, собачьи дети! Десять собьют, один войдет. Что будет! Лезьте!

— Бум! — громыхала пушка, и чугунное ядро месило толпы холопов.

— Не можно, батюшка! — сказал один, вылезая изо рва весь мокрый.

— Вот тебе, трус поганый! — прорычал Стенька и перекрестил саблею мужика. Перерубленный до пояса, он покатился назад в ров. В это время к Разину подъехал Еремеев.

— Батько, — сказал он, — понапрасну людей губим! Ночь, не видать, а у них все крепко!

— А к завтрому крепче будет! — ответил Степан.

— И мы увидим!

Василий и Фролка подъехали тоже.

— Пустое дело! Ничего не будет, — объявил Фролка.

— А ты? — обратился Разин к Чуксанову.

— Отложить надо. Ничего не видно!

— Трусы вы! Вот что! — выругался Степан. — Кричи назад! — и он съехал с насыпи.

Шум борьбы сменился тишиною. Мрачный, угрюмый Стенька вошел в отведенную ему избу. Все вошедшие с ним молчали, зная его неукротимый нрав.

— Вася, — обратился он к Чуксанову, — поди поспрошай. Може, кто со стены свалился, из иных! — и лицо его потемнело от злобы.

Василий вышел, взял Кривого с Дубовым и осторожно перебрался на другую сторону рва. На каждом шагу они натыкались на мертвых и раненых. Раненые стонали и вопили, но Василий ничего не мог разобрать в темноте. Ему становилось жутко.

— Уйдем! Ну его! — сказал он. Они пошли прочь и стали спускаться к реке.

— О-о-ой! — раздалось под ногами Василия. Он нагнулся.

— Кто? — спросил он тихо.

— Брат, пособи! Не дай умереть, — простонал в темноте хриплый голос.

— Что с тобою?

— Со стены упал, — хрипло ответил раненый, — ногу сломал, видно!

— Из города? — еще тише спросил Василий.

— Дворянин!..

— Волоки его, атаман! — вдруг раздался голос Кривого над самым его ухом. Василий вздрогнул. Убить в бою, отомстить за свои обиды. Так! Но взять раненого и вести его к атаману для спроса... он задрожал.

Но Кривой и Дубовый уже подхватили раненого и волокли в посад. Василий, опустив голову, шел за ними.

Словно у голодного волка вспыхнули у Разина глаза, когда он увидел раненого.

— Положите его! — приказал он. — Да позовите двух хлопцев!

На зов вошли два казака

Раненый, слабо стоная, лежал на полу горницы; сломанная нога его казалась бревном.

— А ну, плесните ему воды! — сказал Разин. Казаки плеснули из ковша. Раненый открыл глаза

— Где я?

— А где надобно, друже, — усмехнулся Степан, — у вора и разбойника, Стеньки Разина!

Лицо раненого исказил страх; он вскинул рукою, словно заслоняясь, и опять лишился чувств.

— Плесните-ка на него!

Раненый очнулся.

— А ну, друже, скажи: много у вас разных людей в Кремле? Раненый молчал.

— Потяни его, казаче, за ногу!

Казак грубо наступил на сломанную ногу. Словно от электрического удара, раненый вздрогнул и почти сел. Потом запрокинулся снова.

— Ну, много людей?

— Десять тысяч!

— А ну еще, казаче!

— Пять! — закричал пытаемый.

— А кто? Ты, казаче, держи ногу, держи!

— Четыре приказа стрелецких да иных прочих с полтысячи.

— А кормов много?

— Не знаю!

— Э, да ты, хлопче, упрям!. Неси-ка сюда лучины, казаче. Мы его огнем!..

Василий выбежал из избы и закрыл лицо руками. До него донесся пронзительный вопль. Василий зажал уши и пустился бежать от избы...

Когда на заре он возвратился к ней, у входа лежала какая-то безобразная окровавленная масса. Василий с ужасом отвернулся.

Стенька Разин вышел из избы с Фролкой.

— А! — приветствовал он Василия. — Пойдем валы смотреть!

172

Что-то непобедимое было в нем, потому что Василий против воли повернулся и пошел за ним следом.

Стенька медленно обошел вокруг города и задумчивый вернулся в избу.

— Вот что, братцы, — сказал он, — пес вчера правду сказал: поломаем тут зубы мы. Ишь ведь, как укрепились! Да ништо! Возьмем тогда отсидкою. Теперь так — нонче же вокруг вал нарыть, да повыше! И на него пушки втащить. Это раз! А другое — острог укрепить надо. Это ты, Ивашко, сделай, а ты, Фролка, вал и пушки! Чтобы вскорости и зачать дело.

Он был мрачен как туча и бросил пить.

Целые дни он ходил по посаду, поспевая везде, указывая, где ставить пушки для осады, где копать рвы для защиты.

— Иди казаков считай, а холопьев этих брось! Их все едино много. Отобьются — и в поле!

А холопы все шли и шли к Стеньке Разину.

Словно саранча они облепили Симбирск, наводнили окрестности, голодные, оборванные, с жаждою боярской крови.

Защитники Симбирска спали посменно, да и то не сходя со стен и башен. Милославский был всюду: в городе он утешал женщин и детей, на стенах ободрял воинов.

— Немного, немного, а там из Казани подойдут! — говорил он. — Как мы их отбили-то, ах!

— Боярин, глянь-ка, что делают! — указал ему на другой же день стрелец.

В посаде шла возня. Холопы и посадские рыли и тащили землю, накидывая ее кучами за рвом.

— Ишь, собаки, вал мастерят! — сказал боярин. — Пожди немного, а на вал пущать их не будем.

— Ей вы, скоморохи! — закричали из посада казаки. — Вам дворянин поклон шлет.

И один казак, подъехав к краю рва, поднял на копье голову замученного дворянина.

— Корнеев! — воскликнули узнавшие голову.

— Упокой, Господи! — крестились на стене. Милославский перекрестился и вздохнул.

— Каждому своя доля, — сказал он, — из Саратова бежал сюда за смертью. Сбей-ка, Антоша, вот этого! — приказал он стрельцу.

Тот взял ружье, фитиль и положил ружье на козлы. Долго он наводил тяжелый ствол, потом приложил фитиль, и выстрел грянул. Казак свалился с коня.

— Бьют! Наших бьют! — заревели в посаде. Толпа воров кинулась к трупу товарища.

— А ну-ка из "польки"! — приказал воевода.

Пушкарь приложил фитиль к заряженной пушке, названной "полькой", потому что она была отбита от поляков, и ядро с громом полетело в посад. Раздались вой и крики.

— Это поминки по Корнееву, — сказал воевода, сходя с башни.

Стенька торопился с возведением валов, и однажды утром Милославский вдруг увидел перед собою пушки. Он скорбно покачал головою.

— Ой, братцы, зеву дали! Теперь много хлопот будет! Стреляй, стреляй, Ермилыч!

— Бум! — раздался выстрел, но ядро зарылось в землю.

— Бери выше! — сказал воевода.

Стенька Разин выскочил из избы на выстрел.

— Зачали! Ребятки, вали! — закричал он исступленно, бросаясь на вал.

Начался приступ. Казаки палили из пушек, закидывали ров сеном, перебегали на другую сторону и лезли на стены. Бросали с вала в город пучки соломы с зажженною серою, зажженные смоляные шары и ревели свой клич.

— Нечай!

— С нами Бог! — отвечали осажденные и неспешно делали свое дело. На пушечные выстрелы отвечали пушечными выстрелами, гасили в городе начинавшиеся пожары и отбивали приступы.

Со стен опять летели на головы тяжелые коты, сыпались кирпичи и камни, лились потоки кипятку, смолы.

Дым окутал городские стены. В дыму невидимо летали стрелы башкирцев и татар, раздавались крики, стоны, проклятия.

Стенька метался по всему валу.

— Нечай! — кричал он, ободряя холопов и казаков, которые все перемешались, и в исступлении рубил саблею бегущих назад.

Всеми овладело безумие. Фролка с расцарапанным лицом пятый раз лез на стену по приставленной лестнице и опять отступил, опрокинутый и разбитый. Он едва увернулся от кота, который упал на самую середину лестницы и с грохотом сломал ее.

Василий Чуксанов, опьянев от битвы, со своею сотнею ломился в ворота. Стрельцы осыпали смельчаков пулями, а они все таранили. Вдруг грянул "тюфяк". Народ разбежался, шесть человек корчились в предсмертной агонии. Василий побежал созывать расстроенный отряд.

Волдырь бился у башни, стараясь подложить под нее мину, но его сотня редела и редела. Еремеев на валу распоряжался поджогом.

И все не вело ни к чему перед упорством осажденных. Вера в правоту дела поддерживала их. Среди стонов, проклятий и пальбы священники ходили по стенам и башням, кто с крестом, кто с иконою и взывали:

— Постойте, воины, за церковь Христову! Владычица да поможет вам!

Милославский, не суетясь, поспевал везде, и бой кипел, гибельный для воров, славный для защитников. Груды тел окружили подножие стен и пяти башен; груды трупов запрудили ров, в котором уже не видно было воды, а алела только свежая кровь.

Наконец наступила ночь, и Разин прекратил бой.

— Ништо, воевода! — закричал он, когда стих шум боя. — Висеть тебе на самой колокольне!

— Холопы все дело портят, — с яростью говорил он, — только без толку мечутся...

Милославский позвал к себе дворянина Гультяева.

— Петр Самойлович, — сказал он ему, — хочешь ли сослужить службу Святой Церкви, государю и нам всем?

— Чего спрашиваешь? — обиделся Гультяев. — Никто из нас не откажется всю кровь отдать. Прикажи!

Милославский обнял его.

— Друг, к смерти тебя готовлю! — сказал он дрогнувшим голосом. Гультяев побледнел.

— На том крест целовал! Говори, боярин, что надобно?

— На Казань! Крепко скажи князю Урусову, что нам смерть. Вскорости конину есть будем, а там умирать. Грех на его душе будет. Кругом сила. Долго ли держаться можем. Моли о помощи! Не послушает — на Москву скачи. Мы помрем честной смертью, а ты перед царем оправдай нас!.. Если доберешься, — тихо прибавил он.

Гультяев встряхнул головою.

— Прощай, боярин! — сказал он. — Про одно просить тебя буду. Я уйду, с женкой прощаться не стану. Вопить будет. Так, коли умру, будь ей и сынишке моему защита!

— За отца буду! — торжественно ответил воевода и обнял Гультяева. — Пожди, тебя поп благословит!

Священник тихо прочел молитву, благословил иконою Гультяева и трижды поцеловал его.

— Славен будет твой подвиг! — сказал он нежно. Гультяев

взошел на стену, и там с нижнего яруса башни его спустили по веревке...

Стенька Разин был темнее ночи. Теперь он снова запил, запил мрачно, угрюмо, как разбойник перед убийством, и в пьяном виде нередко чинил кровавые расправы над посадскими.

— Воры, боярские приспешники! — кричал он на них. — Нет чтобы ворота мне открыть, поджог сделать! — и он крестил их саблею.

Даже Фролка и Волдырь вздрагивали теперь от его исступленных криков, и только Чуксанов был спокоен подле него, спокоен потому, что не замечал его даже, в часы бездействия весь уходя в свои думы о Наташе.

Разлюбила или нет? Эта мысль была страшнее, чем любить или не любить для робкого влюбленного.

"Убью", — думал он, злобно стискивая кулаки, но через минуту чувствовал, что убить ее он не сможет, что вся жизнь его в одной ней.

Глубокая, сосредоточенная натура, он мог полюбить только один раз. Раз — и на всю жизнь.

— Васька, — сказал однажды Фролка Чуксанову.

— Что?

— Скажи Степану, что от Казани помочь идет!

— А ты что же?

— Я? А черт его знает: с пьяна еще зарубит, — откровенно сознался Фролка, — вон и Ивашка боится.

— Верно! — подтвердил Волдырь. — Помню, на Хвалынском море. Скажи ему Петрусь Бондарчук, что шах на него своего пашу выслал, — он его — раз саблей, только и жил!

Чуксанов улыбнулся и пошел в избу к Степану Разину.

— Вася, — ласково подозвал его Стенька, — садись, пей со мной! Те свиньи все разбрелись. Боятся, видно! — он криво усмехнулся. — Так-то! Будь мне неудача, все в стороны пойдут. Я уж их знаю. А ты? — он исподлобья глянул на Чуксанова.

— Я везде с тобою. Куда мне деться, — просто ответил он.

— И на плаху?

— Коли Бог приведет; а вот что, атаман! До плахи-то нам еще поберечь себя надобно, — серьезно сказал он.

Разин поставил на стол чару.

— А что? Слышал разве что?

Василий кивнул.

— Бают, из Казани помочь идет!

— Кто сказал? — отрезвев сразу, спросил Разин.

— Волдырь, Фрол!

— Зови!

Они вошли тотчас и заговорили.

— Идет, идет, батько, ведет войско князь Барятинский!

— Водою?

— Сушею, сказывают! Тут чуваши прибегли. Он их разбил. Которых повесил, остальных с собой привел. Потом опять мордва прибежала. Тоже бой шел. Сказывают, близко!

Разин весело тряхнул головою.

— Вот чего ждал я! — воскликнул он. — Мы им покажем! Есть у них шестьдесят тысяч? А? А у нас — вот они! — и он махнул рукою.

Все разом ожили. Бодрость атамана влила в их сердца уверенность.

— С тобою не пропадем! — сказали они весело.

— Били мы их, государевых слуг, — хвастливо сказал Стенька, — не бойся! И Барятинский на суку покачается!.. Пошли в степь татар. Пусть высматривают и обо всем сказывают.

Он на время прекратил беспрерывные приступы и занялся укреплением острожка: окружил его еще одним рвом и укрепил пушками.

— Холопы да мордва вся это в поле останутся, — объявил он, — пусть там побьются в случае чего.

— Струги-то тоже держать в исправности надоть. Ты, Еремеев, огляди их!

Милославский с удивлением глядел на суету в посаде. "Али еще что удумали?" — с тревожной тоскою думал он. Положение осажденных уже становилось ужасным. Почти месяц бились они с ворами день в день, не зная отдыха. Пушки Стеньки Разина успели попортить стены, подбить "польку", убить немало людей.

Небольшие запасы провианта были уже уничтожены. Милославский кормил крошечной порцией сухарей и конским мясом и воинов, и немногих жителей. Появилась цинга.

"Еще неделя — и конец!" — думал он с тоскою и готовился взорвать стены, а с ними и своих воинов.

Теперь же казаки вдруг прекратили всякие наступательные действия, даже не подъезжают под стены переругиваться, как делали раньше. Милославский запретил даже спать по ночам и всюду усилил стражу.

— Жду от них чего-либо нового, — говорил он всем.

Каждый день Стенька Разин получал от татар сведения о движении князя Барятинского. Он двигался медленно, потому что вокруг сновали шайки воровских людей, взбунтовавшихся холопов, мордвы, черемисов, чувашей, с которыми приходилось биться.

Наконец он совсем приблизился к Симбирску, до которого оставалось только две версты. Разин встрепенулся.

— Теперь мы его и побьем! — весело сказал он и приказал готовиться к бою.

Длинной лентой разместил он холопов и весь пришлый люд, в середине стал сам с казаками и велел двигаться.

С башен Симбирска вдруг увидели драгоценную помощь.

— Наши! Казанцы! — закричали сторожа.

— Наши пришли! — понеслась радостная весть по стенам.

Милославский вбежал на башню и, увидев стройные ряды войск, упал на колени и поднял руки.

— Благодарю Тебя, Боже мой! — прошептал он, и радостные слезы катились по его исхудавшему лицу.

Он приказал тотчас радостно звонить в колокола и священникам облачиться в светлые ризы.

А Стенька Разин со своим сбродным, несметным полчищем быстро, как лавина, несся на войско князя Барятинского...

III

— Вот так здорово! — заявил со смехом Дышло, входя в холопскую избу. — Слышь, ребятки, князь приказал людей собрать Поведет их на вора Стеньку Разина!

— Да ну? Врешь! — заговорили холопы. — Для ча идтить ему, коли и здесь хорошо?

— Не бойся! — сказал один из них. — Степан Тимофеевич сам сюда вскоростях пожалует!

— Ах, язви тебя язва! — закричал на него Дышло. — Ты такие слова говоришь? Миколка, Ванюшка, возьмите его да тридцать плетюков ему, собаке! Пожди, — погрозился Дышло, — ужо князю доложу!

— Чего ж это ты, Степан! — завопил обмолвившийся неосторожным словом. — Побойся Бога! Я так! Братцы, попросите!

— Я те задам так! Знаю! Волоките его, что ли! — грозно крикнул Дышло, и два холопа тотчас подхватили своего брата и потащили драть плетьми.

Дышло сразу успокоился и, сев, сказал:

— Я знаю, почему он идет!

— Почему? Скажи! — пристали холопы, а некоторые — что постарше, стали упрашивать:

— Ну, ну, Степушка, почему?

Дышло кивнул, и все замолчали.

— Потому, милые вы мои други, что у него зазнобушка там есть, под Саратовом. Как прослышал он, что вор-то Саратов взял, так и засуетился. Воеводу просил войско дать. Воевода не дает. Так он: на ж тебе!..

— О-ох! — загудели холопы. — Да где ж это нам, к примеру, и супротив его пойти. Забьет, и все!

— Уж это там от Бога, — сказал Дышло, — а велел, и все тут! Только не сказал еще сколько и опять: пешими или конными. Може, и на вотчину спосылать придется.

В то же время, как Дышло объяснялся с холопами, князь Прилуков сидел в терему у ног своей матери и говорил ей:

— Матушка, милая, и не неволь! Сердце мое изболело; места не нахожу. Говорил же я тебе, сколь полюбилась она мне, а словами, матушка, того и не выскажешь! Взяла она душу мою, сердце мое приворожила ровно. И думаю я теперь, что с ними? Пришел вор туда, поместья разорил, город взял. Что с нею? Может, убили ее, может, еще что хуже сделали. Сил нет, матушка! Не неволь! Поначалу я князя Петра Семеновича просил рать мне дать. Куды? Он со своими стрельцами сидит, а вокруг пропади пропадом. Князь Юрий Андреевич его корит, а ему хоть бы что! И решил сам идти, матушка!

Княгиня плакала, но не смела перечить своему сыну. Она только жалостливо причитала:

— Покинешь ты меня, Алешенька, одну, сиротливую. Проплачу я свои оченьки. Ночи-то темненькие, дни светлые только и буду проводить, что по тебе тоскуя. Не мне удержать тебя. Господь с тобою и Его силы небесные! Только думала я умереть, на тебя глядючи.

— Пожди! — с улыбкою тихо ответил ей князь. — Может, я тебе и невестушку привезу с собой. То-то радостно будет. Еще внуков, матушка, покачаешь!

Он встал и нежно поцеловал мать свою.

— Прости, — сказал он. — Я еще к князю наведаюсь!

Он вышел, а княгиня покликала девушку и велела ей сказательницу прислать.

В горницу вошла маленькая старушка с толстым красным носом и слезящимися глазами. Она поклонилась княгине поясно, тронув пальцами пол, и, кряхтя, выпрямилась.

— Бог с тобой, Бог с тобой, Марковна! — жалобно сказала

княгиня. — Сядь-ка ты, старая, да скажи мне сказку. Смутно мне. Ближе, ближе! Вот так! Я тебе велю настоечки подать.

— Про что ж, матушка-княгинюшка, рассказать тебе? Про Ивана ли царевича, али про татар лихих, али про Царевну прекрасную и змея Горыныча?

— Про что хочешь, Марковна, только бы жалостливое. Плакать чтобы надо было...

— А и было-то, приключнлося, — начала нараспев рассказывать Марковна, монотонно качая головою, — в государстве тридесятом, при славном царевиче Еруслан Лазаревиче. Как при ем, при царевиче...

Княгиня прижала ладони к глазам и, слушая, горько плакала...

Князь сел на коня и проехал к окольничему, князю Юрию Андреевичу Барятинскому.

Барятинский встретил его радушно.

— А, Алексей Петрович, — сказал он. — А я за тобой посылать хотел! Ну и ладно, что сам приехал.

— А что?

— Да ты, слышь, задумал один на вора идти. Так пожди малость: я тебе полк дам!

Князь потупился.

— Ждать-то уж больно долго, Юрий Андреевич! И то душе совестно.

— Полк дам зато. Пойми! Ты пойдешь, Данило, а я над вами воеводою!

— Да ну? — недоверчиво спросил Прилуков.

— Верь! Князь уже пообещал. Теперь не попятится...

Действительно, воевода казанский, князь Петр Семенович Урусов, нерешительный и робкий человек, наконец сдался на просьбы князя Барятинского.

Когда с письмом от боярина Милославского приехал Усамбеков, князь только руками развел.

— Уж эти мне воеводы, — заворчал он. — Всем пришли помочь! А свои на што? У меня тоже не Бог весть что за рать стоит. Казаков тысяча, так казак вор, он сейчас к Разину перебежит; да стрельцов, может, восемь, десять тысяч, и все. А какое мое воеводство? То-то!

— Боярин наказал слезно просить тебя. Вору нашего Симбирска не миновать. Помоги нам, и вора не пустим дальше. Тебе и покой, и честь!

— А ну вас! — рассердился князь. — Честь! Честь! Разделю войско — и вас побьют, и меня возьмут. Не дам! Чего, право?..

180

Усамбеков, печальный, вышел от воеводы и прошел войсковому начальнику.

Князь Барятинский только усмехнулся:

— Ах ты, милый человек, да что ж я сделаю. Я князю-то в кои поры говорил, когда Астрахань взяли! Тогда. А ему что? Не могу, боязно! Только и речей.

— Пропадем мы, княже!

— Идите на Казань, а Симбирск оставьте!

— Шутишь, князь, — даже обиделся посланец, — разве на то боярин и мы крест целовали?

Барятинский покачал головою:

— А что я сделаю? Я не волен!

В тот же день он пошел к Урусову, но Урусов с порога закричал ему:

— И не говори, князь! Знаю, о чем речь поведешь. А я не могу! Они чем гонцов гонять, их бы у пушек ставили. А то на! И туда, и сюда...

Спустя неделю, на взмыленном коне, весь покрытый грязью, прискакал на воеводский двор Таруханов. Еще князь был в постели, когда стрелец сказал ему:

— От воеводы симбирского гонец!

— Ах, чтоб ему!.. — выругался князь. — Зови, што ли!

Таруханов вошел и, поклонившись, заговорил:

— Боярин Милославский, воевода симбирский меня, князь, к тебе послал. Просит помощи. Вор подошел. Людишек у нас мало, а воры кругом. Силы у него не счесть!

— Не счесть! — закричал князь и выскочил из постели в одной рубахе. — Так, значит, мне своих стрельцов твоему боярину на убой послать? Так, што ли? Поначалу их послать, а потом Казань отдать вору? Так, што ли? Вы меня мучить хотите с боярином вашим. Не шел бы на воеводство он!..

Таруханов тоже пошел к Барятинскому, и тот, выслушав его, нахмурился.

— Негоже князь делает, — задумчиво сказал он, — негоже! Постой, милый друг, я с ним потолкую! А ты, чай, голоден и пить хочешь? Эй! — князь захлопал в ладоши.

— Собери на стол, — сказал он холопу, — да позови Усамбекова. Скажи, земляк тута!

— Усамбеков? — обрадовался Таруханов. — А мы-то боялись, как бы он назад один не поехал!

— Да нешто я бы пустил! — ответил князь. — Так посиди пока, а я в одночасие!

И князь ушел. Усамбеков вошел в горницу и радостно поцеловался с Тарухановым.

181

Князь прошел к воеводе и стал корить его.

— Пропадут ведь, на тебе ответ будет. Смотри, два гонца! Значит, тесно ему. Саратов отдался, Самара тоже, возьмет Симбирск — сколько ему людей прибавится! А? Ты возьми, князь, все в расчет. Одна молва о нем, что войско будет.

Князь Урусов, толстый, маленький, только упрямо закрутил головою.

— Пусть их, пусть! — забормотал он азартно. — Зачем, коли так, на воеводство сели? А я им не дам от своего войска. Вот! Одного стрельца не дам! И ты не проси, князь! И не проси!

Он в волнении даже вскочил с лавки и стал бегать по горнице.

— Ну, ин будь по-твоему! — с усмешкой сказал Барятинский. — Ты — воевода!

— Ничего не будет! — сказал он, вернувшись домой.

Таруханов опустил голову.

— Значит, пропали наши! Не отсидеться нам. Ни запасов, ни людей!..

Слезы показались у него на глазах.

— Злодей князь ваш! — запальчиво сказал Усамбеков. — Про него на Москву отписать надоть!

— Тсс! — остановил его Барятинский.

Прошло еще три недели, и уже не на воеводский двор, а к князю Барятинскому пришел Гультяев. Он пришел босой, с окровавленными ногами, потому что дорогой изорвались его сапоги; одежда на нем висела лохмотьями. Он был худ, бледен и весь покрыт грязью.

— Стой, стой! — остановил его князь. — Погоди вести рассказывать! Сперва я тебя умою да накормлю. Эй, люди!

Князь с немым почтением смотрел на дворянского сына, когда тот рассказал ему про свой поход до Казани. Потом ужас и стыд охватили князя, когда Гультяев передал ему о страданиях осажденных.

— Не допущу более! — стукнув кулаком, крикнул Барятинский. — Довольно! Завтра же выйду!

Гультяев повалился ему в ноги и заплакал. Барятинский ураганом ворвался к князю Урусову.

— Ну вот, — заговорил он, — в Симбирске уже конину едят, цингой болеют, защищаться не могут. Воевода прислал еще гонца. Он едва прошел меж воров. Дашь или не дашь помочь?

Урусов растерялся:

— Как же это?.. Так сразу...

— Дашь или не дашь? — повторил князь.

— А не дам! — ответил Урусов.

182

— Тогда я сам возьму и пойду на Симбирск, а в Москву государю челобитную пошлю. Не могу я, — вдруг закричал он, — сидеть, коли людям конец приходит! Не могу!

Урусов совсем опешил. Князь немалое лицо. Царский окольничий! Поди с ним! Еще правда на Москву пошлет, тогда не оберешься худа.

— Ну, ну, — примирительно сказал Урусов, — дадим подмогу. Сколько дать, да с кем, да когда идтить?

— Завтра идтить, — ответил князь, — а пойду я, да брат Данила, да князь Прилуков. И возьму четыре полка, да две пушки, да казаков триста!

— А я с чем останусь? Побойся Бога! — закричал Урусов и опять ласково заговорил: — Пожди до завтра. Сосчитаем и все по-хорошему сделаем. А послезавтра пойдешь!

— Ну, ин будет по-твоему! — согласился князь. — Чур, от слова не пятиться...

Князь Прилуков больше других радовался этой вести и веселый вернулся домой после беседы с Барятинским.

— Готовься, — сказал он Дышлу, — завтра в поход идем!

— Да я еще и людей не набрал!

— И не надо! Князь мне полк дает, да еще с собой три поведет, да пушки, да казаков.

— Вот так здорово! — радостно воскликнул Дышло. Сборы были недолги.

Княгиня отстояла с сыном раннюю обедню, благословила его образом, и на другой день в полдень князь уже ехал впереди своего полка далеко от Казани.

Трудно было идти князю Барятинскому.

Все вокруг горело огнем. Пространство между Окою и Волгою до самых степей саратовских, от Рязани до Воронежа — все волновалось как море в бурю. Холопы жгли усадьбы, вешали помещиков, сбирались шайками и брали города. На север от Симбирска поднялись язычники, сами даже не зная чего ради, и нестройными толпами шли к Стеньке Разину. Окрест все ему подчинилось. Города: Алатырь, Корсунь, Кумыши, Арзамас, Саранск, Пенза, Цивильск, Чебоксары, Козьмодемьянск, Ядринск и множество других, более мелких, все уже расправились с воеводами и приказными, ввели казачество и поставили атаманов. Как вода в половодье, мятеж разливался все дальше: и уже по Москве ходили воровские прелестники, говоря: "Идет, идет батюшка, Степан Тимофеевич!". Даже в тихих монастырях побывали воры и мутили Соловецкий монастырь, забредали в Белозерскую пустынь, смущали самого Никона.

А в это время сам Стенька Разин тщетно бился из последних сил взять Симбирск, а Барятинский спешно шел со своим войском на его воровские шайки.

По дороге то и дело попадались нестройные толпы мятежников, заграждая дорогу.

— А ну-ка, Алексей Петрович, — слал на них Барятинский князя Прилукова, и тот одним натиском рассеивал их. В другой раз князь посылал брата своего Данилу, иногда сам бил, но эти схватки отнимали дорогое время.

— Поспеем ли? — тревожно спрашивал он у Гультяева, который ехал с ним вместе.

— Помилуй Бог, ежели запоздали! — в ужасе отвечал Гультяев, и все за ним повторили "помилуй Бог"!

Наконец появились и воровские казаки на пути.

— Други, воры близко! — объявил войску князь, и все повеселели. Один из казаков достал языка.

— Сила вся у Симбирска, — сказал он, — города еще не взяли, и батюшка о тебе тревожится. Готовиться зачал.

— Так не взяли Симбирска? — радостно воскликнул Гультяев. — Слава Богу!

— Аминь! — подтвердил Барятинский. — Завтра бой дадим. А сегодня роздых сделаем.

Несомненно в нем был дух истинного полководца, потому что войско оживало только от одного его слова, и теперь, когда князь объехал все полки, увещая постоять за государя и веру православную, все в голос отвечали:

— До самой смерти побьемся!

— Помните, други, что там, в Симбирске, наши братья страждут. В гладе и бессоннии борются они с вором и не уступают ему ни пяди стен своих. Выручим же их!

— Вызволим! Выручим! — кричали кругом. Князь позвал в палатку старших начальников.

— Пойдем дружно, — сказал он, — я с двумя полками пешими в середине стану и пушки возьму с собою. Ты, Данило, возьмешь полк и казаков и на правую руку от меня крылом станешь, а ты, Алексей Петрович, со своим полком и тоже казаками — на левую руку тоже крылом. Так и пойдем!

Наутро князь выстроился и двинул войско.

— Идут! — вдруг закричали передовые отряды.

— Стой! — приказал князь.

Войско остановилось верстах в двух от стана Разина. Князь поехал по рядам.

— Други, — говорил он, — стойте смирно. Воры бежать на

нас будут, стойте, а как подойдут совсем близехонько, так и хватайте.

— Вы кольцом охватите! — приказал он Даниле и Прилукову. — Я воров на себя приму, а вы с боков!

А Стенька Разин, уже выстроив свои полчища, несся на небольшое войско князя Барятинского. Силы действительно были несоразмерные. У одного до пятидесяти тысяч, а у другого шесть! Но эти шесть были уже обучены европейскому строю, знали команду, могли исполнять эволюции и видели поляков и шведов.

IV

— Вот так здорово! — восклицал Дышло. — Гляди, князь, как садят.

Князь Прилуков стоял на левом крыле со своим полком и казаками, горя нетерпением скорее броситься в бой. Подле него, кроме Дышла, стояли два есаула и стрелецкий голова с тысяцким.

Полчища Стеньки Разина действительно "садили". Вначале двинулись они всей грозной массою, с казаками в середине, но с каждым шагом линия их строя ломилась. Казаки выдвинулись вперед и с тяжелым топотом мчались на недвижно стоящее войско Барятинского.

Ближе, ближе... Среди пыли уже стали видны лохматые шапки, чубы и красные рожи.

— Нечай! Нечай! — заревело вокруг все воровское войско и уже готово было обрушиться на князя.

Прилуков замер. Казалось, сейчас промчится эта масса через все войско, как по чистому полю, а войско Барятинского все стояло недвижно.

Вот уже между ними всего сажен пятьдесят.

— Раздвинься! — крикнул князь. Послушное войско раздвинулось. Жерла пушек показались за ними, и раздался оглушительный залп.

Воровское войско разом смешалось. Убитые и раненые попадали на землю, испуганные кони взбесились.

— Я вас, псы! — заревел Стенька, видя, что казаки хотят отступить. — Вперед!

— Нечай! — с остервенением закричали казаки. Князь отдал приказ.

— Бей их! С нами Бог! — огласилось войско криками, и стрельцы стремительно кинулись навстречу и — сшиблись.

Люди перемешались в одну кучу. Казаки воровские бились на конях, но потом спешились. Пищали и луки были брошены в сторону, люди схватились врукопашную и бились мечами, саблями, ножами, тяжелыми шестоперами, кистенями и чеканами. Нестройные массы мордвы, холопов, чувашей валили, как саранча.

— Бей! — закричал Прилуков и со своими казаками врезался в эти массы. Стрельцы двинулись за ним.

— Бей! — кричал Данило, врезаясь в кучи людей с правого фланга.

— Вот так здорово! — рычал Дышло, махая своею тяжкою секирою по головам и плечам почти безоружных холопов.

Вдруг острая коса ударила по задним ногам его лошади. Лошадь сразу осела.

— Ну ж я вам за это! — заревел озлобленный Дышло, спрыгивая с коня, и еще губительнее стал махать секирою. Она свистала в воздухе и, разбивая головы, казалось, ни на мгновение не задерживалась в своем стремительном движении,

Стенька Разин метался как безумный.

— Ах, псы! — ругался он на холопов. — Вперед! Чего пятитесь? — и бросался впереди них с саблею в руке.

— Фрол, Василий! — кричал он в схватке, наталкиваясь на них. — Идите в зады, не давайте голытьбе бежать! Смотрите! Ах!

Но сбитые, перепуганные мужики, глупая мордва уже дрогнули и побежали, увлекая за собой казаков.

— Я вас! — закричал Разин в исступлении. — Вперед! Нечай! Ах!

Пищальная пуля ударила его в ногу, и он свалился.

— Вот так здорово! — ревел Дышло, махая уже обломком секиры и наскакивая на Разина.

— Бей!

— Нечай! — Разин махнул саблею, но Дышло защитился палкою секиры и, остервенясь, обхватил своими могучими руками Стеньку Разина. Они покатились по земле.

— Я тебя, вора! — зарычал Дышло. Разин, страдая от раны, уже терял память.

— Ратуйте! — крикнул он пробегавшим казакам. Василий с разбега ударил Дышла ручкой пистолета.

Тот покатился. Василий поднял Разина и понес.

— Атамана схватил! Тут он! — заорал Дышло, вскакивая на ноги, но Разина уже окружили казаки и скакали с ним к посаду.

Нестройные толпы воров бежали во все стороны.

— Одолели! — радостно сказал Барятинский, осеняя себя крестным знамением. — Алексей Андреевич, бери людей, иди в город. Чай, измаялись там!

Прилуков взял симбирских гонцов и со своими казаками поскакал в город.

Смятенные воры сторонились его, разбегаясь в поля и к Волге.

Ворота города раскрылись, и князь въехал.

Звон колоколов огласил воздух.

— Братцы, милые! — кричали осажденные. Милославский обнял Прилукова.

— С нами Бог! — сказал он растроганно. — Видно, сжалилась над нами Царица Небесная! Что медлили?

— Нас воевода не пускал. Если бы не твой последний гонец, и вовсе бы не пришли. Да уж тут Иван Богданович осерчал.

— Ужо про Урусова отпишу! — гневно сказал Милославский и прибавил: — Прости, князь, честить тебя нечем. Сами конину жевали, а ты, чай, такой едой погнушаешься!

— Князь сейчас сам к тебе жалует!

Войско Барятинского уже двигалось к кремлю и скоро стало под самыми его стенами, лицом к Волге.

Стенька лежал в избе, и Фролка с Волдырем распоряжались за него. Они спешно перевели свой обоз ближе к Волге, лицом к лицу с врагом.

Стенька не отпускал от себя Чуксанова. Глаза его горели злобным огнем.

— Ништо, — говорил он, — это нам вполбеды! Теперя они спокоятся, а мы в ночь нападем и возьмем кремль. Скажи только Ивашке, чтобы больше снарядов запасли. Зажечь стены надоть! Тоже! — через минуту говорил он. — Думают, тут и все! Нет! Со мной еще биться надоть! Еще подрыгают воеводы у меня на виселицах!

Он говорил без умолку. Перевязанная рана его горела, но он не чувствовал боли и весь кипел жаждой мстительной победы.

— Эх, ночка бы скорее, ночка! Ивашко! Скажи молодцам, чтобы готовились! Пусть мои казаки море Хвалынское вспомнят, как мы пашу били! А холопье это саблями гоните, плетюхами! Чего они, сквернецы, корежатся!..

И ночь спустилась.

Стенька Разин с перевязанной ногою сел на лошадь и двинулся на кремль.

С небывалым остервенением кинулись казаки на приступ, но Барятинский не дремал и встретил их пушечным залпом.

Холопы, мордва, черемисы сыпались как саранча. Казаки ломились на стены, бросая зажженные смоляные шары, солому с серой. Ночь казалась адом. Бились люди, не узнавая друг друга; гремели пушки, крики: "Нечай, Алла, с нами Бог! Бей!" — сливались в общий рев.

Милославский стоял на стенах, как и прежде, но теперь дух его был уже бодр и спокоен. Под стенами бился Барятинский. В разгар боя он подозвал Прилукова.

— Возьми, князь, свой полк и казаков и сейчас спешно иди вкруг города в обход. Оттуда, сбоку, удар на воров, только пусть каждый кричит неистово!

Прилуков спешно собрал свой полк и двинулся среди непроглядной ночной темноты.

Шум боя затих, потом он снова услышал крики и стоны. Яснее, ближе... Вот неясные очертания обоза, вот дико стонущая толпа.

Прилуков остановился.

— Други, — сказал он, — воевода наказал напугать всех. Кричите разом, да громчее, за мною!

— Го-го-го! — заревели стрельцы и казаки. — С нами Бог! Бей! Го-го! У-у-у!

Воры испуганно шарахнулись. Темная масса врезалась в их ряды и била, секла, колола, стреляла. Волдырь испуганно подскакал к Стеньке.

— Атаман, пришла помога им! Свежее войско. Нам не устоять!

— Зови Фролку, Ваську и Еремеева! Скоро!

Есаулы подскакали к нему.

— Ну, — тихо заговорил Стенька, — бежать надо! Эти холопы только толкаются, под ногами путаются. Ну их к собакам. Скажите потиху казакам, чтобы сюда шли. Уйдем и на струги сядем, а ту сволочь пущай бьют! Скорее!

— Куда ж вы? — заговорили атаманы над мужиками.

— Стойте тут! Идите на кремль, а мы на их помогу с боков ударим! Вперед, молодчики! — сказал Стенька, торопливо сбирая казаков.

Василий собрал своих.

— Вот что атаман с нами сделать решил! — сказал он. — Бежим с нами скорее!

Он уже понял, что дело Разина проиграно, и решил скорее взять Наташу и бежать искать спасения. Все разом перевернулось в душе. Паника охватила его, как и других, и он думал только о Наташе.

— На Саратов, други! — сказал он, и его отряд поскакал прочь от Симбирска.

Стенька с казаками повскакали на струги и тихо отчалили от берега. Бой продолжался, но то был не бой, а побоище. Били почти безоружных мужиков, в темноте ночи не заметив бегства казаков. Наконец мужичье дрогнуло.

— Измена! — вдруг пронеслось среди них. — Сам атаман убег!

— Измена! Спасайтесь!

— Бегут! — закричал Прилуков и его стрельцы. Толпы дрогнули и побежали к Волге на струги. Князь Барятинский устремился за ними.

Как испуганное стадо они столпились на берегу. Выли, ревели, били друг друга и, прыгая в струги, толпами падали в воду.

Казаки нагнали их и рубили как баранов... Бледный день осветил страшную картину неравного боя.

Вокруг Симбирска грудами лежали трупы, они устилали всю дорогу до Волги, по берегу лежали рядами и далеко от берега казались отмелью, столько навалилось их в воду.

Толпа несчастных стояла окруженная казаками. Князь подъехал к ним и сказал:

— Всех казнить, как они своих помещиков и воевод!

Весь берег Волги в этом месте покрылся виселицами, и на них закачалось до восьмисот трупов.

Разин был разбит. С этого дня (30 октября) имя Разина перестало быть уже грозным, и его песня уже была спета.

В истории этого бунта князь Барятинский поистине может быть назван спасителем отечества, потому что мятеж принял уже огромные размеры, и не разбей он Разина, дойди Разин до Казани, неизвестно, чем бы окончился его гибельный поход.

Барятинский не дремал. В тот же вечер он отдал распоряжения.

— Ты, князь, — сказал он Прилукову, — иди на Самару и Саратов. Везде воров казни! Ты, Данило, на Алатырь, а я на Пензу пойду. Там сойдемся!

И на другой же день они все выступили добивать воровские шайки.

Милославский проводил их с честью и тотчас сел писать грамоту государю в Москву. В той грамоте, описывая свое сидение, он приносил жалобу на воеводу казанского, князя Урусова.

"Ежели б, — писал он, — князь Петр Семенович Урусов подоспел в пору к Симбирску с ратными людьми, то и вору Стеньке Разину с воровскими казаками утечь было бы некуда и черта была бы в целости: города Алатырь и Саранск и иные города и уезды до конца разорены бы не были; а это разорение учинилось от нерадения к великому государю воеводы князя Петра Семеновича Урусова".

Благодаря грамоте этой, Урусова сместили и на его место назначили князя Юрия Долгорукова, того самого, который повесил Василия Разина, брата Стеньки.

Энергичный и деятельный, с помощью князя Барятинского и других он в течение зимы успел затушить мятеж на всем пространстве берегов Оки, Камы и Волги, и от одного его имени трепетали сердца удалых казаков...

V

Как ураган мчался Василий Чуксанов со своими людьми, из которых остались всего тридцать человек. Иных не собрали, и многие, в том числе Дубовый, Пасынков и Тупорыл, погибли в ночном бою.

Кривой скакал рядом с Василием.

— Что делать будем? — спрашивал он.

— Там увидим! До Саратова доскакать надо! Не жалей коней! В Самаре смену сделаем.

В начале пути они перегоняли толпы бегущих, но потом им навстречу стали попадаться идущие к Симбирску. Они скакали мимо, никого не предупреждая о гибели войска Разина.

Василию казалось, что у него от ожидания и волнения лопнет сердце. Наташа, наверное, уже выздоровела, но как она его встретит? Куда он ее теперь, голубушку, денет? Где сам укроется?

"Эх, — думал он, — будет что — на крайность к воеводе с повинной приду! Только ее бы, ее выручить!"

Иногда он думал, что не застанет ее в живых, что буйные казаки надругались над нею, засмеяли ее, обидели. Может, убили! Сам Гришка Савельев мог позариться... Они доехали до Самары. Атаман с тревогой обратился к Василию:

— Правду бают, что батьку разбили и он бежал, а царевы войска сюда идут?

— Кто сказал? — бледнея, спросил Василий.

— Люди! Прибег сюда гультяй какой-то. Бегите, кричит! Мне беда! Вчера в круг звали. Веди, говорит, нас отсюда. А собаки посадские теперь только и шепчутся, как воеводу им встретить! Просто не знаю, что и делать! Так брешут псы?

Василий покачал головою:

— Нет, правду сказали. Батьку в ногу ранили, и он убежал с казаками.

— Куда?

— Не знаю! А тех всех разбили.

— Что же мне делать?

— Бежать тоже!

— А куды?

Василий пожал плечами.

— Того и я сам не знаю!

Кривой пришел со свежими конями.

— Скажи только Кострыге да Горемычному, — приказал Василий, — а тех, ну, к собакам!

Кривой усмехнулся:

— Они и то с устатку-то в кружале засели!

— Прощай, атаман, нам недосуг!

— Так бежать, говоришь?

— А иначе что делать. Сейчас государевы стрельцы придут.

— Ну, ин! Пойду круг собирать, — сказал атаман и вышел из избы.

Василий с тремя товарищами скакал уже дальше. По дороге он сказал им:

— Братцы, теперь не знаю, что с вашим делом будет, а скачу на Саратов по своему делу. Невеста там моя. Может, ее из неволи вызволить надо будет, так пособите!

— Мы все за тебя, атаман! — сказали в голос его товарищи. — Умирать вместе будем!

— Спасибо! И я за вами. Только выручим мою лапушку.

Они утром рано въехали в Саратов, и Василий сразу почувствовал, что здесь уже известно о поражении Стеньки.

— Ишь, воры приехали, — говорили посадские, — с виселицы, видно, сорвались! Ну, да пожди, придут воеводы.

Они уже поняли всю невыгоду "равенства". Тяжко приходилось под рукою воеводскою, но еще тяжелее оказалось жить с казаками, которые не признавали ни собственности других, не входили ни в чьи интересы и только гуляли, бесчинствуя и в домах, и на улицах.

Василий въехал на бывший воеводский двор и вошел в горницу. В той самой горнице, где его когда-то драл воевода, сидел пьяный Гришка Савельев.

Они по-казацки поцеловались.

— Правда? — коротко спросил Гришка.

— Правда! — ответил Василий. — Скажи, что невеста моя?

— А что ей? — сказал Гришка. — Живет у попа. Мои хлопцы хотели ее выволочить, да я припугнул.

— Спасибо!

— В круг! В круг, атаман! — раздались в это время голоса, и пьяные казаки ввалились в горницу.

— Ну, ну, — загалдели они, — вот и из-под Симбирска гость! Иди и ты в круг. Расскажи!

— В круг! — гудели на дворе.

— Так вот каждый день! — сказал Гришка, поднимаясь и опоясываясь саблею. — Пойдем, что ли!

Они вышли и пришли на площадь. Там уже толпились казаки и посадские люди.

— Здоровы будьте, казаки! — сказал атаман. — Зачем звали?

— Вот к тебе из-под Симбирска гость приехал. Пусть сказывает, правда ли, что батьку побили? — закричали кругом.

Василий вошел в круг и поклонился всем.

— Правда, — ответил он, — пришел от казанского воеводы князь Барятинский и разбил нас всех!

И он рассказал, как был бой и как бежал Разин.

— Что же нам делать, атаман, теперь? — заговорили, кругом.

— Идти!

— Так и пустим! — закричали посадские. — Вы уйдете, а нас вешать станут. Нет, уж с нами отсиживайтесь!

— Кто говорит? — заревел Гришка.

— А хоть бы я? — выскочил в круг посадский тысячник.

— А тебе вот! — сказал Гришка, махнув его по голове саблею. Посадский взмахнул руками и упал с рассеченной головою.

— Это что же? — заговорили посадские. — Наших же и бить!

— Эй! — закричал Гришка. — В воду их! Бить!

— Бить посадских! — закричали казаки.

Посадские бросились бежать, казаки за ними, рубя их по спинам саблями.

Василий взял своих товарищей и бегом побежал к дому отца Никодима.

— Отворите! — застучал он в ворота. Калитка приоткрылась, из нее высунулась голова работника, но Василий рванул калитку и ворвался во двор, а оттуда в горницу.

Отец Никодим испуганно вскочил на ноги, попадья отскочила в угол.

Василий остановился посредине горницы и поклонился.

— Что, уберег, поп, мою невесту? — спросил он его, держа руку на сабле.

Никодим укоризненно покачал головою.

— Дворянский сын, христианин и врываешься, аки разбойник в дом! Хоть покрестился бы на иконы! Зачем воров привел с собою? Когда приводил, в пояс кланялся.

— Где Наталья? — дрожа от нетерпения, закричал Василий.

— У меня она. Постой с минуту. Мати, поди скажи доченьке! — сказал он попадье. Она тихо встала, но Василий не выдержал.

— Веди меня к ней прямо! Нечего говорить ей! Чай, уж выздоровела! — сказал он и, ухватив попадью, поволок ее. — Веди к Наталье!

— Господи Владыко! Разбойник, а говорит, что любит! — с испугом воскликнул Никодим.

Кривой, Кострыга и Горемычный сели на лавки, готовые по одному зову идти на помощь своему атаману.

Попадья шла ни жива ни мертва впереди своего страшного спутника.

Они поднялись по лесенке к светелке.

Василий оттолкнул попадью и распахнул дверь. Сердце его расширилось. Вот она, его люба, его жизнь, его душа, Наталья!.. Он протянул руки и стоял безмолвный от охватившего его счастья.

Крошечный Викентий всплеснул руками.

— Он! — вскрикнула Наталья, бледная, худая, с длинною косою, выпрямившись у оконца подле широких пяльцев...

VI

Отец Никодим и попадья отнеслись к больной Наташе, словно к родной дочери. Бездетная попадья отдала ей всю свою любовь, и отец Никодим на время лишился всякого внимания с ее стороны, но не роптал.

— Богоугодно поступаешь, мати! Помоги тебе Царица Небесная! — говорил он попадье.

— Сиротиночка она ведь, родненькая, — горестно говорила попадья, — может, разбойник-то и из дома скрал!

— Пустое, мати! Воровская женка она. Он приходил, невестой объявил ее, а все ж по христианству должно помочь недужному!

— В жисть не поверю, чтобы воровская жинка была. Послушал бы, чем бредит!..

Викентий тоже полюбил свою пациентку.

Он сидел все дни у ее постели, то мешая для нее прохладительное питье, то ставя банки на ее белое тело. Днем — он, а ночью — попадья не сводила глаз с больной Наташи, пока она была без памяти.

Попадья думала о ней, как о своей дочке, а Викентий, смотря на нее, вспоминал свою младшую сестру, которую погубили казаки. После того он ушел из-под Киева и пробрался в далекий Саратов.

Наконец Наташа очнулась. Однажды рано-рано утром она открыла глаза и с изумлением оглянулась.

Маленькая светлая горенка, вся обитая липовыми досками. Она лежит на широкой постели с пологом. Против нее у ног, на широком стуле, сидит какая-то незнакомая старушка и дремлет, а дальше в углу на войлоке лежит не то человек, не то собака и храпит.

Наташа закрыла глаза, силясь припомнить, где она, как сюда попала, что с ней случилось, но память на время была совершенно бессильна. Наташа утомилась и тихо уснула.

Когда она снова открыла глаза, перед нею стоял карлик с огромной головою. Она хотела закричать от испуга, но карлик так ласково ей улыбнулся, глаза так кротко светились, что вместо крика она тихо улыбнулась ему.

Закричала не она, а карлик:

— Лапушка моя! Очнулась! Ай, умница!

Он словно исчез, а потом подле нее стоял седой старик, старушка и тот же карлик, и у всех были такие добрые, кроткие лица и все так радовались на нее глядя, что ей стало и легко, и весело на душе.

— Ну, слава Создателю! — говорил старик, набожно крестясь. — Теперь, девушка, выправляться надоть!

— Я ей, голубушке, сейчас кашки изготовлю! — ласково сказала старушка. — Можно ей, Викеша?

Карлик закивал лохматой головою.

— Можно! Все можно! Полегонечку только, помаленечку! Теперь она у нас скоро встанет!

И, правда, Наташа скоро начала поправляться.

— Как я попала к вам, люди добрые? — спрашивала она у всех по очереди.

— Тсс! Пожди, вредно тебе говорить теперь!

— Где мой батюшка? Его повидать охота мне!

— Тсс! Потом, потом!..

Однажды она проснулась в глубокую полночь.

Лунный свет лился в ее окошко. В лучах его сидела Марковна, попадья, и дремала, тихо качая головою. В углу на войлоке спал Викентий.

Вдруг в тишине с улицы раздались стоны, крики, кто-то орал диким голосом: "Нечай, нечай!" Это пьяные казаки, поссорившись, расправлялись с посадскими.

Наташа вдруг вспомнила эти ужасные крики.

— Батюшка! — закричала она в ответ и лишилась чувств.

Испуганная попадья чуть не упала со стула. Викентий быстро вскочил на ноги, и они оба тревожно нагнулись над Наташею, стараясь привести ее в чувство, а в это время разгулявшиеся казаки, убив посадского, ломились в дом к отцу Никодиму.

— Ей, батька, отворяй! — кричали они, ругаясь и клянясь. — У тебя, слышь, боярская дочь упрятана. Давай нам ее на потеху!

Испуганный поп выглянул в волоковое окно и обмер от страха: четверо казаков ломились в ворота.

— Смилуйтесь! — заговорил он. — Мне ее на постой ваш атаман поставил!

— Врешь, поп! — закричал казак. — Наш атаман до баб не охотник! Побреши у меня на него, так я тебе дом сожгу.

— Да чего тут, ребята, ломи калитку!

— С нами крестная сила! Господи, помози! Мать Царица Небесная, Ты видишь прямоту мою! — в ужасе зашептал отец Никодим, и под шум ударов, от которых ломилась калитка, ему представились ужасные картины казачьего буйства. Вот тащат его, бьют попадью, насилуют больную, жгут дом.

— Я вас, чертовы дети! — вдруг раздался среди шума грозный оклик, и битье в калитку окончилось.

Отец Никодим снова выглянул в окошечко. Высокий казак, сидя на коне, бранил казаков:

— Угомона нет на вас! Что дома ломаете?! Я вас в воду, неслухов! Али батькин наказ забыли?

— Коли поп боярскую дочь укрыл, а племя это все вывести надо.

Отец Никодим узнал в казаке на лошади казацкого атамана.

— Врут они, атаман, — закричал он, — защити! Ко мне ваш

195

же казак, Василий Чуксанов, больную на постой поставил. Говорил, как очи береги, а они насильничают!

— Здравствуй, батько! — ответил Гришка Савельев. — Не бойсь! Не тронут! А вас, бисовы дети, в плетюхи велю. Уходите, поганцы!

Наташа очнулась, но шум, брань, несущиеся с улицы, долетали до нее, и она вся дрожала, как птица в силке.

— Батюшка! — кричала она в беспамятстве. — Братец родимый! Что с вами делают? Господи Боже! Злодеи, разбойники!

— Милушка ты моя! Наташенька! — убивалась над ней попадья. — Здесь все свои люди. Спокойся, дитятко мое родное!

— Пожди, пожди, — суетился Викентий, — я ей сейчас питьеце наговоренное дам!

Он изготовил быстро из вишневого настоя питье и влил в рот Наташи. Она успокоилась и спустя немного заснула крепким сном.

Дрожащий от страха отец Никодим поднялся наверх.

— Слыхала? — тревожно спросил он. Попадья только зашипела ему в ответ.

— Сейчас успокоилась только. Испугалась страсть, — объяснил Викентий.

— Чуть дом не спалили, — прошептал отец Никодим, — кричат, где боярская дочь! Ругаются!..

— Атаману сказать надоть!

— Он и выручил!

— А завтра сходи, отец, все-таки, — посоветовал Викентий, — пусть строжить, что ли, закажет! А то не ровен час.

— Ну, ну, он и то им страха нагнал!..

Наутро Наташа проснулась без следов ночных волнений, но память вдруг возвратилась к ней.

Все до мельчайшей подробности восстановилось в ее уме: и внезапное пробуждение, и испуг; метанье ее по горницам и сцены на дворе, страшные сцены: казнь воеводы, мучительная смерть отца и брата и наконец Василий и его разбойничье лицо... Здесь она уже ничего не помнила.

Здоровье ее поправлялось. Она уже поднялась с постели, бледная, слабая; два дня спустя она уже сошла вниз к общей трапезе.

Отец Никодим радостно благословил ее. Попадья не знала куда и усадить ее и всю обложила подушками. Горбун Викентий радостно потирал руки и говорил:

— Ну, смотри, боярышня, какое мне спасибо твой жених атаман скажет!

Сказал и тотчас от смущенья закашлялся. Наташа подняла на него глаза.

— Какой атаман, Викеша? Какой жених?

— Так, милая, пустое! — ответил ей отец Никодим. — Кушай благословясь!

— Нет, батюшка, не могу! — сказала Наташа. — Все время я допрашивала, как сюда попала, и теперь знать хочу!

— Ну, ну! — ответил отец Никодим. — Ладно, голубка моя, по-твоему будет. Только ты поначалу покушай малость. Гляди, попадья тебе курицу сготовила. Покушай да отдохни, а там ввечеру мы и побеседуем по ладу.

— Слушайся его, доченька, — наскоро сказала попадья, — он дельно бает.

— Все скажем, як Бога кохам! — побожился Викентий.

Наташа тихо кивнула головою и, перекрестясь, взяла ложку.

Мирно прошла первая трапеза, потом пошли опочить все и долго спали. Не спала только Наташа, томясь неизвестностью и с ужасом догадываясь о правде. Наконец пришел и желанный вечер.

— Слышь, — ласково сказала попадья, — мы все к тебе в светлицу соберемся. Посидки сделаем.

И она уселась в горнице с рясою отца Никодима, которую начала штопать. Скоро в светелку вошел Викентий, а за ним и отец Никодим.

— Вижу, вижу, — заговорил он, — по глазенкам вижу, что тебе знать все охота. Ну, слушай же! Поначалу тебе все Викентий расскажет, а потом я... Ну, Викеша!

— Прятался я от разбойников, боярышня, — начал Викентий, — боялся их очень, а тут вдруг раз застучали в калитку, ругаться стали, сорвали ее с петель и идут ко мне, разбойники-то...

И он рассказал, как Василий нашел его и привел к Наташе.

— Лежишь это ты, голубонька! Лицо неистовое, кричишь, мечешься, а он-то сам и того страшнее. Умрет, говорит, тебе голову с плеч! Жалко мне таково стало и тебя-то, и его. Хоть и разбойник, а, видно, любит!..

Наташа опустила голову, и слезы закапали ей на колени.

— А потом раз пришел он, такой ли бледный, и говорит: ехать мне надоть, а ее сберечь до моего приезда! Можешь? Тут я вспомнил отца Никодима и к нему...

— А я-то; голубонька, и не хотел поначалу, — заговорил добродушно отец Никодим, — боязно с разбойниками-то дела делать, а тут на меня и попадья накинься! Али, говорит, ты не слышал, жаждущего напои, а алчущего накорми, странного прийми! Стыдно мне тако стало. Веди, говорю, Викеша!..

И уже наперебой с попадьею они рассказали, как перенесли к ним Наташу, как кланялся и просил за нее Василий Чуксанов.

— Вот ужо приедет на тебя порадуется, — со вздохом сказал отец Никодим, в христианском смирении стараясь забыть, что она невеста разбойника.

— А когда он вернуться сбирался? — тихо спросила Наташа

— Вернуться-то? Уж и не знаю! Викеша, а ты?

— Как поход сломают, — ответил Викентий, — слышь, Самару взяли, под Симбирск пошли!

— О-ох! — не мог сдержать вздоха своего отец Никодим. — Крови-то сколько! Крови! Истинно гнев Божий за наши беззакония! И были знаменья на небеси, и Фомушка пророчествовал, и прочие юродивые от Господа. Не вняли!..

— Батюшка! — вдруг воскликнула Наташа, падая на колени. — Спаси ты меня от этого разбойника!

— Что ты, милая? — испугался Никодим. — Да я-то что ж?

— Что? Я тебе говорила! — торжествующе воскликнула попадья.

— Постой, Марковна! Дочушка, голубушка, да чего ж ты убиваешься так? — заговорил отец Никодим, а Наташа залилась слезами и говорила:

— Спасите меня, спасите! Не могу видеть его, убегу я!

Викентий стал ее успокаивать, готовя свое любезное питье. Наташа немного успокоилась.

— Ты скажи мне, девушка, — тихо заговорил отец Никодим, — кто ты? Может, тебя к родителям отправить?..

— Одна я! Сиротиночка я! Были у меня и отец, и братец родимые. Сгубили их! Ох, как и мучили, как мучили! Он, изверг! И хочет еще надо мной надругаться! Ни в жизнь! Смерть лучше!

— Тсс! Грех говорить такое! — остановил ее испуганно отец Никодим. — Ишь что сказала!

— Оставь ее, батька! — сказала попадья. — Пусть сердце отведет. Ты расскажи нам лучше по ряду все, Наташенька. Кто ты?

— Я? Я Наталья, дочь дворянина Лукоперова. Жили мы тихо и мирно, только... грешна я, милые, ой грешна!..

И все, без утайки, поведала она своим нежданным друзьям всю жизнь день за днем. И одинокую девичью скуку, и встречу с Чуксановым, и его ссору с братом, и свои обещания. Поведала про гнев на брата, про жалость к обиженному, а потом про страшные дни перед приходом разбойников. Рассказала наконец и про ужасную казнь отца и брата, совершенную Василием.

— Как вспомнила я теперь все это, как увидела лицо его тогда злобное — сразу не любовь, а страх меня охватил. Бежала бы я от него за тридевять земель. Часу с ним бы не провела. Кровь моих родных на нем...

— Ты и бредила-то все этими страхами, — сказал Викентий.

— Что я говорила тебе, батька? — опять повторила попадья. — Николи она разбойника любить не может!

А Никодим только вздыхал, качая седою головою.

— Всякая неправда родит неправду и зло — зло. Боже милостивый, крови-то сколько! Исступления, неистовства! Яко дикие звери грызут друг дружку и кровь пьют, как вурдалаки!

— Батюшка! Родные мои, спасите меня от него! — опять заговорила с плачем Наташа

Никодим закачал головою и развел руками.

— Родненькая, да как же сделать-то это? Скрыть тебя, придет он, нас убьет, дом сожжет... И когда придет? Бежать всем. Куда? Везде они, как алчные звери, рыщут и алчут крови. Не уйдешь от них. Пожди, доченька, может, Бог смилостивится и откроет нам пути Свои!..

— Нет ли у тебя, Наташенька, человека какого? Может, ему весточку подать? Может, он пособит? — сказала попадья.

Наташа вспыхнула и потупилась.

— Есть, да боязно только, — прошептала она.

— Кто, милая?

— Сватался ко мне князь Прилуков из Казани...

— Ну?..

— Только я его и видела-то раз. Да и сватался он, как бы и нет. Батюшка сказывал мне только, что братец за него сватать меня хотел...

— А как дойти до Казани? Слышь, они все там, разбойники! О, Господи, страшен ты гневом Своим, но велик милостью!

— Мы тебе пока за отца с матерью будем, а Викеша за братца, — ласково сказала попадья.

Тихо и мирно потекла жизнь. Наташа полюбила всех и ее полюбили. Сидела она в своей светелке долгими днями, а подле нее то Викентий, то Марковна. Викентий рассказывал про славный город Киев, под которым он жил, про сестру свою Анусю, про буйное нападение пьяных казаков и смерть сестры. Марковна рассказывала старинные были, а вечером приходил отец Никодим и беседовал о священном.

Словно тихий сон казалась жизнь Наташе, но время от

времени душу ее тревожили мысли. Думала с ужасом она о Василии, о том, как встретится с ним. Иногда мелькало у нее в уме: "Убьют, может", и она не знала, греховна эта мысль или нет. Порою ночью она вскакивала в страхе и кричала: ей казалось, что за нею пришел Василий со своими казаками.

И однажды припомнился ей ее вещий сон, тогда, в страшную ночь. Весь припомнился, до мелочи. Припомнился и князь, от которого все вокруг освещалось, словно от ясного солнца. "Может, придет и спасет!" — мелькало у нее в мыслях, и она, краснея от дум своих, тихо шептала: "Приди!"

Вспомнился он ей, когда она встречала и провожала его чарою вина. Вспомнилась статная фигура, вспыхнувшее лицо, горячий взгляд.

И теперь каждый раз, как начинала она думать о Василии и сердце ее сжималось от страха, вдруг словно луч мелькала мысль о князе Прилукове, и сердце снова начинало биться покойно и ровно.

Она полюбила говорить о князе с Викентием.

Добрый горбун выучился понимать ее мысли, и они по целым часам говорили о том, что настанет конец всем страхам и на выручку явится сам князь. Словно в сказке! А в Саратове вдруг объявилась тревога и проникла даже в тихий дом отца Никодима.

— Слышь, — сказал он однажды, — бают, воров-то государево войско разбило. Сам он бежал, и все врозь!

Наташа набожно перекрестилась, и лицо ее озарилось улыбкою.

— Значит, и нам спасение!

— Похоже, Наташенька! Только теперь стало еще страшнее. Покуда, вишь, городские да посадские за ум взялись, захотели государю прямить и казаков прогнать, а они бьют людей-то посадских. Что ни день, то бой!

— Прогонят теперь! — убежденно сказал Викентий. — Будем молиться об этом!..

Наташа ожила при мысли о спасении. Значит, скоро кончится смута, воров побьют, и не будет ей страшен Василий.

Она сидела за пяльцами у оконца и тихо беседовала с Викентием, когда по лестнице вдруг раздались поспешные шаги, настежь распахнулась дверь, и на пороге словно вырос Василий.

В первое мгновение Наташа встала, выпрямилась и словно окаменела от ужаса.

— Он! — вдруг раздался пронзительный вопль, и Наташа даже не узнала своего голоса. Но страх вдруг исчез в ней, и она стала покойна.

VII

Василий не слыхал ее крика, отдавшись восторгу. Он двинулся к ней с протянутыми руками и заговорил:

— Выздоровела, рыбка моя! Ну вот мы и вместе!

— Прочь! — грозно крикнула Наташа, отодвигаясь от него.

Василий вздрогнул и остановился, опустив в изумлении руки.

— Как? — растерянно произнес он, и все перечувствованные им страхи сжали его сердце.

— Прочь, убийца! — повторила Наташа — Прочь, разбойник! Не прикасайся ко мне! Ты весь в крови!

— Наталья, в уме ли ты? Что говоришь? Тебя ради я пошел на это!

— Меня ради? — строго произнесла она. — Не смей говорить этого! Меня ради ты сжег на огне моих отца и брата? Сквернил храмы Божьи? Бил женщин и детей, топил и вешал безоружных? Меня ради! Прочь от меня! Ты страшен, ты противен! Прочь!

Кровь прилила к лицу Василия.

— Но я люблю тебя!

— А я ненавижу! Проклятый ты!

— Наталья, сжалься! Я умру без тебя. На что мне жизнь?

— Умри! Только мало тебе одной смерти! — с презрением и ненавистью сказала она.

У Василия закружилась голова. Злоба охватила его.

— Так нет же! — воскликнул он. — Ты моя и моею будешь!

Он кинулся к ней и сжал в своих объятиях.

— Пусти! — закричала она, плюнув ему в лицо.

— Моя!

Василий поднял ее. В это время на него бросился карлик.

— Убей меня, я не отдам ее! — закричал он, хватая его руку. Наташа вырвалась.

— Так сдохни! — прорычал Василий, обнажая кинжал, и карлик со стоном покатился по полу. Попадья пошатнулась и лишилась чувств.

Василий отбросил кинжал, снова схватил Наташу и, подняв ее, понес с лестницы.

— Придержите попа! — сказал он своим товарищам. — И за мною!

Он вышел с драгоценною ношею и быстро пошел, не чувствуя даже ее тяжести. Наташа бессильно висела на его плече.

Через несколько минут его нагнали товарищи.

— Поп-то проклинает нас, беда! — с усмешкой сказал Кривой.

— Помоги нести! — хмуро ответил Василий. — А ты, — обратился он к Горемычному, — заготовь коней! Скоро!

Он вошел в воеводский дом. Там суетился Гришка Савельев.

— Это что еще? — воскликнул он при виде Василия с ношею.

— Невеста моя! — хмуро ответил Василий и, положив на лавку, стал заботливо ее встряхивать.

Она пришла в себя и села на лавку.

— Ну, брось дурить! — грубо сказал ей Василий. — Сейчас поедем!

Гришка насмешливо посмотрел на него:

— Это с ею?

Василий молча кивнул.

— Твое дело! — сказал Гришка. — Мы на круге решили на Пензу ехать. Там наших много! Укрепимся, отпор дадим! Ты с нами?

— А хоть и с вами! Мне все равно!

— Ну, ин! Тогда готовсь. Наши седлают!

— А я за конями послал!

Наташа сидела безмолвная, печально опустив голову. "Словно в сказках о разбойниках, — думала она, — и что я поделаю". Но в то же время в душе ее складывалось решение о смерти.

— Есть кони! — сказал, входя, Горемычный. Василий встал.

— Так и я на Пензу! — сказал он Гришке.

— Слушай, — обратился он к Наталье, — я тебя вязать не буду, но если ты станешь руками махать, всю перевяжу и к торокам прикреплю!

Наталья покорно опустила голову.

— Идем!

Василий вывел ее. Казаки усадили ее в седло. Василий вскочил на коня, и они поскакали.

Странные чувства волновали Василия. Он и любил, и ненавидел теперь Наталью. Ему хотелось и осыпать ее поцелуями, и бить; хотелось упасть к ее ногам и зарезать.

Наталья же словно окаменела. В душе ее не было ни печали, ни отчаяния, ни страха, в уме — мыслей.

А сытые кони мчали их по глухой степи, и топот их звонко разносился по воздуху.

ЧАСТЬ ШЕСТАЯ

I

Прилуков-князь едва дал передохнуть своему войску и тотчас двинулся на Самару, которая с такою же легкостью передалась ему, с какой недавно Стеньке Разину.

Из клетей и амбаров и из разных скрытных мест повылазили перепуганные насмерть бояре, дворянские дети, дьячки и подьячие.

Князь Прилуков тотчас поставил временного воеводу, открылись застенок и тюрьмы, и снова кровь полилась широкой волною, только на этот раз с переменою ролей. Вокруг Самары и по берегу, словно роща, выросли ряды виселиц, и на них закачались казаки, бунтовавшие холопы, башкиры, стрельцы-изменники и перекинувшиеся посадские.

Прилуков сидел в Самаре три дня, каждый день во все стороны рассылая отряды для поимки воров, и со всех концов их приводили десятками.

Воевода по чести чинил каждому допрос и потом казнил.

— Вот так здорово! — смеялся Дышло. — Как мы их размётали, князюшка! Словно кречет глупых ворон!

— Пожди, — отвечал князь, — крамола-то, вишь, как проказа рассыпалась! До Москвы, бают!

— Здесь-то, князюшка, мы ей дыхнуть не дадим! Князь качал головою и вздыхал.

— Крови-то, крови напрасной сколько!

Он жалел холопов, которые как бессмысленное стадо овец за одним бараном шли по слову пьяного казака, не зная куда, а теперь десятками гибли на виселицах, корчились на колах...

Через три дня в Самаре побледнел призрак Разина, и князь встрепенулся:

— В Саратов! — сказал он старшим начальникам своего войска.

Если бы кто видел сердце князя во время нахождения в Самаре, тот назвал бы это геройским подвигом.

Мысль о Лукоперовых и их вероятной участи не давала минуты покоя князю. В то же время смутно в нем пробуждалась надежда, что, может быть, они успели укрыться, спастись от мстительной расправы разбойников, и эта надежда волновала его глубокой радостью. Так бы и полетел он в Саратов, но воинский долг заставлял его быть в Самаре, и он, мучаясь и терзаясь, оставался.

И наконец выступил... По дороге ему встречались мятежные шайки, еще не знавшие о поражении Разина, встречались и беглецы из-под Симбирска, и вновь образуемые отряды. Он разбивал их один за другим, забирал пленных и быстро двигался к Саратову.

Гришка Савельев с казаками уже оставил город, и только не многие пьяные и охочие до наживы еще толкались по улицам города, когда показалась первая сотня княжеского войска.

Посадские с воплями о помилованье раскрыли ворота, раздался колокольный звон, и священники вышли навстречу князю с крестами.

— Много лет государю Алексею Михайловичу! — кричала толпа.

— Смерть разбойникам!

— Смилуйся над нашим убожеством!

Посадские вмиг переловили запозднившихся казаков, с десяток гультяев тоже попали под опалу, вокруг воеводского двора, где остановился князь, затолпился народ.

Князь Прилуков вышел на крыльцо.

— Нет у меня государева указа о милости, — сказал он, — сами ее заслужите! Всех воров и изменников сюда во двор приводите, а сами крест на верность государю целуйте. А пока что, может, кто из бояр, дьяков али подьячих жив остался, так ко мне его!

— Есть, есть такой! — закричали в толпе голоса.

— Мы его мигом!

— Он в Успенской церкви в чулане жил!

Толпа бросилась к Успенской церкви, и скоро к Прилукову привели оборванного, худого и дрожащего от страха мужчину.

Прилуков позвал его в горницу.

— Кто и как жив остался? — спросил он.

— Смилуйся! — воскликнул тот, падая на колени. — Боярский сын Калачев есмь, а в животе пощадил атаман разбойный!

— За что?

— Знахаря ему нашел! Заболел у него кто-то. Он словно бешеный рыскал, а я тут. Показал ему Викешу, он и отпустил!

— Кто Викеша?

— А знахарь, милостивец, знахарь! Атаману-то большая нужда до него была!

— Встань! — сказал Прилуков. — Ты при взятии-то города был?

— Был, милостивец!

— Всех избили?

— Всех, милостивец! Три дня били.

— И... — князь заикнулся, — Лукоперовых?

— Их в первую голову. Их и воеводу! Васька-то их особливо мучил. Из-за них, может, и город взяли.

— Что ты брешешь? Как из-за них? Кто этот Васька?

— Истину говорю, милостивец! Святую правду. Васька Чуксанов — это атаман ихний, казацкий. Допрежь у нас помещиком был, дворянским сыном, а потом, как его выдрали... — и боярский сын Калачев подробно рассказал князю историю вражды Лукоперовых с Чуксановым, его неправедное наказание и месть за это.

— Да вражда-то в чем пошла?

— А слышь, быдто он за их доченькой ударял!

Князь вспыхнул, как зарево.

— Брешешь, собачий сын! — крикнул он.

— Да ведь бают, — испугался Калачев, — люди ложь, и я тож. Я-то не видел!

Князь успокоился:

— А с ней что? С Натальей?

— Да и ее, надо быть, убили, голубушку! Всех били. Деток малых и тех!

Князь закрыл лицо руками и опустил голову на стол. Калачев стоял в тревожном ожидании. Наконец Прилуков поднял голову.

— До другого наказа, — сказал он, — быть тебе тут воеводою. Собери приказных себе, стрельцов. Суди мятежников строго, но праведно. С каждого допрос снимай.

Калачев упал в ноги, не помня себя от радости.

— Батюшки, за что такая милость?

Князь усмехнулся:

— На безлюдье и Фомка дворянин! — сказал он. — Иди, а я объявку сделаю!

Он объявил народу о назначении Калачева временным воеводою.

В тот же день начались допросы и казни, и вокруг Саратова, словно грибы после дождя, вырастали виселицы. Отряды князя поехали в разъезды.

А сам князь в первое время словно обезумел. Он не ел, не пил и, сидя на лавке, уныло глядел перед собою, не в силах собраться с мыслями.

Убита! Замучена! Может, и опозорена...

Та надежда, смутная, как бледный свет, пробивающийся сквозь тучи, которая влекла его из Казани, которая давала ему жизнь, силы, энергию, угасла и с нею угас и всякий интерес к жизни. Словно надвинулась гробовая крышка и захлопнулась наглухо, и нет ему уже ни радости, ни света, ни спасения.

Дышло смотрел на него и убивался.

— Батюшка князь, да с чего ты это? — говорил он ему. — Смотри, сколько мы делов наделали. Государь отличит тебя. Вот сам увидишь!

Князь слабо махнул рукою.

— Чего махать-то? Дальше идтить надоть! Князья-то, чай, тоже не дремали. Гляди, все к Пензе подобрались, а мы тута!

— Пойдем, пойдем! — вяло ответил князь.

— Диво, да и все! — бормотал Дышло, разводя руками. — Допрежь что сокол был, а теперя... на!

В домике отца Никодима царили страх и уныние.

Марковна едва оправилась от испуга, отец Никодим с трудом разгибал старую спину, бедный Викеша с разрубленным плечом стонал и метался на той самой постели, где лежала ранее Наташа.

Но все они забывали о своих недугах и потрясениях, сокрушаясь об участи Наташи, к которой привязались со старческой бескорыстной преданностью.

Попадья плакала неустанно.

— Девка горемычная! — стонала она. — Матушки не знала, отца с братцем разбойник замучил и теперь, поди, над нею глумится! Ох, горькая! Лучше бы умереть ей в одночасье!

— Не греши, Марковна, не греши! — останавливал ее отец Никодим. — Господь ведет праведных путями неисповедимыми, и николи не знаешь, что во спасение, что на погибель...

— О-ох, — стонал Викеша, — сабля разбойника на погибель, чую, отец!

— Не греши! Телу в погибель, душе во спасение. Да пожди! Может, и выздоровеешь!..

В день новой присяги он вышел на площадь с крестом и вернулся домой в первый раз улыбаясь.

— Марковна, Викеша!. — сказал он. — А как Наташа-то того князя звала, из Казани?

— Прилуков, о-ох! — простонал Викеша.

— А что? — спросила Марковна.

— То, — ответил отец Никодим, — что здесь он! Пришел с воинами и спас град наш!

— Что же? — не понимая, повторила Марковна.

— Да к тому ж дознал я нонче, куда этот антихрист с голубкою ускакал. Пойду к князю, и он сейчас погоню нарядит. На том поклонюсь!

Марковна встрепенулась.

— Иди, иди, отец, скорей! — заговорила она. — Бог просветил тебя! Иди! Может, он выручит ее чистою, непорочною. А не пошлет того Господь, все же из рук разбойницких вырвет. В монастырь голубонька уйдет.

— Так и я думал, Марковна, — ответил Никодим. — Вот поснедаем, поспим, да и пойду, благословясь. Так-то-сь!

Марковна ожила, даже "Викеша перестал стонать и слабо улыбался.

— Вернется голубка наша! — тихо сказал он.

Встав с послеобеденного сна, отец Никодим надел рясу, взял в руки палку и пошел к воеводскому дому.

— Скажи князю, что видеть надобно, — сказал он стрельцу в сенях.

Стрелец вышел и вернулся, зовя Никодима в горницу.

Князь сидел, опершись головой на руку. При виде отца Никодима он встал и подошел под его благословение.

— Что скажешь, отче? — спросил он. — Разграбили животишки твои?

— Не о том, княже, — ответил отец Никодим, — вор нашу голубку скрал. Приютили мы у себя Наталью, дочь Лукоперова...

Словно невидимая сила подбросила князя. Глаза его вдруг вспыхнули. Он весь дрожал.

— Кого? Кого, ты сказал?

— Наталью Лукоперову, князь! — ответил отец Никодим и рассказал все, начиная от знакомства с нею, ее выздоровление, исповедь и наконец увоз ее против воли Васькой Чуксановым.

— А дознал я, что все они на Пензу поскакали, — прибавил он.

Лицо князя пылало, как заря.

— Так она про меня вспоминала?

— Один, говорит, защитил бы меня, сироту. Да он, слышь, в Казани!

— Дышло! — закричал князь. — Дышло ко мне позвать да двух сотников! Скоро!

Стрелец побежал исполнять приказ. Князь нетерпеливо ходил по горнице.

— Жив не буду, — говорил он, — ее выручу! А того Ваську... — он только сжал кулаки и потряс ими.

— Не бойся, отче! Вызволю я тебе голубицу твою и тебя, и Викешу твово награжу за все добро!

— Ее только вырви от злого коршуна!

— Иди, иди с Богом и жди! — уверенно сказал ему князь. В это время в горницу вошли Дышло и сотники. — Готовь коней, Дышло, — приказал князь, — сейчас в погоню пойдем.

— Вот так здорово! — радостно воскликнул Дышло и побежал во двор.

— Готовьтесь! — сказал князь сотникам. — Сейчас я с вами в поход! Обе сотни соберите!

Потом он прошел к воеводе, поручил ему стрелецкого тысячника со стрельцами и вечером уже с двумя сотнями казаков скакал на Пензу.

Они скакали без отдыха часов шесть и наконец сделали привал.

Ночь была тихая, лунная. Князь не мог уснуть и, взойдя на холм, с тоскою думал о страшной участи своей невесты.

Выручить! А что, если выручит он ее, чтобы в монастырь везти?.. При этой мысли кровь холодела в нем от страха. Он упал на колени.

"Господи! — молился он. — Будь защитником сироты от разбойника. Допусти мне радость видеть ее непорочною, и, клятву даю, в честь Девы Непорочной у себя в вотчине церковь поставлю".

Он поднялся с земли и вдруг вдали зорким глазом заметил четырех всадников. Нет, пять...

Только пятый не сидел, а лежал на коне, перекинутый через седло.

Сердце его вздрогнуло предчувствием. Неужели это Бог послал ему по молитве?

Он быстро спустился с холма и разбудил сотника.

— Петрович, — сказал он, — выбери десять или двадцать удальцов. - Гляди, вон люди едут. Сымай их всех. Только, для Бога, не бей их. Всех заарканить надо, живыми взять! Скажи им: по рублю дам!

— Добро, князь! — ответил Петрович, осторожно идя к спящим и будя некоторых.

Князь взошел на холм. Всадники скакали в том же направлении, приближаясь к холму.

Князь огляделся. Из-за холма друг за другом выезжали его казаки.

Дышло вдруг очутился подле князя.

— Чего они там потиху? — спросил он. — Взяли бы пищали!

— Молчи! — ответил князь. — Тут жизнь моя!

— Что?

— Жизнь, говорю. Смотри, они заметили! Побежали!

II

Быстро мчался Василий Чуксанов в Пензу со своею дорогою ношею в сопровождении верных слуг-товарищей, Кривого, Тупорыла и Горемычного. Они останавливались по дороге только ради необходимого роздыха себе и лошадям и скакали дальше.

Наташа по дороге оправилась. Она не умоляла Василия о пощаде, не плакала, не лишилась чувств и молча, сосредоточенно обдумывала только план побега. Решение помимо ее воли вдруг сложилось и окрепло в ее душе. Если не удастся побег, она не будет живою во власти Василия. Он словно чувствовал ее мысли и думал: "Только бы доскакать до Пензы".

Там все свои. Там он поместит ее в горнице, и она будет в его воле, а покуда... он окружал ее самым нежным вниманием и попечениями, все же зорко следя за нею.

По дороге их нагнал Гришка Савельев со своими шестьюстами казаками.

— Ходу, ходу! — сказал он Чуксанову. — Неравно нагонят.

Они дальше уже скакали вместе.

Удалых когда-то разбойников охватывал теперь словно панический страх. Чувствовали они, что, попадись государевым ратникам в руки — им не будет пощады.

И наконец дней через пять они прискакали в Пензу.

— Кто вы такие? — спросили их уже взбунтовавшиеся пензяки.

— Я саратовский атаман Гришка Савельев, — ответил Гришка, — а это есаул батюшкин, Васька Чуксанов!

— Чего там Васька! У нас у самих есть Васька! Идите к нашим атаманам! — загалдели вокруг них. — А это что за девка? Нешто по-казацки это?

— Тронь ее кто, — закричал Васька, — головы не удержит! Ведите нас к атаману!

— Вы постойте тут, — крикнул Гришка своим казакам, — я сейчас обернусь!

— Постойте! — передразнили его казаки. — Чай, и погулять можем! Ишь, пять дней скакали. Братцы, где у вас горилкой торгуют?

Пензенские атаманы, Васька да Мишка Харитонов, сидели полупьяные в своей избе, когда к ним казаки ввалились гурьбою, ведя Чуксанова и Гришку.

— Слышь, — кричали они, — новые атаманы объявились!

— Кто такие? — грозно спросил Васька.

— Скажи, ты кто? — смело ответил Гришка.

— Я-то? Беглый солдат с Белгорода, — хвастливо ответил Васька, — не захотел государю служить, пришел к батюшке Степану Тимофеевичу на Дон послужить; он меня казаком сделал, и тут я атаманствую!

— А я Мишка Харитонов, тож атаман, — проговорил Мишка, — был поначалу холопом у князя Петрусова, да не захотел в холопах быть и вольным казаком сделался. Ныне тут атаманствую! А вы кто?

— А я с батюшкой еще на Хвалынском море гулял, — ответил Гришка, — был в Саратове атаманом, да государевы войска пришли. Я сюда. Здесь гулять буду!

— Гуляй, казак, только не атаманствуй! — согласился Васька. — Ей, вы! Тащите водки из кружала!

Гришка сел за стол, а Чуксанов быстро выскользнул из дверей.

— Устроил птаху-то, — сказал Кривой, подходя к нему.

— А где?

— Тут, у посадского, в баньке. Важно так!

— Что она?

— Она-то? Да молчит. Я, чтобы худого чего не сделала, Горемычного приставил к ней-то!

Василий быстро пошел за ним. Сердце его билось и трепетало. Кровь то приливала к голове, то откатывалась волною, и тогда он делался бледнее рубахи. Сейчас он объяснится с нею. Скажет ей все, и как она решит, так поведет себя. Коли склонится, он ее что царицу обережет, коли заупрямится, он... — голова его при этой мысли кружилась, и ему казалось, что он убьет тогда Наташу без пощады.

Тем временем Кривой его провел позади посадских домов, через тын, через огород к маленькому деревянному строению.

— Тута, — сказал он.

— Ты не уходи! — сказал Чуксанов, робко ступая через порог.

Горемычный высунулся из двери горницы:

— Ты, атаман?

— Уходи и жди! — сказал и ему Василий и вошел в горенку.

Наташа сидела в углу, опустив голову, сложив руки на

коленях. Она была бледна и имела измученный вид, но в своей слабости показалась Василию еще обольстительней.

— Здравствуй, зорюшка, — тихо произнес он, делая шаг вперед.

Как кровный конь под ударом хлыста бьется до последнего издыхания, так Наташа вся затряслась, вся затрепетала при звуке ненавистного ей голоса.

Лицо ее вспыхнуло румянцем, она выпрямилась и твердо взглянула на Василия. В ее взгляде было столько презрения, что он даже попятился несколько назад.

— Хорошо ли тебе тут? — спросил он.

— Мне везде хорошо, где нет тебя, — ответила она, — а где ты, там я гроба ищу!

Краска прилила к лицу Василия.

— За что поносишь меня? Я ли не люблю тебя? Вспомни, как миловала меня. Али я другим стал?

— Не напоминай! — вскрикнула она, подымая руки. — За то я проклята! Лучше бы убил меня тогда отец мой, чем такую срамоту терпеть!

— В чем срамота? Я тебя не обидел; я люблю тебя и повенчаюсь с тобою. По закону жить буду, а не насильничать!

— Никогда! — пылко ответила Наташа. — Батюшка за гробом проклянет! Прочь, разбойник! Не коснись меня! Прочь!

— Что ты? Али очумела?.. — раздражаясь, сказал Василий.

— Прочь, прочь!

Василий двинулся к ней с усмешкой.

— Брось! Ты моя и моей будешь! Честью не хочешь, силой моя будешь. Не противься! — он протянул к ней руки и коснулся ее.

Словно порох от прикосновения фитиля, вспыхнул он, коснувшись ее, и вся сдержанность его исчезла.

— Моею будешь! — прохрипел он, обхватывая Наташу.

— Никогда! — с нечеловеческой силою она отстранилась от него, но он повалил ее на лавку.

— Моя будешь!..

Она молча боролась. Вдруг рука ее нащупала у него за поясом рукоять ножа. Она выхватила его и всадила Василию в плечо.

— Вот тебе!

Василий невольно отскочил. Рука у него бессильно повисла.

— Пожди ж! — проговорил он сдавленным голосом.

— Атаман, — закричал Кривой, — иди скорее! В круг зовут!

211

— Пожди ж! — повторил Василий, идя из баньки. Кровь широкой струею текла из раны, заливая ему кафтан.

Выйдя на двор, он быстро с помощью Кривого накрепко перевязал рану и пошел в город.

Там волновались казаки, составив раду. Василий вошел в круг и поклонился.

— Мы тебя трогать не будем, — заговорили старшины, — скажи только, что нам делать. Слышь, услыхали, князь Барятинский сюда идет!

— Я говорю, тут его встретить. Бой дать! — сказал Гришка.

— Молчи, пес! — закричал на него Харитонов. — Он нас перебить хочет!

— В воду его!

— А ты как мыслишь?

Василий поклонился:

— Ваша воля, громада! Думаю, уходить лучше, чтобы побольше силы набраться.

— Что, видишь? Вот и он говорит! На Ломов, братцы!

— На Ломов! — закричали казаки.

— А я не дам своих казаков! — заявил охмелевший Гришка.

— Ты? Своих? Ах ты пес корявый! — загалдели казаки. — Мы тебя не вольны сместить, что ли?

— В воду его!

— Повесить!

— Тащи, братцы!

— Послушайте, православные! — заговорил было Гришка, но казаки накинулись на него и потащили к воде.

— А ты что делать будешь, с нами пойдешь? — спросил Харитонов. — Нас тыща. Мы Ломов возьмем, больше народу будет. Дальше пойдем!

Василий поклонился.

— Нет, — ответил он, — я до батюшки Степана Тимофеевича пойду. С ним буду дело делать.

— Да где он-то, голубь наш?

— В Царицыне, слышь!

— Ну, ин! — сказал Харитонов. — Ведь мы, казаки, людей не неволим. Вольно Гришке было в атаманство лезть! Иди себе!

Василий вышел из круга.

Да! Доберется он до Царицына к Стеньке Разину, а там с ним вместе на Дон махнет!

— Готовь коней! — сказал он Кривому.

— А теперя куда поедем? — спросил он.

— К атаману! В Царицын!

— Ну, ин! Обернулось на худой конец наше дело! — вздохнул он.

Василий прошел в баньку и с злобной усмешкой обратился к Наташе.

— Ну, королевна, опять ехать надоть! — сказал он. — Как повелишь, вязать тебя али вольной волею поедешь?

— Убей меня лучше, — ответила она.

— Ну, это нет! — сказал Василий и спросил снова: — Вязать, что ли?

— Вяжи! — сказала Наташа. — Я бежать буду пытаться.

— Бежать? Ишь ты, хитрая! Ну, ин, перевяжем!

Василий вышел отдать приказания.

Казаки торопились. Одни бегали по городу, наскоро грабя обывательские дома, другие седлали коней, увязывали торока. Всюду виднелись поспешность и уныние.

На задах, на огородах кто-то уныло выводил:

> Ах туманы вы мои, туманушки,
> Вы туманы мои, непроглядные,
> Как печаль-тоска, ненавистные!..

Василий поторопил Кривого и вернулся в баню.

Тоска острой болью сжала его сердце. Тайное предчувствие беды охватило его невыразимою грустью. Жизнь, вся жизнь сгублена, и никакой отрады... А песня тянулась уныло, жалобно:

> Не подняться вам, туманушки, со синя моря долой,
> Не отстать тебе, кручинушка, от ретива сердца прочь!..

Ох, не отстать!.. Василий прислонился головою к стене и прижал руку к сердцу. Словно рвалось оно на части! Даже не чувствовался палящий зной раны. Неужто так и не полюбит? Не может быть! Не ржавеет старая любовь! Он заслужит ее... Доехать бы до Дона, а там...

— Атаман, все готово! — сказал Кривой. — Коней сюда подвел.

— Веди красавицу-то, — глухо сказал Василий и прибавил: — Осторожно веди!

> Ты размой, размой, туча грозная!
> Ты пролей, пролей, част-крупен дождик!.. —

словно пел панихиду чей-то голос, надрывая душу.

— Заткни этому псу глотку! — крикнул Василий Тупорылу.
— Чего воет, ровно по покойнике!..

Тупорыл прыгнул через тын.

> Ты размой, размой земляну тюрьму,
> Чтоб!.. —

и голос вдруг сразу смолк, после чего вокруг словно настала мертвая тишина.

Кривой и Горемычный под руки вывели Наташу.

— Осторожно! — приказал Василий. — Сади в седло и прикрепи!

Ее посадили. Она не сопротивлялась, только глаза ее, как звезды, горели на бледном лице, и Василий невольно отворачивался от них.

Перед ней, перед своей пленницей, он был жалок. Лицо его было также бледно. Не знавшие сна глаза смотрели тускло. Кафтан, залитый кровью, с оторванным рукавом, казался ветошью, а туго перевязанное кровавыми тряпками плечо прибавило ему еще более убогий вид.

— На конь! — приказал он, и они, привязав в середину Наташу, медленно выехали из посада за надолбы. Казаки строились в колонны, готовясь выходить тоже, чтобы идти на Ломов от преследования князя Барятинского.

Василий подал знак, и они поскакали, но на этот раз скакать было неизмеримо трудно. Рана давала себя знать.

Василий приказал остановиться у первого поселка и позвал знахаря. К нему пришел седой мельник. Он промыл Василию рану, наложил на нее жеваных листьев, перевязал, и Василию словно бы полегчало.

Они поскакали дальше.

— Саратов-то, смотри, объезжать надоть? — сказал Кривой.

— А то как же! Его уже взяли! — ответил Василий.

Они скакали четыре дня, давая себе только малый роздых.

— Близко теперь, — говорил Кривой, готовя коней скакать дальше после вечернего отдыха. — Гляди, ночь-то какая! Ровно день!

— Завтра ввечеру будем, — сказал Тупорыл.

Василий покачал головою:

— Чует мое сердце что-то недоброе, братцы!

— Брось, атаман, забавился ты! — весело ответил Кривой.

— Вот ужо подле батюшки оправишься. Едем, что ли!

Он вскочил на коня:

— Ночь-то какая!..

Василий нагнулся к Наташе. Она быстро отвернулась. Он хотел что-то ей сказать и махнул рукою:

— Едем!

Они поскакали. Скакали они уже часа три, как вдруг Василий осадил коня.

— Гляди, за нами! — сказал он.

Все обернулись. С левой руки на них мчались казаки врассыпную.

— Бери вправо! — приказал Василий. Они поскакали, но с правой руки перед ними вдруг выскочили из-за холма тоже казаки.

Впереди, немного левее, чернел лесок.

— Туда гони! — сказал Василий. — Скорей! — он ухватил Наташиного коня под уздцы и погнал, но казаки окружили их кольцом и стягивались.

— Придется рубиться! — сказал Тупорыл, вынимая саблю.

— Бейтесь вы, я ускачу с нею! — сказал Василий на всем скаку.

— Ин! Спасайся! — согласился Кривой. Казаки приближались. Тупорыл кинулся на одного и тотчас покатился с коня на землю.

Ловко наброшенный аркан стянул ему руки и сбросил с седла.

Василий скакал не оглядываясь. Перед ним никого не было, но сзади он слышал за собою погоню.

"Сам умру и ее урежу", — решил он, вынимая нож. Наташа ничего не видела, бешеная скачка на время помутила ее ум. Василий обхватил ее, сдернул с седла и занес над нею нож, но петля вдруг обвилась вокруг его шеи и сдернула с коня.

Он упал и потерял сознание.

Когда он очнулся, его, скрученного, поднимали казаки и сажали на коня.

Брезжило утро. Василий оглянулся. Верхом на конях, со скрученными за спину руками, с ногами, привязанными к стременам, сидели его товарищи; вокруг суетилось человек двадцать казаков и какой-то чернобородый великан в одежде стремянного.

— Вот так здорово! — сказал он, когда прикрутили Василия. — Теперь все по насестам! Едем, братцы! Чай, князь уж и встречу им заготовил!..

Отряд двинулся скорой рысью. Часов через семь показался город. Перед ним, за надолбами, словно лес стояли виселицы. На длинной перекладине, скорчившись, висело по два, по три труна. Вороны и коршуны стаями кружились над ними и покрывали виселицы черной каймою.

Между виселицами то тут, то там торчали колья и на них сидели казненные воры. Одни еще мучились в агонии, другие уже успели испортиться и наполняли воздух невыразимым зловонием.

— Ну, атаман, — сказал Василию с усмешкою Дышло, — полюбуйся-ка нашею рощицей: и тебе в ней отдыхать придется!

Василий даже не повернул к нему голову.

III

Пленников привезли к воеводскому двору. Навстречу отряду выбежали стрельцы и тотчас стали ссаживать с коней преступников и бросать их в тюрьмы. Это были низкие землянки, чуть видные от земли, с узкой дверью, с крошечными оконцами вверху.

Василия втолкнули в одну тюрьму, заковав по рукам и ногам в кандалы. Он сел в углу на землю и огляделся. В тюрьме сидело, кроме него, человек двенадцать. На некоторых были надеты стулы, доска на шею, в которую были продеты и руки. Василий узнал некоторых казаков.

— Атаман, — заговорили кругом с почтением. Один подвинулся к Василию и спросил:

— Где ухватили?

Василий промолчал.

— Вот собака, — сказал спросивший, — и тут гордится!

Василия сперва тихо, потом все громче и громче стали ругать:

— Дворянский сын! Пес кривой! Адова падаль! — но Василий ничего не слышал. Он весь ушел в себя и думал свои безотрадные думы.

Невзлюбила его судьба-мачеха! Побаловала его девичьей ласкою и на том бросила, а после... Василий тосковал. Ему хотелось отговеться перед попом и просить у Бога прощения, а колодники продолжали глумиться над ним.

— Вот пожди, порастрясут твои дворянские косточки! Воевода ух злой какой!

— Спой песню, атаман!

Один дернул Василия за волосы. Василий вдруг вспыхнул, схватил его за шею и так сдавил, что тот захрипел и повалился.

— Чего своих-то душишь, лиходей! — набросились на него. — Не видишь, пытаный!

— Ой-ой-ой! — стонал придушенный.

— А вы не докучайте! — смуро сказал Василий.

— Я вот покажу ему, псу, — проговорил громадный детина в грязной окровавленной рубахе и двинулся на Василия, но тот так его ударил в живот, что он покатился с проклятиями.

— Здорово! — заговорили колодники и вдруг приняли сторону Василия.

— Что-то все на него, ровно псы, накинулись! Ему, чай, оправиться надоть, а они на!

— Ты их железами по башке, атаман!

Детина поднялся с пола.

— Я на тебя не сердит, атаман, — сказал он, — больно только уж очинно бьешь, а я с дыбы только что.

— Не лезь! — сказал Василий. — Я сижу смирно!

— И то! Дайте ему оправиться!

Василия оставили и занялись своими разговорами.

Это были страшные речи. Рассказы об испытанных только что мучениях и разговоры о роде предстоящей смерти сменялись воспоминаниями буйно проведенных в разбое месяцах. Тоска по воле сменялась смехом при воспоминании о попойках и молодечествах.

Поверяли друг другу свои клады и хвастались богатством, а потом поверяли испытанные боли и хвастались выдержкой.

На другой день, часов в шесть утра, Василия повели к допросу.

— Чуксанов! — воскликнул временный воевода. — Вишь, какого осетра сымали! — сказал он злорадно. — Ну, что скажешь, друг? Как к разбойникам попал? Держи ответ по истине. Государю словно бы!

Чуксанов взглянул на Калачева и усмехнулся.

Давно ли он тряс его за ворот, а тот у него в ногах ползал, а ныне сидит он на воеводском месте с дьяком да с подьячими. В дверях стрельцы стоят и палач в красной рубахе.

— Что ответ держать, — сказал он, — кажись, всю мою правду, как я, сам знаешь Лукоперовы да воевода вором меня сделали.

— Ну, ну! Ты рассказывай по ряду. Вот Егорыч запишет все! Говори все. Кто ты еси?

— Василий Чуксанов, ране был дворянский сын, а теперь вольный казак...

Он говорил нехотя, а Калачев подгонял его своими вопросами. Когда Чуксанов сказал, что воевода Лутохин его вздрал неправильно да в стрельцы силком отдал, Калачев закричал на него:

— Не бреши на упокойника!

— Чего брехать! Пес брешет, — ответил Василий, — чай, сам меня и в стрельцы отводил. Али забыл?

— Откажись! — грозно сказал Калачев.

— Не для ча, — уперся Василий.

— Ну, так я покажу тебе, что брешешь, как пес! — крикнул Калачев. — В пыточную его!

Его повели в пыточную башню. Сначала его один стрелец взвалил себе на спину, а другой стал бить его по обнаженной спине плетью, от чего кожа на спине вздулась и лопалась.

— Сказывай подлинное! — говорили ему за каждым ударом, но Василий молчал.

Ему дали ударов тридцать. Потом увели в тюрьму. Рубаха его была смочена кровью, рана открылась.

— Закусил, атаман? — засмеялись колодники.

После полудня его снова привели в пыточную башню. Теперь его вздернули на дыбу, потом жгли каленым железом, потом капали смолою. Василий вопил от невыносимой боли, а подьячий, приставленный к нему, повторял:

— Говори подлинное!

Наконец его посадили на горячие уголья.

— Отрекаюсь! От всего отрекаюсь! — закричал, не выдержав, Василий.

— То-то! — сказал подьячий и приказал снять его, после чего записал новое показание Василия.

Лукоперовых и воеводу (царство им небесное) он оболгал. К ворам пристал по дурости да корысти ради.

Его отвели снова в тюрьму. Он упал на землю и лежал, как труп, а колодники говорили:

— Что, поужинал славно?

На другой день его снова привели в воеводскую избу. Там он увидел и Кривого с Тупорылом и Горемычным. Дьяк поднялся и прочел им приговоры. Тех присудили к виселице, а Василия к смерти на колу.

— Хочешь исповедоваться и приобщиться? — спросил его дьяк.

— Хочу! — радостно ответил Василий.

Его отвели в соседнюю избу. Там у аналоя стоял отец Никодим.

Василий задрожал и упал ему в ноги. Слабость и потрясение мешали ему подняться. Отец Никодим стал подле него на колени и опустил над ним свою седую голову.

— Отпусти и помилуй! — твердил Василий, глухо и тяжко стеная.

Отец Никодим стал наставлять его.

— Отец, умоли Наташу, чтобы простила окаянного!

— Она забыла уже и о тебе плачет! — сказал старик. Василий поднял лицо.

— Скажи ей, что, и умирая, люблю ее!

— Скажу, сыне! — ласково сказал Никодим. — Встань, я приобщу тебя.

И он приобщил Василия.

После этого его повели стрельцы за надолбы. Подле одного пустого глаголя остановились, вывели друг за другом его товарищей и быстро вздернули.

— Прощай, атаман! — успел крикнуть Кривой.

Василий набожно перекрестился. Стрельцы повели его дальше и подвели к острому колу. Двое палачей схватили его сильными руками, высоко подняли и с размаху посадили на кол. Василий вскрикнул так, что вороны черной тучей поднялись с обезображенных трупов и закружили в воздухе.

Когда Василий очнулся, он был один среди гниющих трупов. Кол медленно пробивал его внутренности. Невыносимая жажда мучила Василия, и он кричал хриплым голосом среди трупов и хищных воронов, которые уже не боялись его.

Вот один вскочил ему на голову и сидел на ней, хотя Василий кричал и мотал головою. Вот он нагнулся, жадным клювом ударил в глаз Василия и отлетел.

Василий лишился чувств и, не приходя уже в себя, помер к следующему утру.

IV

В первый момент князь не поверил своим глазам, когда казаки принесли и положили перед ним Наташу. Прилуков жадно глядел на нее и не мог наглядеться. Какая она бледная, измученная! Как нежно ее лицо и как печально! При ярком свете луны она казалась покойницей, так бледны и недвижны были черты ее лица.

— Вот так здорово! — воскликнул Дышло. — Да это боярышня Лукоперовых!

Князь очнулся и поднял орошенное слезами лицо;

— Она, Дышло! Только не умерла ли она? Смотри, голубка не движется!

— Что ты, князь! Да я ее сейчас тебе в память приведу! Гляди!

Князь снова склонился над нею. Дышло стал на колени, взял ее руки и тихо стал хлопать по ладоням.

— Будь черная кошка, — говорил он, — тогда бы живо! Подпалил хвост ейный и к носу!.. А теперь... тсс! Гляди, князь!

Но князь и так не сводил с нее очей.

Наташа лежала в обмороке, но вот она вздохнула, раскрыла глаза и улыбнулась. Сон! Вот он, светлый, ясный, который явился ей на спасение! И кругом от него свет так и льется... и она протянула вперед руки и воскликнула:

— Спаси меня!

— Спасли уже, ясная! — нежно ответил князь.

— Ай! — вскрикнула Наташа и пришла в себя.

Так это не сон! Князь правда перед нею, и она спасена. Свет этот — свет ясного месяца!.. Вот здесь лежат связанные!..

Она села и растерянно-радостно оглянулась.

— Не сон! И ты здесь, князь? Как ты набрел сюда?

— Я послан за разбойниками в Саратов, — оправившись, ответил князь, — и узнал, что тебя вор увез. Погнался, и вот — помог мне Господь!

— Истинно Господь, — кивнув головою, сказала Наташа. — От кого узнал?

— Поп сказал. Я думал, тебя убили...

— Отец Никодим! Значит, он жив! О, как я рада! Я думала, все убиты... Князь, отвези меня к нему.

— Туда и уедем. Я только тебя ждал. Эй! — сказал он, подымаясь с колен. — Готовсь!

Он распорядился устроить покойное сиденье для Наташи. Между двух коней, на копьях и арканах, казаки приспособили вроде люльки, и Наташа полулегла в нее. Князь сел на коня.

— Ты, Дышло, воров к воеводе приведешь! — приказал он. — Двадцать казаков здесь тебе на помощь останутся.

— Ладно! — сказал Дышло. — Скачи, княже, со своим кладом. Бог тебе на дорогу!

Казаки поскакали. Князь время от времени взглядывал на Наташу и каждый раз встречал ответный благодарный взгляд, отчего с неудержимою радостью билось его сердце.

В тихом домике отца Никодима, несмотря на поздний вечерний час, все еще длилась беседа. Даже Викентию словно бы полегчало, когда он узнал, как всполошился князь и поскакал в погоню.

— Нагонит! — говорил он с уверенностью.

— Дай Бог! Только ведь, почитай, пять ден прошло. Где искать?

— Найдет! — уверенно повторил Викентий. — Она мне сон свой рассказывала. Вещий сон! Поначалу все так и сбылося, а теперя на нем черед...

— Пошли, Господи! — вздыхала Марковна. — Такая бедненькая! Всем-то обижена.

— Потом превознесется!

— Нет, не говори, Викеша, она не такая. Она николи не превознесется. Добрая!

— Ну, одначе, и на покой пора! — сказал Никодим, подымаясь с лавки. — Викеша, тебе что надоть?

— Марковна плечо перевяжет, — сказал Викентий, — да пить чтобы, ковшичек квасу оставь. Пить-от хочется, беда!

— Ну, ну! Марковна, ворочайся, а я пойду помолюся на сон! Бог с тобою, Викеша!

— Доброй ночи! — ответил несчастный Викентий.

Наступила тихая ночь. В домике отца Никодима все смолкло, только нет-нет раздавался с тишине протяжный вздох Марковны да наверху, в Наташиной светелке, слабо стонал Викентий.

Он метался без сна, и мрачные мысли в безмолвной тишине ночи претворялись у него в страшные образы. Бедный горбун! Подле Наташи, к которой он так привязался, он узнал первую радость дружбы с чистой, невинной душою девушки, и вот — ее, может, обесчестить теперь злой разбойник, а он, разбитый, раненый, прикован к кровати, и, как знать, может быть, смерть уже стоит в его изголовье.

"Кабы князь ее выручил!" — думал он, и радость при одной мысли о возможности спасения Наташи разливалась волною в его груди.

Тихо проносилась ночь над их домиком, наступало утро, утро светлое, радостное, и вдруг отец Никодим на самой заре вскочил с постели от стука в ворота.

— С нами крестная сила! — воскликнула Марковна. — Опять воры!

— Полно, полно, мать, — торопливо обуваясь, ответил Никодим, — воров теперя и следа нету!

— Спроси, отец! Не отворяй сразу-то.

Никодим выбежал на двор.

— Отворяй, што ли! Не бойся! — услышал он добродушный голос, и вдруг, с нами силы Господни, серебристый голосок Наташи звонко крикнул: — Батюшка, отвори доченьке своей!

221

— Да неужто! — воскликнул отец Никодим, торопливо отмыкая тяжелый замок и снимая с ворот перечину.

— Вот тебе и неужто! — весело ответил князь, въезжая в ворота. — Принимай гостей!

— А где же?.. — начал Никодим.

— Здесь я, батюшка! — звонко откликнулась Наташа. — Силушки нет побежать к тебе!

— Доченька, любая! — кинулся к ней Никодим. Она приподнялась в своей люльке и обняла его голову.

— Выручили, выручили, — говорила она сквозь слезы, — не ты бы да не князь, пропасть мне с горя!

— Бог пособил! — ответил Никодим и бросился в горницы.

— Марковна! Наташа вернулась! — закричал он. Марковна так и хлопнулась на лавку.

— Ой, беда моя, обезумел старый! — но она тотчас же оправилась и легче серны выбежала на двор.

Казаки уже помогли князю вынуть Наташу, и он нес ее осторожно в дом.

— Ласточка моя! Голубушка! Выручили! — закричала Марковна, подбегая к Наташе. Та ласково кивнула ей головою.

— Куда нести-то?

— Сюда, сюда! — повела Марковна князя в свою горенку.

— А в мою светелку? — спросила Наташа.

— Там Викеша. Разбойник зарубил его.

— Насмерть?

— Нет, плечо пересек! Да ты не пужайся. Он выправится. А теперя с радости скоро!

Наташу положили на постель Марковны.

— Лежи, Наталья Ивановна, поправляйся! — сказал ей ласково князь. — Я после наведаюсь! Не оставьте ее, добрые люди! — поклонился он попу с попадьею.

— Что ты, что ты, князь! Да она нам заместо дочери! — в голос ответили те.

Князь уехал в воеводскую избу, а в доме отца Никодима все вдруг оживилось.

— Да расскажи ты мне, рыбочка, что с тобой разбойник-то делал? Где были?

И Наташа рассказывала про бешеные скачки от Саратова до Пензы и назад.

— А как князь тебя нашел?

Наташа рассказывала снова.

— Перст Божий! — вздохнув, сказал Никодим. — Теперь по заслугам казнь воспримет.

Наташа вздрогнула.

222

— Жаль мне его теперь, — прошептала она, — смотрел в последях он так-то на меня жалобно...

— А зарезать хотел, — сказала Марковна.

— В страхе. В страхе и я его ножом ударила.

— Викеша говорил: быть не может иначе. Слышь, ты сон видела?

Наташа вспыхнула и кивнула головою. Правда, вещий сон она видела...

— Викешу бы повидать!

— Пожди, лапушка, он с радости-то, гляди, совсем разнедужится. Ведь его вор-то как полоснул. Беда!

Но через день, когда Наташа, оправившись, совсем встала с постели, она прошла к Викентию. Некрасивое лицо его от радости стало красивым, бледные щеки покрылись румянцем. Он глубоко вздохнул, и слезы выступили на его глазах, когда Наташа наклонилась над ним и нежно ему сказала:

— Теперь я за тобой ходить буду, как ты за мною!

И она стала за ним ухаживать.

Князь каждый день навещал тихий домик отца Никодима и подолгу оставался в нем, отдыхая от ратного дела.

— Только не все мне быть с вами, — грустно говорил он, — не сегодня-завтра наказ получу дальше идтить! — и он пытливо глядел на Наташу, а она, краснея, опускала лицо и только вздыхала.

Грустным возвращался к себе князь. "Любит или нет? — думал он и вздыхал. — Эх, кабы матушка тут была!.."

— Стрелец к тебе от князя Долгорукого, — сказал ему однажды Дышло, — с грамоткой ждет!

Князь вошел в свои покой.

"Чего от меня князю Юрию?" — с удивлением подумал он, беря от стрельца грамоту.

Но, прочитавши ее, он вдруг побледнел и покачал головою.

Князь оповещал его, что волею государя назначен воеводою Казанским, на место князя Урусова, а потом, хваля его за его действия под Самарою и Саратовом, приказывал немедля идти к Нижнему Новгороду, куда пошел и Данило Барятинский: "Воров там изрядно скучилось, и надоть разбить их, чтоб и следа не было, а государево спасибо за тобою, князь, стоит".

Князь сложил грамотку и быстро пошел в дом отца Никодима.

Он вошел в горницу. Она была пуста. Сверху, из светелки, где лежал Викеша, раздавались голоса. Князь остановился. Эх, повидать бы одну Наташу!

И вдруг, словно по его воле, сверху по лесенке раздались ее легкие шаги. Князь остановился посредине горницы. Минута — и Наташа стояла перед ним. Лицо ее вспыхнуло от внезапного смущения.

— Князь, чего обернулся? — спросила она его. Он подвинулся к ней.

— Идтить должен. Проститься пришел, — тихо сказал он.

Внезапная бледность Наташи выдала князю ее чувства.

— Куда идтить? Когда? — спросила она растерянно.

— На Нижний, воров воевать, а идтить либо нынче, либо завтра. Не позже!

Наташа потупила голову. Князь приблизился к ней.

— Наталья Ивановна, — заговорил он прерывисто тихим голосом, — я за тобой сватом слал брата твоего, Сергея Ивановича. Да вишь, не дожил. А теперь и некого. Иду я. Может, воровская сабля и кончит жизнь мою. Так молви мне слово: люб тебе я али нет? Душа моя вымерла!

Наташа глянула на него исподлобья. Вот он стоит перед нею, ясный, светлый, как день, и на лице его мука горькая.

— Люб! — чуть слышно ответила она, но он уловил ее ответ и тотчас обнял ее, целуя ее очи.

— Милая, любая моя! Пойдем же наверх, в светелку. Я им скажу!

— Пусти! — вырвалась из его рук Наташа. — Я ведь за пивом шла! — и она убежала.

В три скачка поднялся князь в светелку. Викентий сидел на постели, у окна сидела Марковна, а в уголку, у печки, отец Никодим.

— Батюшка, князь! А мы-то и не слышим! — воскликнула Марковна. — Хоть воры приди.

— Не болтай пустого, — остановил ее Никодим, — какие такие воры! Что, князюшка, светел так?

— Радость, батюшка, радость великая. Наташа-то любит меня! Невеста моя названая! — взволнованно ответил князь.

Марковна всплеснула руками.

— Ах она коза быстроногая! Да неужто она тебе сказала про то? Срам-то какой!

— Никакого срама нет.. И не говори она, всякий видел, — тихо и радостно ответил Никодим.

— Я знал про то! Хотел князю сказать, да она не позволила! — весело сказал Викентий, качая огромной головою.

В это время на пороге показалась Наташа.

— Ах ты бесстыдница... — начала Марковна.

— Смотри, — перебил ее Викентий, — с пивом пришла! Вот и поздравим их!

Никодим встал.

— Постойте, детушки, — сказал он, — я вас иконою благословлю! — и вышел из светелки.

Наступило торжественное молчание. Никодим вернулся с иконою в руках.

— На колени станьте! — сказал он.

Князь и Наташа опустились. Марковна заплакала.

— Во имя Отца и Сына и Святого Духа! На место покойного батюшки твоего — царство ему небесное. Пусть мое благословение нерушимо будет! Любите друг друга и живите в веселии!

— А теперь за пиво! — снова сказал Викентий, весело смеясь.

Они сели и заговорили дружно и весело.

— Вот что, — сказал князь, — я теперь на Нижний иду, оттуда еще куда пошлют, а там матушка ждет меня, тоскует. Так я такое удумал. Отправлю я Наташу свою к матушке в Казань. Для охраны стрельцов дам и Дышла своего. Хочешь?

Наташа кивнула головою. Старики потупились.

— Твоя воля, князь! — сказал, вздохнув, Никодим.

— Стой, — остановил его князь, — не перебивай! В те поры, когда я о Наташе молился, дал я обет Богу себя в честь Девы Пречистой церковь построить и той обет сдержать должен. Так прошу тебя, отче, поезжай с нею. Там тебя Дышло на вотчину свезет, недалече от города; место выберешь и, благословясь, стройку зачнем. А ты у меня попом будешь! Архиерею я скажу...

— А Викеша? — воскликнула Наташа.

— Викеша? — ответил князь. — Он ни шагу от тебя. Я и говорить с ним не стану. Хворый он да слабый. Велю казакам, те его на кошму к тебе снесут. Выздоровеет, у меня по дому знахарем будет!

— Как у нас Еремейка!

— Только бунтить не будет! Еремейка-то ваш на глаголе болтается. Слышь, он и усадьбу сжег!..

Но это сообщение только скользнуло мимо ушей Наташи. Она вся отдалась мыслям о переезде.

— Как хорошо-то будет! — радовалась она. — Все-то, все со мною будут!

— Все, голубонька, а я приду, и наш поп повенчает нас!

— Ой, повенчаю! — радостно ответил отец Никодим. — Марковна, хочешь ехать?

— Как ты, отец!

— А я, ежели архиерей не сгонит, и рад даже! Не любо мне теперь мое место. И грешил тут, окаянный...

— Ну, ну, под неволею нет греха, — успокоил его князь. — Так завтра я велю и кошму заготовить.

— Как же скоро-то так? А животы мои?

— Я тебе дам казны, не бойся! А животы накажу воеводе без тебя продать. Он не обманет. А у тебя что есть, Викеша?

— У меня? Клад! — ответил Викентий.

— Кто ж его тебе достанет?

— А я отцу Никодиму скажу, а ты ему в помочь свово Дышла пришли.

— Ну, ин! Так я пойду, — поднялся князь, — распорядок сделаю!

Светел и радостен вернулся он домой и стал делать распоряжения относительно снаряжения кошмы и своего похода.

— Это ты хорошо, что водою спосылаешь, — сказал временный воевода, — сушею-то еще опасливо.

— Да и дольше, — ответил князь.

— Вот так здорово! — воскликнул Дышло, узнав княжое решение. — Шли воров воевать, а домой княгинюшке невестку повезем! То-то рада будет.

Князь счастливо улыбнулся.

На другое утро на богатую кошму сели отец Никодим с женою, Наташа с больным Викентием и Дышло. Тридцать стрельцов поехали с ними. Двадцать четыре сели на весла, а шесть остались на корме стражею.

Князь стоял на пристани. В последний раз поцеловался он с невестою и махнул рукою.

— Отчали-вай! — раздалась команда, и следом послышался монотонный напев, сопровождаемый всплеском весел.

— Ей-ей, ухнем! Ей-ей, ухнем!

Кошма стройно повернулась и плавно пошла вверх по течению. Наташа стояла на корме и махала платком, пока пристань не скрылась из ее глаз.

Князь вздохнул облегченно, радостно и пошел готовиться к походу...

V

Целую зиму длилось укрощение бунта по всему Юго-Восточному краю России. По берегам Оки и Волги, в нынешних губерниях Пензенской и Тамбовской — везде разбивались разбойничьи шайки и совершались казни над преступниками. Суровый князь Юрий Долгорукий не знал, пощады. Сделав главную стоянку в Арзамасе, он оттуда рассылал людей на поимку воров и зорким взором обозревал всю взволнованную окрестность Князь Барятинский был его ближайшим помощником. За осень было усмирено все окрест. В декабре и январе усмирены были Пенза и Тамбов, а там города и села стали сдаваться один за другим.

Волнение, принявшее ужасные размеры, было задавлено в течение зимы.

По весне сдалась Астрахань, больше всех служившая притоном разбойникам, и, наконец, в июне семьдесят первого года в Москве на Красной площади, против церкви Покрова (Василия Блаженного), Стенька Разин принял казнь через четвертование после невыразимых мучений.

Раненый под Симбирском, Стенька Разин бежал в Царицын и там лечился от ран. Потом он перебрался за Дон в свой Кагальник, мечтая по весне начать снова потерянное дело, но уже от него отшатнулись главные его сторонники, казаки.

В апреле, подговоренные тем же атаманом стариком Корнилой Яковлевым, казаки напали на Кагальник и разорили его, а там скоро изменою взяли и самого Стеньку.

Бунт кончился...

Князь Прилуков возвратился в Казань и женился на Наташе. Исполняя обет, он выстроил церковь в честь Девы Марии и в ней поставил попом отца Никодима. В красивом доме при церкви поселился отец Никодим с Марковной и с ними Викентий. Князь и Наташа часто посещали их и, беседуя, вспоминали пережитые ужасы.

Спустя три года князь и молодая княгиня ездили под Саратов и восстановили именье Лукоперовых, куда управителем перебрался Дышло.

— Вот так здорово! — говорил он, напившись пьяным, своим соседям. — Был холопом, а сейчас что твой господин. А все милость княжая!

И все были счастливы.

Род Прилуковых дал немало славных деятелей, и последний из рода пал одним из защитников под Смоленском в памятном году нашествия Наполеона...

VI

Так окончилась одна из самых кровавых страниц русской истории, с тем чтобы уже не повторяться никогда более.

Это была последняя отчаянная попытка закрепощенного мужика сбросить с себя господское иго. Своего рода крестьянская война, с обеих сторон одинаково безобразная по своей жестокости.

Прошло почти два с половиной столетия, как прокатилась по Руси эта страшная гроза, а народная память сохранила это время, запечатлев его для потомства в ряде легенд, воспоминаний и целом цикле "разбойничьих" песен, где с любовным почтением поминается имя батюшки атамана Стапана Тимофеевича.

По Волге и старому, и малому известно это страшное имя, по берегам ее десятки урочищ окрещены его именем, а от Камышина до Царицына что ни бугор, то "бугор Стеньки Разина".

Есть даже предание, что он жив до сих пор.

Одни говорят, скитается он по лесам и долам, другие — что сидит он в глубокой пещере и тяжко мучается.

Два змея сосали его и день, и ночь. Но прошло сто лет, и отлетел один змей, через сто лет отлетел и другой, и, когда грехи на земле умножатся, люди забудут, что они братья, подымется опять страшный Разин и пойдет грозою по Святой Руси...

"Стенька, — говорит легенда, — это мука мирская! Это кара Божья! Придет он, непременно придет и станет по рукам разбирать... Нельзя ему не прийти. Перед Страшным Судом придет... Ох! Тяжкие настанут времена... Не дай, Господи, всякому доброму крещеному человеку дожить до той поры, когда придет Стенька!"

Не дай, Господи!